致力于改革开放的城市变迁

广州
Guangzhou

《致力于改革开放的城市变迁》编委会 著

中国建筑工业出版社

审图号：穗图审字（2021）第023号

图书在版编目（CIP）数据

广州 = Guangzhou /《致力于改革开放的城市变迁》编委会著. —北京：中国建筑工业出版社，2022.5
（致力于改革开放的城市变迁）
ISBN 978-7-112-25774-4

Ⅰ.①广… Ⅱ.①致… Ⅲ.①改革开放—成就—广州 Ⅳ.①D619.651

中国版本图书馆CIP数据核字（2020）第256010号

责任编辑：郑淮兵　王晓迪
版式设计：锋尚设计
责任校对：张惠雯

致力于改革开放的城市变迁
广州
Guangzhou
《致力于改革开放的城市变迁》编委会　著

*

中国建筑工业出版社出版、发行（北京海淀三里河路9号）
各地新华书店、建筑书店经销
北京锋尚制版有限公司制版
天津图文方嘉印刷有限公司印刷

*

开本：880毫米×1230毫米　1/16　印张：22½　字数：380千字
2022年5月第一版　　2022年5月第一次印刷
定价：**258.00**元
ISBN 978-7-112-25774-4
（37011）

版权所有　翻印必究
如有印装质量问题，可寄本社图书出版中心退换
（邮政编码100037）

《致力于改革开放的城市变迁》编委会

主　　　任： 王蒙徽

副 主 任： 易　军　　倪　虹　　黄　艳　　陆克华

秘 书 长： 潘　安

编　　　委： 段广平　秦海翔　苏蕴山　张小宏　邢海峰
　　　　　　 朱长喜　李礼平　江小群　周　岚　邢正军
　　　　　　 孟　芊　王　东　刘玉泉　吴晓东　徐松明
　　　　　　 由　欣　曹光辉　唐晓东　邱晓翔　李　郁
　　　　　　 宋友春　尚春明

组 织 单 位： 中华人民共和国住房和城乡建设部
办公室主任： 张小宏

《致力于改革开放的城市变迁 广州》编委会

主　　　任：王　东
副 主 任：潘　安　　彭高峰　　吴　扬　　黄鼎曦
委　　　员：丁冠蕾　　丁镇琴　　王保森　　尹自永　　邓堪强
　　　　　　甘勇华　　江雪峰　　李　明　　李　郁　　李信恒
　　　　　　吴　敏　　陈　旭　　陈天鹤　　陈婷婷　　周鹤龙
　　　　　　郎　岜　　姚燕华　　顾宇忻　　徐增龙　　梁伟东
　　　　　　景国胜　　黎　云
　　　　　　（以姓氏笔画为序）

主要撰稿人：潘　安　　彭高峰　　黄鼎曦　　黎　云
执行编辑：　陈天鹤　　丁镇琴

总序

坚定走中国特色城市发展道路
建设社会主义现代化强国

城市是我国经济、政治、文化、社会等方面活动的中心，在党和国家工作全局中发挥着举足轻重的作用。从改革开放和社会主义现代化建设新时期到中国特色社会主义新时代的40多年来，我们党带领人民解放思想、实事求是，披荆斩棘、砥砺奋进，城市建设成就巨大，居民生活大幅改善，国民经济和社会发展取得长足进步，综合国力显著提高，国际地位明显提升，中华民族迎来了从站起来、富起来到强起来的伟大飞跃，中国特色社会主义迎来了从创立、发展到完善的伟大飞跃，中国人民迎来了从温饱不足到小康富裕的伟大飞跃。在改革开放和社会主义现代化的伟大征程中，城镇化和城市发展带动和支撑了整个经济社会发展，也集中反映了改革开放的光辉历程和伟大成就。

——我国经历了世界历史上规模最大、速度最快的城镇化进程。城镇化率从1978年的17.9%提高到2020年的63.9%，城镇常住人口从1.7亿增加到9亿，平均每年新增城镇人口超过1700万。我们用几十年时间取得了西方国家用几百年才实现的城镇化成就，创造了人间奇迹。

——我国城市发展波澜壮阔。城市数量从1978年的193个增加到2020年的685个，城市建成区面积由1981年的0.7万km^2增加到6.1万km^2，建成了北京、上海、广州、深圳等一批具有较强国际竞争力的超大特大城市，取得了举世瞩目、可以载入史册的伟大成就。

——**我国城市面貌日新月异**。从 1978 年到 2020 年，道路长度增加了 17 倍，建成区的绿地面积增加了 21 倍，污水和生活垃圾处理能力分别提高了约 300 倍、500 倍，2020 年燃气、自来水普及率分别达到 97.6% 和 99.5%，城市公共服务水平不断提高，城市功能不断完善，城市面貌发生了翻天覆地的变化。

——**我国城市建设有力扩大了内需**。城市成为扩内需补短板、增投资促消费、建设强大国内市场的重要战场。近年来，我国城镇生产总值、固定资产投资占全国比重接近 90%，社会消费品零售总额占全国比重超过 85%，城市建设成为现代化建设的重要引擎。

——**我国城镇居民住房条件大幅改善**。1978 年以来，我国城镇住房累计竣工 500 多亿平方米，人均住房建筑面积由 1978 年的 $6.7m^2$ 提高到 2019 年的 $39.8m^2$，累计建设各类保障性住房和棚改安置住房 8000 多万套，帮助 2 亿多群众解决了住房困难，建成了世界上最大的住房保障体系，实现了中华民族"安得广厦千万间，大庇天下寒士俱欢颜"的千年梦想。

——**我国城市历史文化保护工作成效显著**。在波澜壮阔的建设进程中，一大批珍贵的历史文化遗产被抢救和保护下来。到 2020 年，国务院公布了 136 座国家历史文化名城，住房和城乡建设部、国家文物局公布了 312 个中国历史文化名镇，全国划定 912 片历史文化街区，确定 3.85 万处历史建筑，延续了城市文脉，保护传承了中华优秀传统文化。

我国城市发展建设取得的辉煌成就，不是从天上掉下来的，更不是别人恩赐施舍的，而是在党中央的坚强领导下，经过一代又一代建设者接续奋斗，全党全国各族人民用勤劳、智慧和勇气干出来的。从严格控制大城市规模、合理发展中等城市、积极发展小城市到推进以人为核心的新型城镇化、促进大中小城市和小城镇协调发展再到实施乡村振兴战略、推动城乡融合发展，从确定 14 个沿海开放城市、兴办 5 个经济特区、开发区与新城新区建设兴起到设立浦东等国家级新区、沿海沿边沿江沿线和内陆中心城市对外开放再到设立自由贸易试验区、谋划中国特色自由贸易港，从传统的计划经济体制下的政府大包大揽到社会主义市场经济体制下的投融资体制改革再到使市场在资源配置中起决定性作用和更好发挥政府作用，从福利分房、以出售公房为主要内容的住房商品化探索、实行住房分配货币化、建立和完善以经济适用房为主的多层次城镇住房供应体系到大力发展商品房、建立健全住房保障体系再到加快构建多主体供给、多渠道保障、租购并举的住房制度，从建立历史文化名城名镇名村保护制度到历史文化街区、历史建筑保护利用再到坚定文化自信、讲好中国故事，从城市经济体制改革到全面深化城市经济、文化、社会和生态文明体制改革，一系列重大改革开放举措扎实推进，城市发展的投资、建设和管理模式和体制机制发生了翻天覆地的变化，探索走出了一条中国特色城市发展道路。

特别是党的十八大以来，习近平总书记对城镇化和城市工作作出了一系列重要讲话和指示批示，突出强调城市是有机生命体，要尊重城市发展规律，顺应城市发展规律，敬畏城市、善待城市；城市的核心是人，要坚持以人民为中心，让人民群众在城市生活得更方便、更舒心、更美好；历史文化是城市的灵魂，要像爱惜自己的生命一样保护好城市历史文化遗产；城市建设要以自然为美，建设人与自然和谐相处、共生共荣的宜居城市，让居民望得见山、看得见水、记得住乡愁；城市发展必须把生态和安全放在更加突出的位置，建立高质量的城市生态系统和安全系统；一流城市要有一流治理，城市管理应该像绣花一样精细，等等。在习近平总书记关于城镇化和城市工作新理念新思想新战略的引领下，我国以人为核心的新型城镇化与新型工业化、农业现代化和信息化"四化"同步发展，城市发展更加注重整体性、系统性和生长性，城市的承载力、宜居性和包容度不断增强，我国城市工作发生历史性变革、取得历史性成就。

城镇化既是现代化的必由之路，又是经济社会发展的重要引擎。城市建设既是落实新发展理念的重要载体，又是构建新发展格局的重要支点。进入新发展阶段，我国经济社会发展目标和发展要求发生了历史性转变。面对新机遇新挑战，必须适应全面建设社会主义现代化国家的新需要，进一步明确新发展阶段城镇化和城市现代化建设的目标和路径。

——**我们必须深刻认识到，城市是人民的城市。**人民城市人民建，人民城市为人民。必须坚持以人民为中心，聚焦人民群众的衣食住行、生老病死、安居乐业需求，努力创造宜业、宜居、宜乐、宜游的良好环境，让人民有更多获得感、幸福感、安全感，为人民创造更加幸福的美好生活。

——**我们必须深刻认识到，我国基本国情决定了必须走中国特色城镇化和城市现代化道路。**我国仍处于并将长期处于社会主义初级阶段，人多地少、区域发展不平衡、城乡二元结构长期存在、发展进程快速叠加等基本国情，决定了我国不能简单复制任何国家的城镇化和城市发展路径，必须走中国特色城镇化和城市现代化道路。

——我们必须深刻认识到，**中国特色社会主义制度是我国城镇化和城市健康发展的根本保障**。中国特色社会主义制度是党和人民在长期探索中形成的科学制度体系，具有多方面的显著优势。我们要充分发挥中国特色社会主义制度优势，促进城镇化与工业化、信息化、农业现代化同步发展，支撑和保障国家战略目标的实现，保持社会稳定，实现共同富裕。

——我们必须深刻认识到，**高质量发展是新时代新阶段我国经济社会发展的主题**。随着我国社会主要矛盾的转化，人民群众对美好环境和幸福生活提出了更高的要求，从"有没有"转向"好不好"。我们要坚持中国特色、中国风格、中国气派，以绿色低碳发展为路径，加快建设宜居城市、绿色城市、韧性城市、智慧城市、人文城市，走出一条内涵集约式高质量发展的新路。

今天，中国前所未有地走近世界舞台的中心，前所未有地接近实现中华民族伟大复兴的梦想。城市是人民群众生活的美好家园、经济发展的重要引擎、科技创新的重要高地、区域发展的先导力量、国际竞争与合作的主要阵地、历史文化保护与传承的重要载体，是建设社会主义现代化强国的重要战场，是现代化建设的动力源泉。习近平总书记统筹中华民族伟大复兴战略全局和世界百年未有之大变局，着眼全面建设社会主义现代化国家全局，深刻把握城市发展规律，对新时代新阶段城市工作作出重大战略部署，指明了前进方向，提供了根本遵循。我们要以习近平新时代中国特色社会主义思想为指引，立足新发展阶段，贯彻新发展理念，构建新发展格局，以高质量发展为主题，坚持以人民为中心的发展思想，统筹发展和安全，建立健全国家城市体系，完善国家城市与城市群战略布局，加快推进以城市为主体的传统城镇化和以县城为重要载体的就地城镇化，并以传统城镇化和就地城镇化构建中国特色城镇化路径，建设健康富有活力、现代化水平高、引领区域发展、国际竞争力强的美丽城市，推动"天人合一"的中华传统城市营建思想和优秀传统文化创造性转化、创新性发展，努力把城市建设成人与人、人与自然和谐共处的美丽家园，走出一条中国特色城镇化和城市现代化发展道路。

习近平总书记多次强调，只有回看走过的路、比较别人的路、远眺前行的路，弄清楚我们从哪儿来、往哪儿去，很多问题才能看得深、把得准。编写《致力于改革开放的城市变迁》丛书，就是通过回望改革开放40多年来我国城市的发展变迁史，系统总结经验教训，找寻我国城市发展的规律，捋清哪些是需要坚持的经验做法，哪些是应该避免的弯路，坚定中国特色社会主义道路自信、理论自信、制度自信和文化自信，推动城市规划建设管理理论创新，为走中国特色的城镇化和城市现代化发展道路、建立中国自己的城市科学理论体系奠定基础，为实现"两个一百年"奋斗目标、实现中华民族伟大复兴的中国梦作出应有的贡献。

丛书编委会

2022年1月

前言

改革开放改变了广州，成就了广州。40多年来，广州城市发生了巨大的变化，积累了宝贵的经验，也有过难忘的教训。作为"千年商都"的广州，坚持传承开放、包容的基因，率先实现由计划经济向社会主义市场经济转型，从兼具外贸窗口和海防前线职能的南方省会快速发展为全国第三大城市，经历了起步积累、疾风速进、跨越发展、品质提升的不同阶段，始终引领着我国城市改革创新的步伐，为兄弟城市发展建设提供可资借鉴的先行经验。

中国每个城市都有很多首创，广州也不例外。广州市勇于品尝全面改革开放试验的"头啖汤"，取得多项第一：第一个实行了价格改革，第一个建设商品房小区，第一个实施物业管理，第一个实行施工招投标，第一个建五星级酒店，房地产市场和建筑市场也率先开放。改革开放前夕，广州在全国十大城市中排名偏后，因其体量小，工业落后，并受交通条件的限制，发展空间并不广阔。在改革开放的浪潮中，广州冲破固有经济思维，始终勇立潮头，在改革开放的路上描绘了浓墨重彩的画卷。

本书共分六章，以改革开放的不同发展阶段为脉络，串联城市发展轨迹。着重从城市建设的角度出发，聚焦重大事件对推动城市发展的影响，梳理了广州自改革开放以来40多年的探索与成就，以及广州在我国发展格局构建中发挥的作用与作出的贡献。

广州的城市文化和城市空间格局都深深地烙印着外贸特征。广九铁路的开通，百余年来穗港的紧密联系，使广州千年商都的地位愈发突出。在中华人民共和国成立之初，百废待兴之时，广州以其南大门的特殊地位，承担起作为外贸重镇的新使命。自1957年起举办的"广交会"，作为改革开放前我国对外贸易的单一平台，对广州的建筑、交通设施布局、城市空间发展模式产生了显著影响。

改革开放在1978年起步，广州重点尝试最有利于城市发展的方法和路径，在多个方面一马当先，引入港资建设白天鹅等三大酒店提升城市对外服务水平，创新提出"借鸡生蛋"建造东湖新村解决城市住房问题，并率先推动市场流通领域开放，个体经济的发展吸收了大量劳动力，全面技术引进和市场化营销让"广货"风靡全国。1984年广州被纳入首批沿海开放城市，并借助有利政策条件成立广州经济技术开发区，引领了广州往东发展的步伐；同时，也逐步构建起具有广州特色的城市规划编制体系。

20世纪80年代，第六届全国运动会（简称"六运会"）加快了广州城市改革的脚步。广州以"六运会"作为城市建设发展的契机，积极推动城市与社会建设的进程。"六运会"成功的市场化运作，为广州市城市建设带来了新思路，由国有企业代表政府对新区进行统筹开发建设成为领跑全国的新开发模式。同时，广州借"六运会"之势，大力发展经济，塑造城市品质，极大地提升了经济实力和社会治理水平，让广州风貌成为全国时尚，"北上广"的城市格局也由此形成。

20世纪90年代，随着全国第三经济地位逐渐稳固，大量人才与资金涌入广州，广州由此进入了前所未有的高速发展阶段，"全民皆商"成为对当时的广州的形象写照。在此阶段，广州城市建设的重点是建设特大城市的"标配"，完成特大城市骨架的建设。选址珠江新城作为新城市中心，打造系统的商业商务空间，通过多元投资方式推动现代交通系统建立，以房地产开发促进低效产业空间置换，改善居民居住环境等措施，都进一步巩固了广州特大城市的地位。而在进入新世纪前期，面对高速发展带来的"城市病"问题，广州通过城市整治工作对城市环境进行改善，以良好的城市形象和面貌举办第九届全国运动会（简称"九运会"）。

21世纪初，为迎接新的机遇和挑战，广州开国内大城市之先河，开展了战略规划编制，开启对科学谋划城市规划建设的探索。在战略规划的引领和2010年第十六届亚洲运动会的催化以及重大基础设施的带动下，广州城市建设突破困境，城市面貌焕然一新。在古老和现代交汇、传统和创新交映的广州，城市蝶变的新乐章已经奏响。

2010年以来，广州城市建设秉承以人为核心的城市发展理念，强调提升城市品质和国际竞争力，培育新动力，为城市创新发展提供支撑空间。为实现习近平总书记对广州提出的"老城市新活力"的发展目标，广州开展了一系列工作：用绣花功夫优化提升沿珠江水系的城市空间发展，重点打造魅力黄金三角区和聚焦粤港澳大湾区协同区域引擎建设。未来，以人民为中心、包容、共享的广州正大踏步走向光辉的未来。

  本书在写作过程中,力求脉络清晰,体系完整,并采用专栏与采访穿插的方式,尽量向读者还原真实的历史场景,但限于时间,疏漏在所难免。我们期待更多的专家学者和同行通过本书来研究广州、关注广州,也希望本书的写作能引起亲历广州城市建设发展的市民的共鸣。我们深信本书的出版能为未来广州及其他城市的建设抛砖引玉,我国城市建设也将迎来新的辉煌。

目录

总序

前言

01 改革开放前的广州 1977年前 001

1.1 从千年商都、海防重地到南大门 003
1.1.1 海纳百川的千年商都 003
1.1.2 守卫南疆的海防重地 005
1.1.3 打破流通瓶颈的土特产交易会 005

1.2 百年"广九"见证穗港"聚散离合" 007
1.2.1 穗港紧密的历史渊源 007
1.2.2 穗港客货运输的恢复与发展 010

1.3 "广交会"与"外贸工程" 013
1.3.1 "广交会"发展迅猛 013
1.3.2 海珠广场会址和全国第一高楼 015
1.3.3 "外贸工程"擦亮共和国窗口 019

1.4 支撑外贸窗口的对外交通发展 024
1.4.1 白云山麓国际航班起飞 024
1.4.2 流花桥畔广州火车站通车 025
1.4.3 黄埔港远洋巨轮开通 027

02 改革开放,广州于全国率先迈步 1978—1982年 031

2.1 大胆引资突破计划城建瓶颈 033

2.1

  2.1.1 解放思想开展城建引资实践 ………………………… *033*
  2.1.2 突破合作束缚建设三大酒店 ………………………… *035*
  2.1.3 首闯商品房市场的东湖新村 ………………………… *041*
  2.1.4 筑起首个高架道路系统 ……………………………… *047*

2.2 牢牢紧握"首批沿海开放城市"的抓手 …………………………… *051*
  2.2.1 以"敢为天下先"的气魄搞改革 …………………… *051*
  2.2.2 在狮子洋顶端起步的开发区实现零的突破 ………… *052*

2.3 承传商都精神快速振兴经济 ……………………………………… *056*
  2.3.1 繁荣的个体市场成为全国经济改革的典范 ………… *056*
  2.3.2 "广货"的畅销促进全国城市商品市场的繁荣 …… *062*

2.4 率先探索和创新城市建设管理模式 ……………………………… *065*
  2.4.1 引领潮流的传统为城市改革奠定扎实的基础 ……… *065*
  2.4.2 首创城市规划管理体系和专家参与制度 …………… *067*
  2.4.3 第一个规划自动化中心的诞生 ……………………… *071*
  2.4.4 备受建筑师推崇的"广派"建筑 …………………… *072*

03 "六运"促改革，中国"第三城"崛起 1983—1990 年 …… *079*

3.1 开"市场化运作"之先河的"六运会" ………………………… *081*
  3.1.1 对标奥运，突破"政府全包"模式 ………………… *081*
  3.1.2 接轨世界，开放魅力初展 …………………………… *084*

3.2 向东发展，城市结构延展的序曲 ………………………………… *088*
  3.2.1 天河体育中心选址的触媒效应 ……………………… *088*
  3.2.2 首创地区综合开发模式引全国瞩目 ………………… *090*
  3.2.3 中心城区顺势扩容 …………………………………… *094*

3.3 敢为人先的住房制度改革解决住房难题 ………………………… *099*
  3.3.1 单位自建房淡出历史舞台 …………………………… *099*
  3.3.2 五羊新城成为全国住区模范 ………………………… *100*
  3.3.3 "敢吃螃蟹"的国营房企 …………………………… *102*
  3.3.4 民企接棒敞开住房供应 ……………………………… *106*
  3.3.5 多管齐下推动住房保障 ……………………………… *108*

3.4 "北上广"格局从此形成 ………………………………………… *112*

  3.4.1 展现广州城市特质 112
  3.4.2 广州风格成为时尚 117
  3.4.3 引领全国潮流的文化 121

04 开拓实干，追赶亚洲"四小龙" 1991—2000 年 127

4.1 对标高速发展先锋的现代化城市愿景 129
  4.1.1 率先建成国际化大都市的构想 129
  4.1.2 对人才和资源的巨大磁吸效应 130
  4.1.3 世界级中央商务区蓝图的绘就 132

4.2 做强特大城市的支撑骨架 135
  4.2.1 高速公路网络首成 135
  4.2.2 见证中国高铁的诞生 138
  4.2.3 全城动员修建世界一流地铁 139
  4.2.4 引入国际合作求解交通拥堵难题 144

4.3 产业推动城市空间快速生长 151
  4.3.1 工业和高新技术产业多点突破 151
  4.3.2 商贸经济蓬勃发展 157
  4.3.3 商务区从雏形走向成熟 162
  4.3.4 房地产业发展驱动力的激活 164

4.4 特大城市框架构建中的挑战 168
  4.4.1 踏入新千年的特大城市 168
  4.4.2 高速增长中遇到的问题和矛盾 171

4.5 世纪之交：一次环境秩序的重构 180
  4.5.1 "一年一小变"，精准改善城市面貌 180
  4.5.2 "三年一中变"，城市秩序获得重整 182

05 "战略规划"引领城市提质增效 2001—2010 年 193

5.1 新世纪对南方大港城市的再认识 195
  5.1.1 战略规划的提出 195
  5.1.2 行政区划与发展格局的再匹配 196

5.1.3 开全国先河的广州战略规划 *199*
　　　5.1.4 国家中心城市区域地位的巩固 *205*
　5.2 战略规划实施的时序与节奏 *207*
　　　5.2.1 南沙和琶洲："一带一路"的对接点 *207*
　　　5.2.2 大学城和生物岛：知识创新港 *211*
　　　5.2.3 亚运城：复合全面的新城启动区 *214*
　　　5.2.4 白云山与海珠湿地：构建"北肺南肾"的生态格局 *216*
　　　5.2.5 萝岗中心区：开发区的新高度 *219*
　　　5.2.6 广佛同城：构建新型城市关系 *221*
　5.3 三大枢纽的再布局 *223*
　　　5.3.1 从机场向空港城的转变 *223*
　　　5.3.2 从车站向铁路枢纽的转变 *226*
　　　5.3.3 从河口港向规模海港的转变 *228*
　5.4 战略规划实施十年成果绽放 *231*
　　　5.4.1 "亚运盛会"展示国家中心城市崭新形象 *231*
　　　5.4.2 城市综合实力的跨越 *234*
　　　5.4.3 四网融合夯实可持续发展根基 *236*
　　　5.4.4 花城广场激发城市极核腾飞 *246*
　　　5.4.5 "亚运会"推动重点城区品质进一步提升 *262*

06 "老城市 新活力"聚焦高质量发展　2011—2018 年 *271*

　6.1 传承岭南文脉塑文化名城 *273*
　　　6.1.1 可以"品山""品水"的城市 *273*
　　　6.1.2 尊重自然的南国花城 *275*
　　　6.1.3 代代相传的绣花功夫 *276*
　6.2 焕新老城，造活力之都 *281*
　　　6.2.1 绿色永续发展范本的营造 *281*
　　　6.2.2 城市活力的再激发 *286*
　　　6.2.3 历史地段与遗产的新生和活化 *289*
　　　6.2.4 老旧社区的人居环境改善 *292*
　6.3 "大美珠江"展现城市品质魅力 *294*

  6.3.1 体系化雕饰三个"十公里"珠水沿线显特色 294
  6.3.2 精细化建设城市客厅焕新颜 296
  6.3.3 品质化提升街道设计更人本 298
 6.4 新区建设引领创新时代 300
  6.4.1 黄金三角区：广州经济发展的动力 300
  6.4.2 南沙新区：大湾区建设的新引擎 304
  6.4.3 科学城与知识城：科创版图的双明珠 306

结语：包容，共享，迈向 2035 310

大事记 315

主要参考文献 329

后记 337

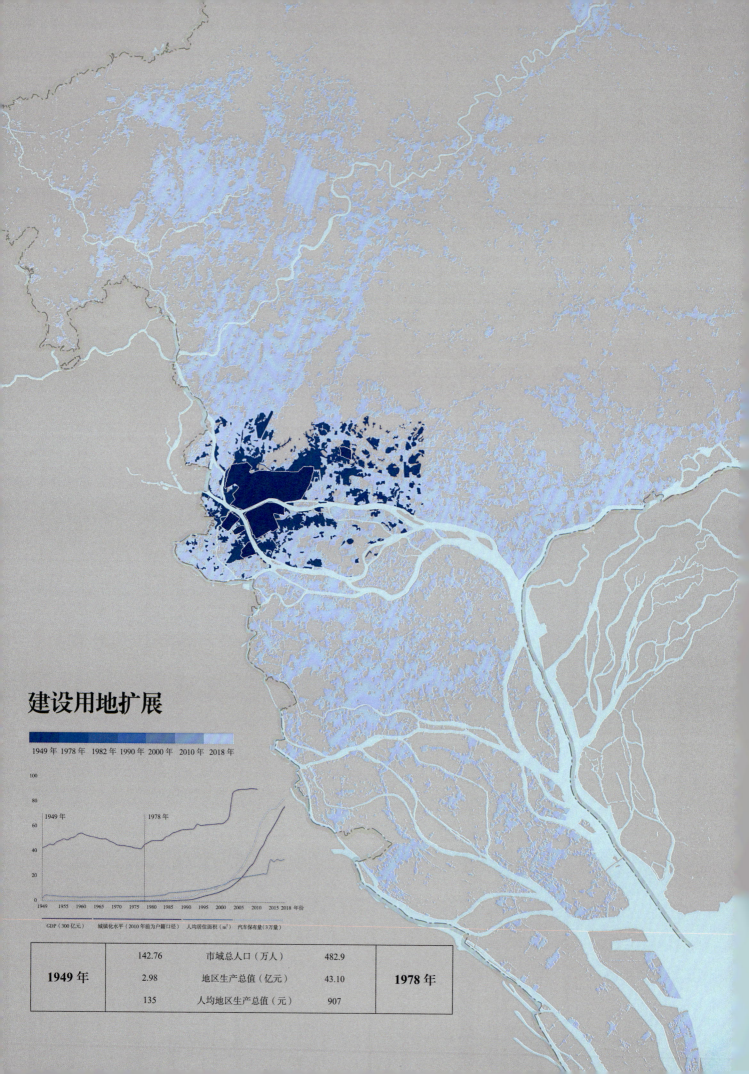

01
改革开放前的广州
1977年前

  自秦代建城以来，广州一直是稳定的地区行政中心，也长期是中国重要的对外贸易城市。作为华南地区的行政中心，广州城市发展有一定的底子，但是由于交通条件的限制，改革开放前其经济规模和城市规模都不能与中原城市相提并论。

  20世纪初开通的广九铁路，百年来承载着同源共荣的穗港（广州与香港）联系。穗港间同根同源的文化、亲缘交往在封闭时期也从未中断，探亲客流带回来的先进的工业产品，开放后成为民间商贸流通先锋。随着香港发展成国际贸易中心，广州透过香港看世界，不断吸收现代化与市场经济的思想，为广州的改革开放奠定了基础。

  新中国成立初期，作为备战时期的沿海前线地区，广州发展速度缓慢，工业基础薄弱，人口基数小，在全国十大城市中排名第七，工农业总产值不到天津的一半，也落后于重庆、武汉、沈阳。其后，广州延续"外贸"主题发展，城市围绕着"外贸"进行建设。"广交会"成为全国外贸窗口，获得国家支持，带动广州重大基础设施、示范窗口地区建设。"广交会"在海珠广场和流花地区共建立三代会址，带动了一批外贸工程的建设，广州宾馆和白云宾馆两次刷新全国城市建筑的新高度。千年商都的基因和持续不断的外贸交往，使广州人在封闭的年代仍持续感受到世界发展的脉搏，为广州再次成长为改革开放的排头兵和世界城市蓄积着能量。

1.1 从千年商都、海防重地到南大门

广州，自秦代以来，是稳定的地区行政中心，因其独特的地理区位优势，港城贸易和海防门户这两种角色始终存在。鸦片战争前，广州长期作为我国最重要的对外贸易城市，素有"千年商都"的美誉。中华人民共和国成立之初，广州发挥外贸传统优势，通过举办土特产交流会，迅速恢复经济，并确立了外贸南大门的地位。

1.1.1 海纳百川的千年商都

广州地处中国大陆南端，毗邻南海，是中西方海上交通汇聚的重要节点；它又是东江、西江、北江三条内河水系的出海口，拥有较为广阔的腹地；它受惠于季风气候，大批外国商船在每年3、4月乘着西南季风来到广州，在9、10月可依靠东北季风返回。得益于此，广州自秦代建城以来一直是中国对外贸易的重要港口。自唐代起延续秦汉对外开放的传统，奉行积极的对外贸易政策，同时开创了市舶管理制度，使得广州的对外贸易蓬勃发展。宋元时期建立市舶管理机构，首先在广州设置市舶司。该时期广州已有专为外国人设置的区域"蕃坊"，坐落在城郭与河流之间，这里也成为后来的广州外国人区。

明朝时期，因为倭寇、海盗等海上武装力量的干扰，开始实施海禁，中国的对外贸易开始滑入一条由盛转衰的历史轨道，广州作为当时全国外贸首要地区受到了一定的打击，也成为抗击海上武装的前线。该时期根据规定外贸船只能停靠在沿海各港的泊口，于是澳门很快地繁荣起来，作

为广东对外贸易的外港。

直到清朝放弃海禁政策，我国的海上贸易逐渐复苏。清乾隆时期开始实行"一口通商"，只开放广州一处口岸延续对外贸易往来，造就了广州对外贸易的空前繁荣。该时期中国对西方的贸易几乎全部集中在这里，汇天下之珍宝，外联东西两洋，对外贸易空前鼎盛。清廷任命海关监督，或称"户部"，负责征收关税和维护广州贸易秩序。黄埔港在该时期发展成广州对外贸易的专用外贸港，停泊过多达180多艘西洋的大船，包括哥德堡号、美国皇后号，见证了中国和西洋海外贸易的盛况。该时期广州集市在内城遍布，而很多商业活动发生在城墙外。广州城西南方珠江前航道西侧的十三行税银收入迅速增加，成为"天子南库"（图1-1、图1-2）。城市码头倚江河而建，成簇成簇的船舶扎堆停靠，从小舢板到大帆船都有，商人们在河流和城墙间为生意奔波。

随着鸦片战争的爆发和1842年《南京条约》开放五口通商（图1-3），十三行因1856年大火化为灰烬，广州在19世纪的外贸辉煌告一段落。

图1-1　广州十三行历史全貌图景

（图片来源：广州十三行博物馆馆藏）

图1-2　19世纪50年代广州十三行商馆历史图景

（图片来源：黄爱东西. 老广州 屐声帆影[M]. 重庆：重庆大学出版社，2014：226.）

图1-3　五口通商城市之一——厦门

（图片来源：康奈尔大学图书馆馆藏）

1.1.2 守卫南疆的海防重地

17—19世纪，随着西方列强进入大航海时代，军舰和鸦片不平等贸易造成的威胁加剧，广州的海防前线地位再次加强。清政府在广州修建大量炮台当作海防阵地。广州炮台集中在三个区域——广州城北的山地、狮子洋以内的珠江航道以及出海口虎门。从清初到第一次鸦片战争前（1647—1840年）的194年间，广州共建有炮台28座。从第一次鸦片战争至第二次鸦片战争前（1841—1856年）的16年间，广州共有45座炮台，在第一次鸦片战争中，原有的广州炮台基本被毁。战后，除这些炮台被修复外，还新建了不少炮台。例如，城北在修复了战前6座炮台的基础上，新增加了得胜东和得胜西两座炮台。在珠江航道上，修复和新建了龟冈、南固等21座炮台。在虎门，修复和新建了大虎和下横档等16座炮台。在第二次鸦片战争中，大部分广州炮台再次被毁。第二次鸦片战争（1856—1860年）到光绪初年（约1880年）的约20年间，广州修复和新建了16座炮台。例如，修复了城北的7座炮台以及虎门的威远和下横档炮台，新建了珠江上的绥远等炮台。1883年，中法战争爆发，广州作为战区前沿最重要的城市，为防御法军入侵，新建了115座西式炮台（大炮都是当时世界最先进的西洋海岸大炮），其中，建于珠江上的有39座，建于虎门的有76座，而且每个炮台都有自己单独的名字，如克虏、克敌、克胜、威远等等。

进入20世纪上半叶，北伐战争、军阀割据、抗日战争、解放战争的硝烟，都在广州的内港和珠江口留下烙印。中华人民共和国成立之后，广州也是共和国海军的重要基地之一。除了正面的海上武装斗争和国防建设之外，广州还是中华人民共和国成立初期国家安全的重要前线。根据广东省公安厅反特案例创作的电影《秘密图纸》，就是对当时广州作为隐蔽的海防前线的生动写照。

1.1.3 打破流通瓶颈的土特产交易会

尽管作为海防前线的警惕气氛持续存在，但广州优越的地理环境，以及与香港特有的紧密联系优势，还是将广州推到了共和国外贸的第一线。1950年，为了解决物资匮乏问题、加强城乡物资流通，中南区和广东各专区都举办过土特产展览交流大会，收到了一定的成效。1951年，广州市决定举办一次规模空前的物资交流大会，这就是华南土特产展览交流会。通过此次交流会，广州迅速恢复经济，突破封锁。

此次华南土特产展览交流会举办的巨大成就，给广州带来很大的启示。1955—1956年，凭借毗邻港澳的地缘优势，广州先后举办了对内贸易和对外贸易相结合的华南物资交流大会、广东省物资展览交流大会和两次广州出口物资展览交流会，交易额都相当不错。在这些巨大成功的背景下，广东经贸界不少有识之士以及来往的港澳商人，对定期举办全国性出口商品展览会的呼声极高。

专栏1-1：华南土特产展览交流大会建筑群

华南土特产展览交流会选址毗邻十三行遗址，与西堤码头、广州海关和后改建为华南第一大商厦的城外大新公司旧址——南方大厦一街之隔，自广州"一口通商"以来，这些都是商贾云集之地。

会址总用地面积11.7hm²，共有12座单体建筑，包括物资交流馆、工矿馆、日用品工业馆、手工业馆、食品馆、农业馆、水果蔬菜馆、林产馆、水产馆、省际馆等10座展馆，以及交易服务部和文化娱乐部等2个服务部门。会场内主路网呈"井"字布局，在辅路配合下，用地划分为13个规整地块，12座单体建筑与中心广场分布其中（图1-4）。

自1951年6月广州市人民政府决定举办华南土特产展览交流会至10月14日正式开幕，大会采用新中国首次"专家为首、集体创作、个人负责"的集群设计模式，在时间、资金、物资、技术有限的情况下，在短短3个月内完成了从场地清理、组织策划到设计施工的场地建设全过程。大会的举办是国民经济恢复时期华南地区重建城乡关系、恢复社会经济的一次重要事件。1952年，大会会址易名为"岭南文物宫"，1956年更名为"广州市文化公园"，用于市民群众文娱休闲。

图1-4 华南土特产展览交流大会建筑群全景
（图片来源：石安海. 岭南近现代优秀建筑（1949—1990卷）[M]. 北京：中国建筑工业出版社，2010：35.）

1.2 百年"广九"见证穗港"聚散离合"

穗港两地同根、同源，频繁往来，不仅让广州通过香港参与国际贸易，同时也使广州居民透过香港看世界，获知20世纪60—70年代亚洲"四小龙"的飞跃，感受现代化的浪潮，部分人默默吸收根据市场规律办事的新思想，这为广州改革开放后启动先行一步奠定了基础。

1.2.1 穗港紧密的历史渊源

穗港两地因其历史和地理原因，发生了相互融合、相互促进、相互影响、相互依存的密切关系。目前已发现的远古时期的港澳遗址，如香港深湾、珠三角的一系列遗址等，大部分都分布在沿海沿岛的沙堤，秦朝时，港澳便成为广东的下属行政区域。鸦片战争时，穗港两地区之间由于战乱等原因，除了大量的人群往来，还有文化上的较量和资金上的往来。在鸦片战争后，香港成为自由港，和澳门相比，粤港关系更加密切，对两地的经济繁荣发展起着决定的作用。从20世纪20年代起，香港已成为广东对外贸易的中心。广东与香港的贸易关系不断发展，两地互为重要的贸易伙伴。广东输往香港的货品除供香港本地消费的食品和土产品外，还有很大一部分经香港转往外地。在抗战前，香港处于世界贸易转运站的地位，它输进欧、美、东南亚各地的货物，除了一小部分供本地消费外，绝大部分都向广东和我国其他各省输出，每年都占全部输出的40%以上，输入则占50%以上。与此同时，广东和香港的经济关系得到进一步发展。粤港相互投资增多，一批粤港联号企业发展成粤港两地的著名企业，如设在广东的香港联号企业先施公司、永安百货、大新百货等均成为成功经营的典范。广东设在香港的众多联号企业，在香港各个行业中也占有重要地位。新中国成立初期，港澳与内地的贸易一度有较大进展，后一度停滞，粤港两地的联系都一直没有中断过。随着粤港澳经济的发展和三地相互来往的增多，联通粤港澳的交通通信设施也比以往完善。香港、澳门均有定期航班航行于两地与珠江三角洲的各地之间，广九铁路成为粤港交通运输的大动脉。

穗港两地的文化也是同源的。省城广州的粤语发音，正是香港粤语标准发音的基础。作为岭南文化瑰宝的粤剧，也是穗港两地共同孕育的结晶，粤剧的知名大戏班多在省港两地轮回演出，这种盛况一直持续到新中国成立后的 20 世纪 50 年代，不少粤剧名人与穗港两地都渊源很深。其中的代表人物就是著名粤剧表演艺术家红线女。她生于广东开平，长于广州西关，20 世纪 30 年代末到香港正式拜师学习粤剧，1955 年以前定居香港，开创的"红腔"流派蜚声国内外。1955 年回到广州，定居于华侨新村，继续在粤剧舞台上创作耕耘了近 60 载，多次进京和赴海外交流演出，晚年创立红线女艺术中心，培养粤剧传人，并获得中国戏剧艺术终生成就奖。

穗港两地的经济地位此消彼长，但两地的亲情联系并未减弱。在 20 世纪 50 年代以前，穗港两地的居民可以自由来往，迁徙工作。粤港边境封闭严格管理之后，穗港之间的直通火车和客轮航线停航，广九铁路分广深段和罗湖到九龙段运行，香港同胞可以通过罗湖桥来往两地，而广州市民前往香港则需层层审批（图 1-5）。即便如此，通过跨境婚姻、亲友团聚等方式移居香港的人也不少。正是由于经贸紧密互动、文化同源，几乎每户广州市民都有香港亲戚。在计划经济时代，广州和国内的其他城市一样，商品凭票定量供应，而逢年过节，香港同胞到广州探亲，总会用饼干罐、编织袋装满糖果、饼干、腊肉、食用油以及服装作为礼物，给广州的亲友们改善生活。这种紧密的地缘、人缘关系，使广州人在封闭的年代依然可以依稀透过香港，了解到 20 世纪 60—70 年代"亚洲四小龙"经济起飞和贸易全球化等信息，这也成为开放的大门再度打开时，各种创新改革思维的根基。

20 世纪 50—70 年代计划经济的不断强化，又使得民间传统的商贸业活力不再。这期间，广州的市区人口出现波动，整体经济实力开始与香港

图 1-5 罗湖火车站
(图片来源：广东省立中山图书馆. 广东百年图录（下卷）[M]. 广州：广东教育出版社，2002：692.)

拉开差距。同一时期，新加坡、韩国和我国的香港、台湾地区在贸易和制造业分工全球化大潮中腾飞，成为"亚洲四小龙"。香港踏入了黄金年代，成为联系全球的贸易、航运、金融、旅游中心，人口从 1951 年的 200 万增加到 1976 年的 400 万。广州的对外辐射都要通过广九铁路和珠江口航运转口香港进行。

此时香港城市的供给和贸易都要依赖广州。内地和香港的贸易大多是通过广东进行的，同时，内地出口的商品也大多来自广东，香港进口的食品及牲畜占香港同类进口品的一半左右，主要由广东提供。内地把为港澳供应生活资料视为一项政治任务，尽一切可能满足港澳方面的要求，为港澳厂商与内地的交往提供方便。为满足港澳的用水需求，广东在深圳东江建立东江供水工程，在珠海修建竹仙洞工程等。内地对港澳供应的生活资料的价格也远远低于国际市场价格。这种传统的经济合作关系，经受了历史的考验，成为粤港关系进一步发展的深厚基础（图 1-6）。

随着"亚洲四小龙"的崛起，香港和广州的经济实力差距大大拉开。改革开放前，香港的居民就可以"喝早茶"，拥有电视机、洗衣机了，广州市民的各种生活物资则凭票供应，十分紧缺。香港因实行自由港的政策，城市经济蓬勃快速发展，在经济体制、贸易体制、投资环境上都有重

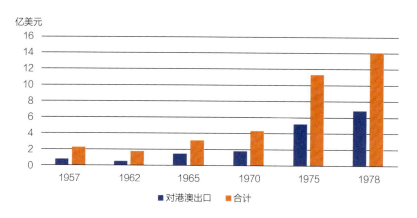

图 1-6 改革开放前若干年份广东省外贸出口总额
（图片来源：作者根据广东省历年统计年鉴数据自绘）

大突破。当时城市建设与经济发展水平都要高得多的香港以东方之珠的光环，使广州在相比之下黯然失色。在经济最困难的时期，广东还曾出现过几次"逃港潮"，不少青壮年劳动力为了追求更好的生活环境，冒险翻越边境，前往香港谋生，客观上也为经济飞跃发展的香港解决了劳动力紧缺的问题。

1.2.2 穗港客货运输的恢复与发展

广九铁路是穗港交通运输的大动脉。1911 年，连接广州大沙头到香港尖沙咀的广九铁路开通，开启了广州和香港间陆路交通的新篇章。这条连接广州与香港的广九铁路被誉为粤港"亲情线"，见证了百年中国史。广九铁路以广州越秀区为起点，从大沙头火车站向东南引出，经黄埔，东莞石龙、樟木头，新安平湖，布吉到深圳墟，过罗湖桥经香港大浦、沙田至九龙，全长 179km。广州、东莞、深圳等沿线城市群落，在这条由枕木、蒸汽和煤烟汇成的动脉上分甘同味，并轨同行，翻开了粤港两地共谋发展的历史性一页。中华人民共和国成立后，广九铁路在活跃流通、连接城乡、支援特区建设、保障香港农产品供应等方面发挥了重要作用。计划经济年代，虽然客运需要在罗湖桥下车中转，但支持香港基本农产品生活供应的"三趟快车"每日不停。

1979 年，广九直通车在改革开放的序幕里重新启动，当年 4 月 4 日，停运 30 年后，当时全国唯一的一趟蓝色车体空调列车——第一列广九直通车（91 次）从广州火车站开往香港红磡火车站，标志着广九直通旅客列车正式开通。从广州火车站开出的广九直通车，实为中国国门打开的先声。两个月后，广东省委正式拟定了《关于发挥广东优势条件，扩大对外贸易、加快经济发展的报告》，中央很快作出了决定，批准了广东改革开放先走一步的方案。改革开放初期，广九铁路将大批外资建设者、港商带到广州、深圳等地，带动了其站点周边城市地区的工商贸业迅速发展。在双线再造后，广九铁路开始办理货运业务。

20 世纪 90 年代，广东掀起了新一轮建设高潮。大量南下建材随着广九铁路运输到各个城市，这一时期多个站点，如平湖、石龙、广州东站等，成为珠三角地区的重要交通枢纽，直通车还延伸到了佛山、肇庆，惠及港深莞惠、广佛肇地区的枢纽联动。1998 年，广深铁路股份有限公司从瑞典引进一列"新时速"摆式列车，使广九直通车时速在国内率先达到 200km。2018 年，广深港高铁贯通运营。这条历史超过百年的铁路，正是穗港两地同根同源密切往来的缩影（图 1-7）。

图 1-7 广九铁路发展历程
（图片来源：中国铁路博物馆、香港铁路博物馆）

专栏 1-2：广九铁路

广九铁路从广州经由深圳罗湖连接香港，是百年来中国内地与香港之间的一条重要的运输大动脉和对外贸易的主通道，也是广州借助香港优越的地理位置巩固国内对外贸易口岸的重要渠道。1901年，《辛丑条约》签订后，大批海外势力涌入中国大办事业。1907年，广州历史上使用年限最长的一条铁路——广九铁路"华段"动工建设，它和广九铁路的"港段"是同期建设的（中、英双方商定，以罗湖桥中孔第二节为界，分为中、英两段，其中中段长142.77km，英段长35.78km，分段施工。罗湖桥至九龙段由英方修建），由清政府出资，并由杰出的华人铁路建筑设计师、工程师詹天佑担任顾问。广九铁路的终点站坐落在大沙头岛西侧对岸，即现在越秀区大沙头白云路一带，当时这里还处于城市东南面的边缘地带（图1-8）。广九铁路开始建设，终点就是东山岗群。铁路部门在现在的东园附近建设了十余栋供工程师们居住的住宅，还建设了高尔夫球场。与此同时，东山一带的城市建设也开始开展，如美国南方浸信会广州分会也进入东山岗群，并于1907年先后兴建了福音堂、礼堂、神道学校、培道女子学校等建筑。

广九铁路建设从一开始就困难重重。全线共修建7座铁路桥，其中石夏桥、东莞桥、石龙桥的修建都是当时十分复杂的工作，耗费大量的资金、人力、物力，是当时世界铁路筑路史之最。罗湖桥至九龙段虽然距离较短，筑路费用却是当时世界上最昂贵的——因全线开凿6个山洞，修建38座桥梁，还要填补数不清的海边鸿沟；且为了把广九铁路修到九龙半岛的最南端，当时港督弥敦不惜花巨资在尖沙咀进行填海工程，在梳士巴利道末端建造了广九铁路尖沙咀终点站和钟楼，于1916年落成使用。因此，据统计，每公里的建造费高达120万英镑。东山到罗湖桥段耗时四年时间，罗湖桥至九龙段耗时两年，最终广九铁路在1911年修建完成。

图1-8 广九火车站
（图片来源：广州城市规划发展回顾编纂委员会. 广州城市规划发展回顾（1949—2005）[M]. 广州：广东科技出版社，2005: 97.）

1.3 "广交会"与"外贸工程"

改革开放前,"广交会"经历了中苏友好大厦时期—海珠广场时期—流花路时期这三个阶段,成为中国对外开放的门户和平台,不仅带来了对外贸易额的变化,同时还带来了城市功能、城市形态、城市基础设施的变化。依托"广交会"、火车站、白云机场形成的流花商圈成为当时的国家级对外商贸中心,打破了广州旧有单一的沿珠江拓展的城市空间发展模式,为广州带来更广阔的发展空间。且"广交会"在短期内带动了众多大型公共建筑的建设,形成一系列外贸工程,也推动了"广派"建筑的创新创作。

1.3.1 "广交会"发展迅猛

1957年4月25日至5月25日,第一届中国出口商品交易会在广州中苏友好大厦(现流花展馆5号馆)举行(图1-9)。最初的正式名称是"中国对外贸易公司联合举办中国出口商品交易会",后来简称为"广交会"。"广交会"成为定期在广州举行的全国综合性的展销结合的贸易大会。

"广交会"见证着广州乃至中国对外贸易的发展历程,被誉为中国外贸的晴雨表和风向标,同时也是中国对外开放和社会主义建设成就的展示窗口、缩影和标志。"广交会"的诞生,一方面打破了某些西方国家对新中国的经济封锁,开拓了对非社会主义国家的贸易往来,打开了新中国的外贸格局;另一方面增加了宝贵的外汇收入,有力地支援了国家经济建设。

1957—1962年间,每年两届"广交会"出口成交额占我国同期现汇成交总额的20%左右;1963—1969年占30%~35%;20世纪70年代占比达40%以上,其中1972年和1973年分别占54.4%和51%。改革开放后,"广交会"上不再成交大宗商品(如原油、煤炭等),但是在此期间,"广交会"交易额仍占我国同期现汇成交总额的20%左右。因此,"广交会"极大地推动了中国对外贸易的发展。

改革开放给"广交会"的发展注入了强大的活力,"广交会"成为中国改革开放的重要窗口,是扩大进出口贸易的重要平台,是实现"引进来"与"走出去"的桥梁和纽带。首届"广交会"原则上只邀请港澳地区和新马地区的客户参加,而在与会人员中,港澳地区的到会人数始终处于各地区商人的首位。据统计,在20世纪50年代港澳客商占"广交会"客商总人数的80%以上,60年代仍达到69%,70年代降至57%,而80年代则占61%左右。

改革开放以前,"广交会"在广州共有海珠广场和流花路两个会址,共建设了四代展馆,还为广州带来了引以为豪的两座"中国第一高楼"。

专栏1-3:中国进出口商品交易会

中国进出口商品交易会,又称"广交会",创办于1957年春,每年春秋两季在广州举办,由商务部和广东省人民政府联合主办,中国对外贸易中心承办,是中国目前历史最长、规模最大、商品种类最全、到会采购商最多且分布国别地区最广、成交效果最好、信誉最佳的综合性国际贸易盛会。"广交会"历经60多年改革创新发展,加强了中国与世界的贸易往来,展示了中国形象和发展成就,是中国企业开拓国际市场的优质平台,是贯彻实施我国外贸发展战略的引导示范基地。

截至2019年第126届,"广交会"累计出口成交额约14126亿美元,累计到会境外采购商约899万人。近年来,"广交会"的业务影响覆盖了210多个国家和地区,单届展场规模达118.5万㎡,平均每届参会的境内外参展企业有近2.5万家,境外采购商有约20万名。

图1-9 首届"广交会"开幕式及内景图

(图片来源:广交会发展史陈列馆)

【采访】中山大学旅游学院罗秋菊教授

"广交会"对广州城市发展具有重要的作用。"广交会"经历了三次场址的变迁,围绕"广交会"场址建设的五星级酒店群等均对广州的城市发展和现代化发展具有重要的作用。尽管当前"广交会"展览的产值对广州市 GDP 的贡献已失去当年鼎盛时期的重要性,各种展会不断涌现也给"广交会"带来冲击,但"广交会"至今仍然承担着不可替代的重要角色。

每个时期的"广交会"都担负着国家的使命,更好地践行和实施国家宏观战略,例如对外开放、改革开放、绿色生态文明、"一带一路"等。例如会保留一小部分场地和时间给亚非拉国家的代表和企业。另外,"广交会"促进了穗港的深入往来。很多代表往往参加完"广交会",就会去香港参加各种展览,所以香港每年的展览都会安排在"广交会"开展期间或前后。加上改革开放初期,很多国外代表参加"广交会"均要到香港转机方能到广州,因此大大加强了穗港的联系。

"广交会"助力中国企业从贴牌走向自主研发。我印象最深的是,有一家企业从以前靠花 25000 元买别家企业的入场券入场,到现在自己研发生产,产品和企业都符合"广交会"的要求,目前可以完全依靠企业自己的名字进场。随着"广交会"的入场门槛越来越高,很多企业为了拿到入场券,都会投入很多时间、资金在生产研发方面,以保证符合"广交会"的各种要求。

1.3.2 海珠广场会址和全国第一高楼

1957 年第一、二两届"广交会",使用的是用于展览苏联社会主义建设成就的中苏友好大厦,该会址所在的流花桥当时还在市郊,配套缺乏。因此从 1958 年第三届开始,会址又回归城区,在海珠桥北举行。

海珠桥北与华南土特产展览交流会场址相隔约 2km,连接两个场址的一段珠江北岸,原是 20 世纪初洋务运动时期逐段修筑连通的"长堤"中的一段。长堤西起粤汉铁路起点的黄沙站,东接广九铁路的起点大沙头火车站,1899 年动工至 1910 年,除沙面对岸的沙基段之外基本建成,最终于 1914 年贯通,成为广州第一条现代马路。长堤的西段又称西堤,在

20世纪80年代以前，一直是广州最为繁华的商业区。而从爱群大厦到海珠广场段，则是在1931年进一步围填海珠岛而形成的新堤岸。对这片新填出的土地，当时的广州市政府计划采取土地拍卖等现代建设模式进行开发。但由于当时的局势，最终建成的大型建筑只有爱群大厦和永芳堂（东南亚著名实业家胡文虎修建，现广州少年儿童图书馆）。1937年落成的爱群大厦，楼高64m，拥有300多间高级客房（图1-10），在1950年以前，与香港中环的第三代汇丰银行大厦几乎等高，并列华南地区最高楼，也是1968年以前广州的第一高楼。"广交会"在中苏友好大厦举办两届之后就回归长堤，这与这一地段成熟的服务配套基础是分不开的。

图1-10 20世纪60年代扩建后的爱群大厦
（图片来源：石安海. 岭南近现代优秀建筑（1949—1990卷）[M]. 北京：中国建筑工业出版社，2010：176.）

专栏1-4：爱群大厦

爱群大厦是广州对外开放在建筑上的体现，同时也是西方建筑技艺与岭南特色建筑融合共生的象征。作为一座典型的骑楼建筑，爱群大厦的建筑技艺借鉴了西方的建筑设计手法，建筑风格体现了西方当时最时尚的风格，其建筑形态也体现了西方带来的现代生活形态。在广州经济与建设的高峰期，爱群大厦作为广州商贸类建筑的典范，为商贸类建筑的建设树立了新的里程碑。爱群大厦于1937年竣工，由建筑师李炳垣、陈荣枝设计，设计师使用西方建筑设计手法，结合了美国摩天大楼与岭南特色的哥德式建筑风格，不仅是典型的骑楼建筑，还借鉴了许多西方的建筑思想。

爱群大厦引进并采用钢筋水泥框架结构，成为广州第一栋采用钢筋水泥建造的高层建筑。受当时美国高层建筑风格的影响，爱群大厦的设计带有哥特复兴特征的早期现代式风格，同时又融入了许多岭南地域的建筑特色。整个建筑立面造型强调垂直线条，表现出强烈的向上的动感，高耸挺拔，又如同一艘徐徐向西行驶的巨轮，气势逼人。

爱群大厦的落成标志着广州商务酒店建筑登上了一个新的台阶。其建筑成本高，由旅美五邑籍华侨集资 200 万港元兴建；建筑高度高，建筑高度是 64m，共 15 层，是同时代广州市最高的建筑；建筑面积大，建筑面积是 11434m²，是同时期广州酒店建筑的航空母舰，建筑规模媲美城外大新公司；建筑设备先进，如有 6 部西式电梯、936 盏电灯、100 台电话，还配有冷气设施、消防设施等；建筑材料新，钢材等均由西方国家运来。爱群大厦的建筑在这几个方面都树立了商贸类建筑的标杆，因而被称颂为"开广州建筑的新纪元"。

新中国成立后，爱群大厦成为广州的地标性建筑，同时也是举办涉外活动的主要场所。在"广交会"创办后，爱群大厦是参加"广交会"的港澳同胞、华侨等优先选择的地方。从 1957 年起首届至第十届，"广交会"的开幕、闭幕酒会等接待服务工作，均由爱群大厦独家承担。

新中国成立后，广州市政府在海珠桥北岸的战争废墟上，清理修建出绿地建成海珠广场。海珠广场位于广州传统轴线和珠江的交汇处，又毗邻西堤商圈，区位优势非常明显，乘着"广交会"兴办的春风，在国家投资和华侨投资的带动下，海珠广场开始了持续十年的现

图 1-11　20 世纪 60 年代初的海珠广场
（图片来源：广东省立中山图书馆. 广东百年图录（下卷）[M]. 广州：广东教育出版社，2002：590.）

代化建设进程，成为五六十年代国家的外贸交往窗口（图 1-11）。

作为海珠广场周边建设的启动项目，1956 年广东省华侨投资公司投资 250 万元，在广场东侧兴建楼高 8 层、建筑面积 1.82 万 m² 的广州华侨大厦，用于接待回国探亲和来华观光的华侨。华侨大厦由广州市设计院设计。为实现广场和大厦之间的协同，并克服东西朝向的不利条件，做了大量努力，只用了短短 10 个月就完成了全部工程，并于 1957 年 5 月 1 日落成开业（图 1-12）。华侨大厦于 20 世纪 80 年代末进行改扩建，现为楼高 39 层的华厦大酒店。

1957 年决定举办"广交会"之后，由国家投资，在华侨大厦南侧建设了"广交会"的第一个专用展馆——侨光路陈列馆。该馆位于侨光路 2 号，于 1957 年 11 月 4 日动工，1958 年 4 月 10 日竣工，楼高 5 层，占地面积 3600m²，建筑面积 1.45 万 m²，展馆使用面积 1.3 万 m²。第三至五届

图 1-12　华侨大厦全景

（图片来源：石安海. 岭南近现代优秀建筑（1949—1990 卷）[M]. 北京：中国建筑工业出版社，2010：93.）

图 1-13　1963 年"广交会"会址——广州中国出口商品陈列馆大楼

（图片来源：广东省立中山图书馆. 广东百年图录（下卷）[M]. 广州：广东教育出版社，2002：598.）

广交会在此举行。目前，该展馆主体建筑用于餐饮。

20 世纪 50 年代后期，对海珠广场进行了整体规划。海珠广场的规划强调从越秀山纪念碑、中山纪念堂、市政府大楼到解放军纪念碑的轴线关系，规划在维新南（今起义路）路口两侧建设两座 10 层大厦作为广场的制高点，呈"八"字形对称布局。

"广交会"的第三处展馆位于广州起义路 1 号，由林克明设计，平面 L 形，对称构图，两翼 8 层，转角处塔楼 10 层高，于 1958 年 11 月 1 日动工，1959 年 8 月底竣工。展馆占地面积 1.09 万 m²，总建筑面积 4.02 万 m²，展馆使用面积 3.45 万 m²，为侨光路陈列馆的 2.65 倍（图 1-13）。作为新的中国出口商品陈列馆，1959 年 11 月 1 日第 6 届"广交会"在新建成的中国出口商品陈列馆举行，并持续到第 34 届。

同一时期，为迎接中华人民共和国成立十周年大庆，广州市确立了 6 个重点工程，总建筑面积 10 万 m²，并完成了初步设计。但是受当时的财力所限，在国庆前完成的只有由国家投资的起义路"广交会"展馆。同时羊城宾馆（东方宾馆前身）、省农业展览馆（现广东省科学院）和广州火车站工程也启动了，但由于经济困难和材料短缺，羊城宾馆和省农业展览馆分别延迟到 1961 年和 1960 年才建成，广州火车站工程则下马停工。

度过了 20 世纪 50 年代末至 60 年代初的"三年经济困难"时期后，对海珠广场的建设投资又重新启动。1961 年，市政府拟在路口东面的用地兴建商业大厦。对商业大楼的设计，佘畯南提出了不同于原规划的构思，认为轴线长达十余公里，又不完全是直线，两座沿街而建对称布局的高楼使道路空间变得狭窄，主张商业大楼是海珠广场的组成部分，与轴线的关系不大，应从视觉上扩大起义路口的宽度，把重点放在组织好海珠广场的天际线上。他提出板式建筑方案，主楼从建筑红线东移16m，以拓宽起义路口。这一方案最终由于资金筹措困难而搁置。

直到1966年，为了进一步解决"广交会"来宾的住宿问题，国务院向广州划拨600万元专款兴建广州宾馆。主持设计的莫伯治大师吸取了佘畯南的方案在城市空间设计及建筑体型处理上的优点，由于基地面积大小不同，放弃了原规划中追求与旧交易会"协调""配合"的周边"八"字形的对称建筑方案，布置手法上不重复对称布局，而采用体量均衡的手法，主楼向高空发展，并从西侧红线后退15m，减少对城市道路的挤压，使整个空间关系比较疏朗，形成广场的制高点。1968年，广州宾馆建成，总楼高27层，高86.51m，建筑面积3.6万 m²，广州第一次取代上海，拥有了全国最高的建筑物（图1-14）。

图1-14　20世纪70年代的广州宾馆和海珠广场
（图片来源：广东省立中山图书馆. 广东百年图录（下卷）[M]. 广州：广东教育出版社，2002：701.）

1.3.3 "外贸工程"擦亮共和国窗口

流花地区，得名于南汉时期的芝兰湖上宫苑的一座古木桥，该桥在明代改为石桥，立于司马涌上，现仍有遗迹留存于流花路展馆东侧。到了20世纪50年代，流花桥的西岸已成为淤积的泥塘田地，东侧则为山冈坟地。

中苏友好大厦选址期间，按照苏联专家提出的展馆需要临近公园，靠近市区，可安排铁路线等要求，将流花桥西侧作为展馆选址。林克明先生在20世纪50年代撰写有关论文时，提出了基地地质条件不好，土方量大，且需处理司马涌河道等困难条件。但正是这一"迎难而上"的决定，奠定了流花地区后续大发展的基础。从中苏友好大厦的基地总平面图上可以看出，当时已构想了一张具有扩展潜力、配备铁路专线的蓝图（图1-15）。

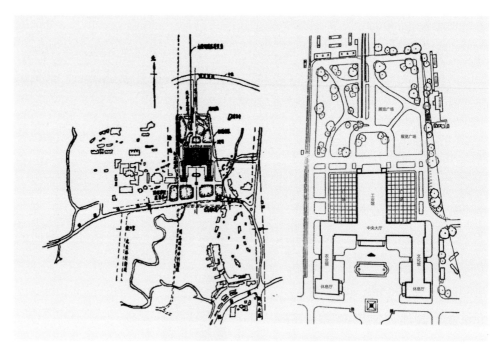

图 1-15 中苏友好大厦周边规划（左）及总平面（右）
（图片来源：林克明. 广州中苏友好大厦的设计与施工 [J]. 建筑学报，1956（8）：60-69.）

展馆平面借鉴了上海展览馆的安排，而在具体设计时，广州展馆并没有像上海馆那样全盘照用苏联当时蓝本的模式，林克明团队结合民族特色和岭南气候特点开展设计，在造价、工期都非常紧的情况下，克服了雨期施工等难题，在 8 个月内建设完工。

虽然"广交会"在中苏友好大厦只举办了两届就南迁海珠广场，但流花地区的建设也同步在进行着。从 1955 年的航拍地图上可以看到，配套中苏友好大厦的铁路专线和车站已经修成。1958 年通过全民义务劳动，面积 30 多公顷的流花湖开挖完成，解决了城西北的排涝问题，还形成了面积 54hm² 的流花湖公园。

前文已经提及，原拟作为 1959 年国庆十周年献礼建筑的羊城宾馆和广州火车站也选址在流花地区。广州市城市建设委员会于 1964 年再次修订了《流花湖地区详细规划》，提出广州火车站地区的规划侧重点，北面以广州火车站广场为中心，南面以综合展览馆为中心来组织整个地区的交通、绿化和建筑组群。但由于广州火车站工程下马，20 世纪 60 年代先推进了南面建筑群的建设。

在友好大厦的南侧，于 1961 年建成的东方宾馆的前身——羊城宾馆，是当时中南局立项兴建的高级外事宾馆，宾馆高 8 层，建筑面积达 4.1 万 m²。主楼呈"工"字形，四翼各自为一个相对独立的部分，便于分区使用。在建

图 1-16 东方宾馆主楼（左）及西楼（右）

(图片来源：左图：广州市城市建设档案馆提供；右图：石安海. 岭南近现代优秀建筑（1949—1990卷）[M]. 北京：中国建筑工业出版社，2010：212.)

筑艺术处理上，主要采用对称的手法。主楼中部体量较大，加上挑台和四廊等重点处理，使正面显得端庄美观。中部底层大餐厅西侧以柱廊联系南北两座大楼，既可遮阳，又丰富了空间的变化。柱廊采用有地方色彩的虾公梁与白色通花栏杆互相衬托，宁静通透。大楼用色以灰白为基础，力求保持材料的质感，朴实无华，恬淡雅致。20世纪70年代，又进一步扩建了宾馆西楼。西楼设计借鉴了勒·柯布西耶新建筑的处理原则，创造性地将首层架空、设置屋顶花园与立面强调横线条的处理手法运用于高层公共建筑设计。宾馆新楼首层架空的处理方式既有利于空气流通，又与中央庭园的空间相互渗透，联系紧密（图1-16）。新楼屋顶设置花园，配置假山石、水池、盆景与花木，使居住在高层的旅客也能在天台上享受到阳光、空气与绿色庭园景观。

1964年10月，友谊剧场于中苏友好大厦北侧动工兴建，次年8月建成，建筑面积6.4万 m^2。剧场开敞的平面使室内建筑同室外绿化相互渗透、融为一体，内有廊、亭、台、榭以及花径、树木、叠石、喷泉等，组成具有岭南特色的庭院建筑空间。作为岭南优秀建筑的代表，友谊剧场享有"庭院式剧院"的美誉，曾载入国内建筑学教科书，是当时国内最完善、档次最高的一流大剧院（图1-17）。

进入20世纪70年代，国家对广州外贸窗口的重视程度继续加强，国家有关部委批准专款6000万元，对"广州外贸工程"进行了立项（表1-1）。

图 1-17 友谊剧场

(图片来源：广州市城市规划勘测设计研究院. 历史文化保护名录工程勘察设计项目实录（1957—2015）[M]. 北京：中国建筑工业出版社，2019：129.)

广州外贸工程一览表 表1-1

工程项目	建成时间	地点	特色
流花宾馆（北楼及南楼）	1972年	广州市环市西路	简练明快，轻巧通透，合理，经济，设计工期短
矿泉客舍	1972年复业并扩建	三元里温泉旁	建筑与自然环境相结合，简洁的造型与多姿多彩的庭院景色相辉映
中国出口商品陈列馆新馆	1974年	流花路原中苏友好大厦扩建	各馆可独立成馆，有各自的进出口，亦可相接联系，方便客商按各自需要进出。有多个大小庭院，作露天展览、洽谈及休息之用
东方宾馆西楼	1975年	广州流花路120号	视野开阔，景色好，东西楼形成开阔的庭院，环境优美
白云宾馆	1975年春	广州越秀区环市东路	当时全国最高建筑，塔楼为客房，保留前院山丘、树木。与宾馆南临的环市路有隔离，保持安静，增加纵深感，内院保留原有大树
友谊商店	1978年迁址环市东路	广州越秀区环市东路	以经营"高级、精美、新颖、名牌"商品为特色，商品来自全国各地

（资料来源：邹德侬，戴路，张向炜. 中国现代建筑史 [M]. 北京：中国建筑工业出版社，2010.）

在中苏友好大厦的基础上，流花路展馆扩建工程于1972年10月动工，1974年4月建成，门口外立面上作为招牌的题字"中国出口商品交易会"为时任全国人大常委会副委员长郭沫若手书。当时展馆占地面积9.8万 m^2，建筑面积11.05万 m^2，1974年4月15日第35届"广交会"在新建成的中国出口商品交易会展馆举行（图1-18）。这是"广交会"第三次迁址。经过多次扩建，展馆最终建筑面积达17万 m^2。第35～103届"广交会"在此举行（其中第94～103届与琶洲展馆同时举办）。

20世纪60—70年代，将中苏友好大厦东侧的坟岗清理出来，建成了广州体育馆。羊城宾馆南侧，还建成了省广播电视大楼。至此，形成了从越秀山到流花湖的一组体现当时社会主义现代化风貌的建筑群。到1974年，从广州火车站到流花湖，一片体现70年代社会主义现代化理想，可初步与当时国际领先水平地区媲美的新区全面落成，成为名副其实的共和国外贸窗口。

除了按当时国内的最高标准将中苏友好大厦扩建为"广交会"新馆，并紧邻配套建设流花宾馆、矿泉旅社和东方宾馆西楼外，广州外贸工程这笔在当时条件下的巨额投资，还对广州的城建起到了更深远的影响，在流花展馆以东4km处新建了白云宾馆和友谊商店，为十多年后广州的商务功能东移埋下伏笔。白云宾馆在1976年10月中旬举行的第40届"广交会"投入使用，建成后，主楼高33层的白云宾馆替代27层的广州宾馆成为当时国内最高的高层建筑（图1-19）。

图1-18　1974年"广交会"流花路展馆鸟瞰
（图片来源：石安海．岭南近现代优秀建筑（1949—1990卷）[M]．北京：中国建筑工业出版社，2010：223．）

图1-19　白云宾馆
（图片来源：广州市城市建设档案馆提供）

【采访】白云宾馆主要设计者之一——著名建筑师林兆璋

我们设计白云宾馆时，采用了高低层结合的空间处理方式，不追求立面绝对的对称构图，板式的主楼以带形窗、裙房、顶层游廊等水平线条塑造主体的水平感，再辅以山墙、竖板的竖向分隔等处理手法，使宾馆的板式立面灵活多变但不失稳重、简洁大方，建筑与结构性能充分配合。外墙逐层挑出悬臂横板，造型美观，同时解决外墙维修、清洁、防雨和遮阳等问题。雨篷飞架，南出指向山冈地，为乘车而至的宾客遮风挡雨，造型优美别致。

至今，我从事建筑设计与城市规划设计近60年，始终认为要做好城市规划和设计，必须懂得城市历史，尊重城市历史，把城市的文脉延续下去。因此，必须有充足的人力物力保障去研究城市建设的历史，对有益的经验和经典的作品进行发掘、记录和传承。

1.4 支撑外贸窗口的对外交通发展

为适应外贸工作的发展并满足在全国计划经济体系中的交通需要，广州得到了国家的大力支持，迅速搭建起由广州白云国际机场、广州火车站、黄埔港远洋运输组成的海陆空交通体系，有力地支撑和推动广州对外贸易的持续发展。

1.4.1 白云山麓国际航班起飞

广州历史上的机场如群星般散落各地分布，新中国成立以前，广州先后使用了燕塘机场（1911年）、大沙头机场（1920—1928年）、南石头水上机场（1933—1935年）、二沙头水上机场（1935—1937年）、石牌跑马场机场（1933年）、天河机场（又称瘦狗岭机场）（1931—20世纪60年代后期）、岑村机场、黄村机场和旧白云机场（1933—2004年）。机场的选址，除了大沙头机场外，其他均分布在当时的郊野，后来随着城市的发展逐渐被建成区包围，难以满足广州的发展需要。白云机场始建于1932年，在日本占领时期和新中国成立前夕都扩建过。1950年3月，中南军区司令部航空处将机场移交给新成立的中国民航广州办事处。1959年，广州飞行队由天河机场迁至广州白云机场，改为军民共用机场。1963年2月，空军搬离白云机场，白云机场始改为民用机场。10月，白云机场扩建工程修建委员会和总指挥部成立。后广州白云机场的名称变为"广州白云国际机场"（图1-20）。1964年到1967年，为满足开行国际航线和服务外贸的需要，白云机场开始扩建，跑道从2000m延长至2500m，新增面积72.53万m^2。

图 1-20　20 世纪 60 年代扩建后的白云机场
（图片来源：中国国际旅行社广州分社. 中国旅行（广州·佛山）[M].
广州：广东人民出版社，1977：73.）

1.4.2　流花桥畔广州火车站通车

广州火车站的建设构想最早于 1955 年提出，之前经历了动工和下马。结合外贸工程，1971 年中央终于批准建设广州火车站，工程再次上马。当时，广州铁路枢纽范围内的客运设施十分简陋，仅有广州东站（亦称广九铁路站，新中国成立后，改名为广州站）及石围塘两个站。站内候车面积小，设施简陋，而且铁路线路经过城市中心区并与城市主要道路有 8 处平交，严重阻塞交通，影响居民出行。本着尽快搬迁广州站的目的，对新站提出东山梅花村、流花公园、下塘村三处选址。

方案一是把车站由大沙头搬迁到东山梅花村，但是规划部门认为这样搬迁距离近，且对市区的交通问题并没有很大的缓解，仍是尽端式车站，咽喉能力得不到很好改善，搬迁的意义不大，因此这个方案就被否定了。

方案二是搬迁到当时流花公园的位置，以人民北路为车站的主出入口，取消西村站（现西站）。车站建成后，一条铁路线连接珠江大桥至佛山，一条铁路线到黄沙南站，一条线通北京，一条线通九龙。该方案的缺点是，广州市城市总体规划确定城市向东发展，而把广州火车站搬到城市西面，选址显然不尽合理，铁路运行也不顺，当时铁路部门也不同意此方案。

方案三是将火车站搬至下塘村西德胜岗（现飞鹅岭），以小北路、仓边路为铁路客流进入市中心的主干道。当时市政府认为此方案存在问题，新火车站如果搬到下塘，会压迫城市中心区，而且火车站没有更多的发展空间。

综合以上几个选址方案，最终选定流花地区解放路以西地段为广州火车站新站址。广州站站前广场采用对称车站主楼中轴线的矩形平面广场。按照不同的使用功能要求，划分为5个部分——中心广场、绿化带、小汽车停放场、机动三轮车和微型小汽车站、大楼前人行道，共 5.34hm²。为了解决好广场前车流交通组织问题，规划在广场南部设近似半椭圆形交通绿岛，另外广场外还设有辅助交通组织。在环市路东段与解放北路交叉口设置了立体交叉桥，另在环市路、人民北路之间增辟站南路，起迂回交通的作用，使过往车辆无需穿越广场便可以进出市区，以减少通过广场的车流。

1974年流花火车站几乎与流花展馆同时落成，成为广州铁路新客运站，取代原位于旧城区内的铁路东站。加上五六公里车程之外的旧白云机场，便利的交通，由此带动整个流花地区的开发建设，使之逐步发展为广州的对外交通枢纽、对外贸易中心。20世纪80年代的规划，更强调该区是广州市的窗口、祖国"南大门"的核心区。经过20多年的建设，昔日大北城外的荒僻之地，已经建设成广州市对外交往的枢纽及对外贸易中心。1986年该地区被评为羊城新八景之一——"流花玉宇"。

专栏1-5：广州火车站及周边环境设计

广州站最具特色的要算是站房正面两侧的"统一祖国，振兴中华"标语，这在国内客运站是独一无二的。此标语来源于全国人大常委会于1979年元旦发表的《告台湾同胞书》。这再次显示，广州作为改革开放的前沿，是港澳台同胞和海外侨胞最早进入的祖国大陆的城市，广州火车站的地位和意义非凡，故在站顶设置该标语并保留至今。

广场周边的建筑群规划同样具有特色。车站广场原来是丘陵坡地，高低起伏。车站大楼首层地面与旅客出口隧道同一标高，二层地面与铁路站台地面相平。四周地形，除东南面外，一般都高出广场地面标高3~7m，另外，建筑限高30m。因此，广场周边的建筑群布局因地制宜，与广场空间协调，一般都横向布置，增强立面水平线条效果，尽量利用南方优越的自然条件组织好广场内外的绿化系统，使之与广场周边建筑群相结合，不仅可以起到遮阳降温的作用，同时可以凸显南方独特的自然风格。站前广场东南方向便是越秀山麓，树木葱茏，繁花似锦。车站落成时，古老的建筑镇海楼、中山纪念碑、圆形水塔等一览无余，南国风光，尽收眼底。因此，规划中东南向的建筑都力求体型简洁，避免庞大臃肿，与绿化背景浑然一体，如车站大楼立面色彩以白色为主，线条简洁，具有南方建筑的特点。邮政大楼错层分级处理，体型采用单体水平线条。国际电讯楼为了以越秀山麓为景观，东南向建筑物采用较小体型，立面以竖线条为主。这些建筑都体现了典型的南方特色。其景观设计同样多体现了岭南风格，绿化规划采用点面结合的方法，尽量利用外围的已有绿化，如越秀山和流花湖，配合建筑群布置，起到很好的借景作用（图1-21）。

图1-21 20世纪80年代初的广州火车站

（图片来源：左图：许力夫，丁辉，肖国兴. 广州站取消最后一趟慢车[N]. 信息时报，2004-04-10（003）. 右图：黄亦民摄）

1.4.3 黄埔港远洋巨轮开通

广州作为中国最早对外开放的对外贸易通商口岸，以及"海上丝绸之路"的起点之一，在珠江三角洲航海史、贸易史，乃至世界贸易史上都具有举足轻重的作用。秦汉时期，广州古港是中国对外贸易的港口。唐宋时期，"广州通海夷道"是远洋航线。清朝，广州成为中国对外通商口岸和对外贸易的港口。新中国成立初期，我国百业待兴，发展经济，交通先行。于是，建设广州港也就成为发展国民经济非常迫切的要求。从 1953 年起，广州港的建设开始启动。内港区改造，集中成就了河南、芳村、如意坊几个货运码头；新建黄沙码头，结束了长堤一带客货混杂的码头；在黄埔港区，先后续建了中码头和青埔大码头。随着港口能力不断提升，在 20 世纪 60 年代初期，广州港确立了华南主枢纽港的地位，成为华南最大的港口。1973 年动工新建新港码头，是标志广州港迈入专业化的重要步伐，形成了最高停靠 2 万吨级货轮的完备港口、泊位和仓储设施（图 1-22）。除了通往香港的转口贸易运输之外，新中国的远洋航线也从广州启程。

图 1-22　广州黄埔港
（图片来源：中国国际旅行社广州分社. 中国旅行（广州·佛山）[M]. 广州：广东人民出版社，1977：75.）

新中国成立初期，中国同波兰和捷克斯洛伐克等社会主义国家进行航运合作，分别于 1951 年和 1959 年成立了中波轮船股份公司和捷克斯洛伐克国际海运股份有限公司。这种合作有利于突破封锁禁运，为日后组建中国远洋运输公司及其船队培养了众多急需的人才。这两家中外合资航运公司，都在广州设立代表处，开设远洋航线。20 世纪 50 年代中期，中央就提出了组建和发展中国远洋运输船队的设想。1958 年，交通部远洋运输局成立，同时在广州成立交通部远洋局驻广州办事处，组建中国远洋运输公司及其船队的进程明显加快。1959 年，中国政府决定租船接运旅居印尼自愿归国华侨。当时，交通部远洋运输局及其驻广州办事处第一次组织、指挥和调度十几艘租船从事这项工作。这是中国远洋运输公司成立前的一次预演。

与此同时，中央在当时外汇收入较为微薄的困难情况下，批准外汇拨款赴希腊买远洋船舶。1961 年 4 月 27 日，新中国第一家国际海运企业——中国远洋运输公司宣告成立。同时，也诞生了中远公司广州远洋运输分公司（以下简称广州分公司）。广州分公司的旧址在广州市沙面珠江路 28 号。中远公司成立当年，有"光华"轮、"新华"轮、"和平"轮、"友谊"轮，1964 年又贷款购进"黎明"号货船。现在仍然停泊在深圳蛇口的"海上世界""明华"轮（图1-23），也是广州分公司运营的，于1973年从法国购入，并以广州黄埔港为基地，在1973年到1983年间，执行了众多外交和对外援助航线。坦赞铁路的援建队伍，就是从广州黄埔港登船起航，横渡印度洋，抵达非洲的。

图1-23 仍在服役航行时的"明华"轮
（图片来源：http://ssmaritime.com/Ancerville-Minghua-2.htm）

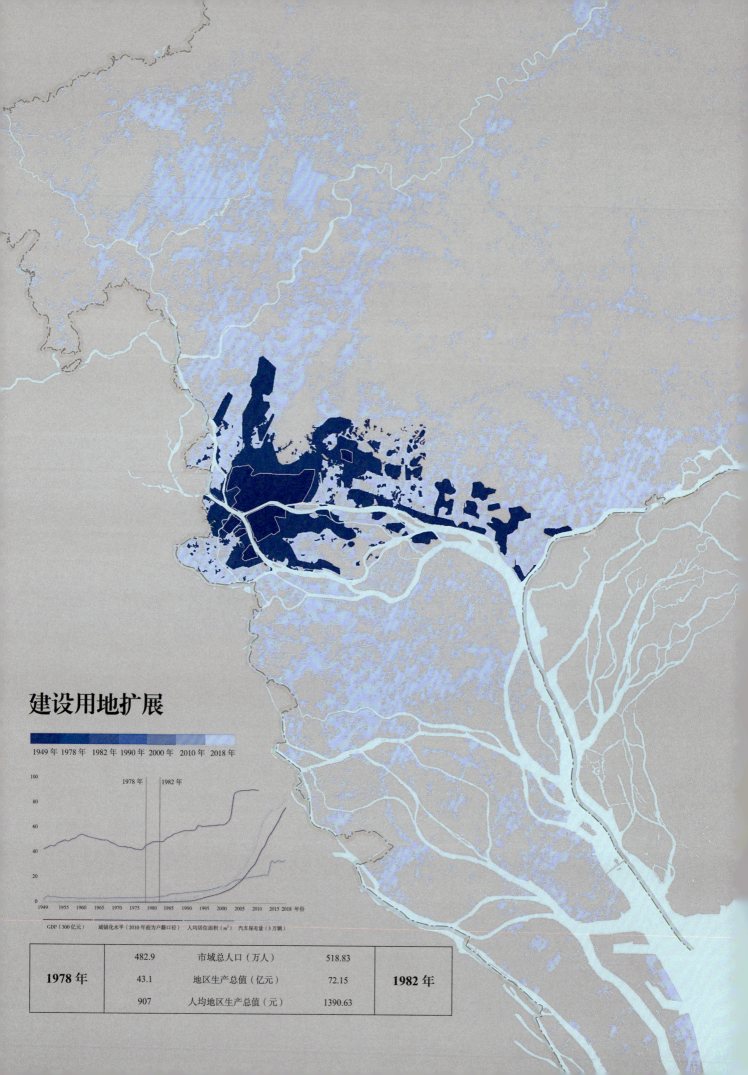

02
改革开放,广州于全国率先迈步
1978—1982年

1978年党的十一届三中全会确定了调整、改革、开放的路线和方针政策,揭开了中国经济体制改革的序幕。中央将广东作为改革开放的排头兵,允许"让广东先走一步"。广东省委提出"广州不叫特区,但政策可以一项一项地放宽,以加速广州的现代化进程,进而带动全省","开放"成为广州城市发展的关键词。

广州的开放起步,抓住"外贸"和"住房"两个关键点,突破各种政策和认识瓶颈,引入港资,破解城建资金匮乏的难题。以广州出土地,港方出资金,两地同步销售的模式,建成了新中国成立后全国第一个商品房小区东湖新村,广州的房地产业从此进入了市场化运作的新时期。从出租车起步,开创了中外合作的服务业发展模式。白天鹅宾馆率先在白鹅潭畔向所有市民免费开放,随后建成了中国大酒店和花园酒店,它们成为广州外向型服务业空间的三个战略性吸引点。

1984年,中央确定将广州纳入首批沿海开放城市。广州比照经济特区的规定,选址于城市的东端成立广州经济技术开发区,引导第二产业向东集聚,拉开了城市建设的框架。

激活市场流通领域,领全国之先引入超市、专卖店等新型业态,回城知青、待业青年凭借勤劳的双手,成为个体经营最早的开拓者,相继涌现了高第街、西湖灯光夜市等典型个体经济地段,轻工业随之复苏壮大,"广货"风靡一时。灵活的政策吸引了大量的外地人口涌入广州工作、创业,实现了人、财、物的互通,使广州成为当时发展最快、最具活力的城市之一。

城市治理也在探索中不断前进,积极吸收国际先进经验,形成了独具特色的城市规划编制体系,推动城市管理的规范化和城市建设蓬勃发展,"广派"建筑成为当时现代风格与地方元素融合设计的典范。

2.1 大胆引资突破计划城建瓶颈

改革开放后，资金短缺成为制约中国经济发展的一个重大问题，因此中央作出了积极利用外来资本加快社会主义现代化建设的重大决策。但此时中国利用外来资本的理论、政策几乎一片空白，尚无可以支撑的法规。国内对于外来资本的利用也仅限于对外借款，包括政府间贷款、国际货币基金组织和世界银行的中长期贷款。在这样的情况下，广州敢为人先，勇于站上风口，率先与港商合作，成功引入港资建设白天鹅宾馆。而后更是在尚无先例可循的房地产行业开创先河，与港商深度合作，充分利用港资建设商品房，推动了本地房地产行业的发展。

2.1.1 解放思想开展城建引资实践

国门打开后，外商、港澳台商纷纷进入。而在计划经济体制下，当时国内在衣、食、住、行方面仍与国际发展水平存在很大的差距。为了能吸引并留住他们，完善各种对外接待设施并提高消费性服务业的水平尤为重要。但当时尚处于经济发展起步阶段，资金短缺，未能满足各类设施建设的需求。而香港与广东省一直有密切的贸易往来与文化联系，当时华侨、华人和港澳台同胞回乡投资办企业、参与家乡建设的热情日益高涨，因此，广州市最先引进港资进行合作建设，并取得了显著的成效。

1978年10月"广交会"期间，霍英东、何添、何贤、张耀宗等港商捐资600万港元帮助番禺兴建宾馆，1980年12月开业。这是港商参与内地建设宾馆的第一次尝试，也是不久后建设白天鹅宾馆的前奏。1980年，广东省接受华侨、港澳同胞捐赠物资款项17000多宗，约合人民币12142万元。在各项基础设施建设中，广东省从改革交通建设投融资体制入手，广开融资渠道，利用外来资本建桥修路。1981年，广东省交通厅公路建设公司从澳门南联公司贷款2.06亿港元，开始对广深、广珠公路进行改造，改渡为桥，开创了利用外来资本建桥的先河。1983年5月15日，广深中堂大桥率先正式通车，1984年广珠公路四桥（三洪奇、容奇、细滘、沙口）及由霍英东和何贤等主动捐赠500万元人民币建设的番禺大石大桥先后通车，使广州到顺德、深圳、珠海、肇庆等地"畅通无渡"，大大节省了通行时间（图2-1）。

图 2-1　容奇大桥通车仪式
（图片来源：广州市交通运输局提供）

广州也积极将外来资本投入科教文卫方面的建设。1980年由港方投资540万港元建设的广州珠江华侨港澳同胞医院投入使用，并配备了先进的医疗设备，在省内甚至全国达到了一流水平，五年合作期满后，所有设备无偿归我方所有。1978—1988年9月，广州市共有104所中小学接收外来资本捐赠，合计人民币679万多元、港币1100多万元，新建中小学38所，建筑面积68700多平方米。香港商人、"何梁何利基金"创始人之一利国伟捐资2000万港元，兴建广州市体育运动学校，设立体育教学训练奖励基金。

外来资本的引入对广州市基础设施建设起到了"及时雨"的作用；同时，外来资本的引入也加快了国内对第三产业的培育，如白云公司的"的士"出租车就是一项见效"短平快"的中外合作服务项目。白云公司最早的前身是1956年6月成立的三轮车总站。踏入20世纪70年代，总站开始投产机动三轮车和旅行车，并于1978年改名为小客车公司。1979年，改革开放后全国出租汽车行业中第一家中外合作企业——广州市白云小汽车出租公司成立了。白云公司首批出租车——日本五十菱骏马牌1600cc出租车（俗称"红凳仔"）由港商投资购买，当时这批车在香港采购的价格为2.4万港元，转运回广州后，由于免税政策，最终折合人民币6000元一辆。港商还把国际标准化的服务模式带到了祖国大陆，白云公司在全

图 2-2　红色出租车替代了人力、机动三轮车
（图片来源：广州市国家档案馆提供）

国同行业中率先实施"扬手即停、计程收费、电话约车、24 小时服务"的新型服务方式。很多市民、侨胞打车专门挑"红的士"（图 2-2）。

2.1.2　突破合作束缚建设三大酒店

广州毗邻港澳，作为祖国的"南大门"，自古以来便是重要的国际交往通道和外贸口岸。1976 年后，到访我国观光的旅游团不断增多，除此之外，海外游子、港澳同胞也纷纷返回家乡，探望自己久别的亲友，带来与日俱增的游客。据不完全统计，1977 年欧、美、日来穗的旅游团有 25481 批，共 101423 人；1978 年为 15336 批、151979 人；1979 年达 21783 批、206797 人。改革开放后，来广州参加"广交会"的客商数量激增。1979 年"春交会"客商与会人数已经达到 2.53 万人次，当年"春交会"开幕前夜，发生无房安排给客人的住宿"爆棚"事件，广州市内基础设施短缺的问题愈发凸显。

当时涉外酒店少、床位不足是全国性的难题，即使是在首都北京也只有 7 家涉外酒店，床位 5200 多张，实际达标的仅 1000 张左右，而且酒店的基础设施、服务态度、管理水平都跟不上。外国客人一下飞机，先被拉到景点游览，晚上再到酒店等床位。而广州当时适合外宾入住的宾馆数量、服务水平以及管理水平都不能适应当时的发展形势，无力满足所有外宾住宿需求的情况引来港澳及海外客商的不满。鉴于此，广州市积极贯彻中央关于利用外来资本建酒店的决策，并大力争取政策加快落地实施。

1978 年夏，国务院成立了"利用侨资外资筹建旅游饭店领导小组"，具体提出在北京、广州、上海、南京四大城市，建八家涉外宾馆，分别是北京建国饭店、长城饭店，上海华亭宾馆、虹桥宾馆，南京金陵饭店和广州的白天鹅宾馆、中国大酒店、花园酒店，广州占其中的三家。但受限于国家资金投入以及知识经验的不足，当时决定引资建设并且容许外来资本经营。在没有引入外来资本法规可参考的年代，这一"合作"建酒店的模式解决了国内资金缺乏与外来资本进入的双重难题。在推动这些饭店实施建设的过程中，广州的三个酒店项目都由香港财团出资兴建，由于穗港联系紧密、交往方便等，在充分协商沟通的前提下，三个项目都采取了更为务实的投资、运营、移交模式，成为中国内地 BOT（建设—经营—转让）模式的鼻祖。相比之下，其他项目采取合资或者贷款推动，审批过程更加一波三折，据记载，北京建国饭店的批件报了 16 位国家领导才由时任中央主要领导批复。

广州的三座港资宾馆在设计中率先引进国外的建筑设计与现代高层建筑设计手法，且在吸收国外新设计理念的基础上勇于创新。这表明，随着改革开放不断深入，对外的文化交流增多，西方现代主义建筑理论与作品通过大众传媒、建筑师互访、香港建筑师在广东进行建筑设计等多种途径，在岭南得到了大规模传播。在开放的创作环境下，岭南建筑师广泛吸纳先进的西方现代主义建筑理论，创作出广州白天鹅宾馆等优秀建筑，将岭南建筑创作推向高潮，并在 20 世纪 80 年代末开始新的建筑设计探索。

在白天鹅宾馆模式的基础上，花园酒店和中国大酒店都增加了公寓、商铺配套和现代化写字楼的功能，可谓是我国大陆第一代体现"综合体"思想的开发项目。

三大酒店的建设和发展，带来了全球各地的客商和无限商机。白天鹅宾馆使百年长堤商圈迎来了新的商机，中国大酒店带动了计划经济时代的外贸窗口"流花地区"的开放发展，花园酒店的落成，则和白云宾馆一道，奠定了广州第一个现代商务区发展的基础。

2.1.2.1 第一家中港合作酒店——白天鹅宾馆

1978年11月2日"广东省旅游工程领导小组"成立,广州市着手酒店的选址和设计工作。1979年1月23日签订了《广州沙面白鹅潭投资兴建旅馆计划意向书草案》,经省委向港澳办、国务院争取支持,1979年4月11日合作协议正式签订。

双方签协议时称"白鹅潭宾馆",后来希望新建的宾馆如同白天鹅一样振翅冲天,一鸣惊人,故改名"白天鹅宾馆"。在宾馆建设过程中,代表香港投资方的霍英东提出了中国人自己设计、建设与管理的"三自方针",最后敲定由广州的建筑大师佘畯南、莫伯治两人全面负责酒店的总设计工作。港方还特意邀请两位前往香港考察一些著名建筑物,并和香港的著名建筑师座谈,了解香港建筑设计工作的运作情况。酒店选址的沙面岛曾为多国在广州的联合租界,环境优美,又紧邻长堤商圈,闹中取静。酒店所在的沙面岛南岸的白鹅潭,三江交汇,水面深远开阔,气势磅礴(图2-3)。

图2-3 白天鹅宾馆建设图景(左)及1993年沙面地区鸟瞰图(右)
(图片来源:左图:石安海. 岭南近现代优秀建筑(1949—1990卷)[M]. 北京:中国建筑工业出版社,2010:279;右图:广州市城市建设档案馆提供)

1979年3—4月期间,宾馆进入设计阶段。穗港双方决定各拿出一个方案,择优采用。广州方案主要由设计师佘畯南和莫伯治二人扛大旗,他们最初提出了一个"折板形"的设计方案,送到香港征求意见,港方大表赞成,因为他们的方案也是"折板形",大同小异,可谓英雄所见略同。但当港方带着自己的方案来广州时,广州方面经过深思熟虑之后,却认为原方案不够完善,将其推倒重来,另外提出了一个新的"腰鼓形"方案。结果,评比会变成了一场辩论会,大家唇枪舌剑,激烈地争论了两天。广州的"腰鼓形"方案因为比较符合高层建筑的原理,最终被采纳。为了实施白天鹅宾馆的建设，当时创造性地采用了项目总承包模式，由新成立的珠江外资建设公司和投资方签订合同，"一手交钱，一手交钥匙"，工程质量得到了提升，工期也缩短了。

在1982年秋季交易会开幕之际，宾馆试行部分营业。1983年2月6日，白天鹅宾馆举行开业仪式。白天鹅宾馆落成之际，一改过去高档宾馆招待所只让外宾和干部进出的做法，向全体市民开放，不消费也可以参观。衣着普通、穿T恤拖鞋的广州百姓鱼贯而入，酒店卫生间的纸张也敞开免费供应，最高日消耗达到200卷，当时的媒体报告有"挤掉的鞋子捡了一箩筐"的说法，场面虽混乱，但在两周后恢复了正常秩序。在国家工作重心转为经济建设后，老百姓亲身体验到广州"敢为天下先"的改革开放成果，对于提高广州市民对现代化城市生活的感知、积极参与各类改革开放的建设、推动城市精神文明建设作出了重要贡献。广州城市空间的发展重点亦从流花路片区向白天鹅片区发展。

白天鹅宾馆"四门打开"30多年以来，国家领导人和40多个国家的150位元首和王室成员在此下榻，迎来参加"广交会"的八方商贾。在经营中，宾馆投入大量资源开展管理服务人员培训，按国际标准提供服务，还最早采用信用卡直接支付、直接外汇付款等模式，在改革开放初期发挥了抛砖引玉的作用，并客观上带动了大批外来资本通过广州这个"南大门"投向内地。白天鹅宾馆已然化身为广州改革开放过程中的一个标志性符号。

2.1.2.2 融合传统岭南元素的现代化酒店——花园酒店

20世纪70年代初，花园酒店的"前世"是一大片菜田，菜地被环市东路拦腰截断（图2-4）。1976年落成的白云宾馆和友谊商店，在春秋两季"广交会"期间带旺了环市东路上的人流和车流。20世纪80年代初，广州友谊商店是涉外商店，只收外币和代用券，只有持护照和回乡证的人才能进商场购物，因此，出现了这样的情景：店内，服务员多过顾客；店外，挤满了翘足引领的人，他们大多是华侨和港澳同胞的亲属，正等着亲人把东西买出来，当这些人提着大包小包的高级食品或电器走到店外时，路上的行人会投来羡慕的眼神，侨眷的脸上则写满自豪感。

花园酒店由利铭泽先生出资修建，建筑设计方案由世界著名华人建筑师贝聿铭先生指导。酒店位于环市东路与建设六马路交界处，与白云宾馆和友谊商店隔路相望，占地面积4.8万m^2，建筑面积17万m^2，其中花园

图 2-4　花园酒店建设前的环市东路地区（1978 年）
（图片来源：广州市国家档案馆馆藏）

图 2-5　在建的广州花园酒店
（图片来源：广州年鉴编纂委员会. 广州年鉴1985[M]. 广州：广州年鉴编纂委员会，1985：彩页.）

占地 2.1 万 m^2，于 1985 年建成开业（图 2-5）。

酒店内的大型岭南园林精湛华丽，精心设置了假山、瀑布、亭台楼阁，是岭南园林中的不朽之作。大堂正中央顶棚镶嵌的"金龙戏珠"藻井装饰以及由金箔大理石铸成的壁画，映射出花园酒店的尊贵之感和深厚的文化底蕴。上述元素的叠加体现了花园酒店中西交融、艺术与现代融合的设计理念（图 2-6、图 2-7）。

自 1981 年 3 月花园酒店完成奠基后，远洋宾馆、假日酒店、世界贸易中心、广东国际大厦、彩电中心、好世界广场纷纷在该路段上崛起。建设六马路经两次扩建，由乡道变成了现今的双向四车道，建设新村一排排的平房不见了，代之一幢幢高楼。

花园酒店带动了所在区域的服务业发展和商业发展。花园酒店的开张，带动了外来资本，许多大机构、外国领事馆等在这一地区租写字楼办

图 2-6　花园酒店中的岭南园林
（图片来源：伍家炯摄）

图 2-7　花园酒店大堂内的"金龙戏珠"藻井装饰与《红楼梦》壁画
（图片来源：伍家炯摄）

公。从而，围绕着花园酒店、白云宾馆、友谊商店和世贸中心的环市东路地区，形成了当时广州最密集的高级商业区。

2.1.2.3 最早的酒店公共关系——中国大酒店

中国大酒店由著名实业家胡应湘投资兴建，位于解放北路与流花路交叉口，东临越秀公园，西靠东方宾馆。酒店建成于1983年，由五星级酒楼主楼、公寓和商业大厦（写字楼及商场）三部分组成，建筑基地面积1.96万 m²，总建筑面积15.9万 m²（图2-8）。

中国大酒店是我国第一个完全由港商投资和管理的酒店，广州免费提供土地，由合作方筹集资金建设，并以20年为期限，期满后全部财产在正常营业的情况下移交给广州，开创了BOT模式。中国大酒店不仅培养了大批酒店管理人才，而且是我国最早按国际模式设立酒店公共关系岗位的酒店。当时中国大酒店的公关部共有9位公关小姐，其中5位负责接待参访人员，公关小姐身上映现出的是现代化一流酒店的形象。

中国大酒店的建设，为原来以春秋两季交易会对口服务为主的流花地区注入了更加国际化、市场化的元素。它与毗邻而居的老牌高档宾馆——东方宾馆竞相推出多元化的服务。一方面，一批知名外商投资企业，如宝洁公司等，其中国区的管理总部进驻这里。酒店提供的商铺空间也曾经汇聚了广州最早一批国际知名时装品牌专卖店。酒店写字楼—公寓—餐厅—时装店形成了一个直接对接全球化生活方式的小社会，让广州具备了作为迎接外商踏入中国第一站的软实力（图2-9）。另一方面，国际化、市场化、标准化的服务模式，服务于广州火车站、广九直通车、白云机场，带来源源不断的勇闯改革大潮的国内外客商，带来了无限的商机。

图 2-8　广州中国大酒店
（图片来源：广州中国大酒店提供）

图 2-9　流花商圈鸟瞰图
（图片来源：黄亦民摄）

2.1.3 首闯商品房市场的东湖新村

广州市一直是聚集大量人口的城市，因而住房紧张的问题长期存在。随着经济和各项事业的发展，再加上知青回城等因素，人均居住面积从1949年末的4.5m^{2}下降到1957年的3.08m^2，住房的供求矛盾大。在接待服务业、基建行业引进外来资本取得经验的同时，引资建房的开放实践也随即展开。

2.1.3.1 杯水车薪的计划性住宅难以解决住房困难问题

新中国成立后的一段时间，广州市实施由国家或单位统包的住宅建设投资体制。城市土地由国家无偿划拨到各单位，由财政拨款统一规划和建设住房，然后以无偿或极低的租金分配给单位职工，如建设新村、邮电新村、员村新村、黄埔新港生活区等。住宅建设作为一种固定资产投资，由国家通过财政统一拨款的方式进行集中统一建设，但由于是非生产性建设，被置于不重要的地位，形成"排队在后，砍削在前"的现象。在"先生产、后生活"方针的指示下，住宅建设作为工业生产的服务产业，处于国民经济的从属地位，1949—1978年我国住宅投资相对比重一直处于较低水平。广州市也是如此，从各个五年计划时期的住宅投资数据（表2-1）来看，住宅投资占基本建设投资比重不超过14%。除了几大"新村"、大型厂矿事业单位大院等新建住宅，大部分居民解决居住问题通过两个渠道，一是继续修缮并居住于新中国成立前的私宅，二是由房管部门统一分配经社会主义改造后集中管理的城市公房。主要的居住形式包括少量二三十年代建设的现代住宅，部分祠堂书院、庙宇，更多的是新中国成立前搭建、后经加固的砖木房屋。

改革开放前广州市各个五年计划住宅投资情况　　　　表2-1

时期	住宅投资/万元	平均每年投资/万元	占投资建设投资比重/%
"一五"时期（1953—1957年）	6140	1228	12.34
"二五"时期（1958—1962年）	6115	1223	5.65
"三五"时期（1966—1970年）	5754	1150.8	9.33

续表

时期	住宅投资/万元	平均每年投资/万元	占投资建设投资比重/%
"四五"时期（1971—1975年）	9469	1893.8	6.5
"五五"时期（1976—1980年）	44251	8850.2	12.49

（资料来源：广州市地方志编纂委员会. 广州市志（卷三）[M]. 广州：广州出版社，1999.）

专栏 2-1：新中国成立初期的几大"新村"

为了缓解住房紧张的状况，20世纪50年代，广州先后成规模地建设了一批"工人新村"，主要有南石头纸厂生活区，西村电厂、水泥厂生活区，孖鱼岗建设新村，小港邮电新村及船厂住宅等。当时最具代表性的莫过于家喻户晓的属"环市路三强"之一的建设新村（图2-10）。作为新中国成立后广州第一个由政府拨款兴建的工人新村和广州城市规划建设的新起点，于1951年兴建并于两年后完工的建设新村因由建设局负责建设，故取名建设新村，其总面积达13.3万m²，共有60幢家属宿舍（平房），以及4幢2层的单身宿舍，安置了4700多名工人及家属，其居住者主要为技术骨干、先进生产工作者以及援外专家（图2-11）。

到了20世纪60年代，为了满足侨胞参与祖国建设和定居的需求，广州修建了一批较高标准的独院式、公寓式的华侨住宅，主要分布于华侨新村、天胜村、逢源路等，其中，华侨新村于1955年破土动工，1958年12月基本建成，以后陆续扩

图2-10　1953年建设新村全景图
（图片来源：越秀区档案馆提供）

图2-11　1955年建设新村工人宿舍
（图片来源：广州市市政集团有限公司提供）

图2-12　华侨新村航拍图
（图片来源：广州市城市建设档案馆提供）

充，到1965年建有独院式建筑177座、公寓式建筑391座，成为新中国成立后大城市的第一个大型华侨住宅区（图2-12）。

安置水上居民到陆上定居也是当时急需解决的问题，1954年，时任政务院总理出国访问归来，途经广州，专程乘船察看了解黄沙、白鹅潭、沙面等水上居民的生活状况后，指示省市领导一定要为水上居民兴建住宅，还批准拨付1200万元专款。广州市有关部门先后在荔湾涌、滨江路、如意坊、猎德、大沙头等15个地段建设了水上居民新村。

据老街坊回忆，当时能分配入住这些政府建房，是非常"威水"的事情，但限于当时的生产水平，这样的政府建房并没有覆盖到更广泛的人民群众。

到了20世纪70年代末期，随着广州市城市人口的增长和迁移到农村的人员回市复工复户或因招工回城，计划经济下的住房分配体制已经越发难以满足人民群众基本的生活需求，而党的十一届三中全会召开后，党中央作出了关于城市居民的住房面积起码要在$5m^2$以上的部署。据统计，广州市人均居住面积1978年为$3.82m^2$，1979年为$3.8m^2$，直至1983年方达到$4.9m^2$，城市住宅建设迫在眉睫（表2-2）。

1976—1983年广州市区全民所有制住宅建设情况表　　　　表2-2

年份	住宅建设投资额/万元	住宅竣工面积/万m^2	城市人口/万人	人均居住面积/（m^2/人）
1976	4118	41	196	3.65
1977	5465	58	198	3.80
1978	5728	63	206	3.82
1979	11249	65	218	3.80
1980	16109	126	229	3.97
1981	22155	117	234	4.23
1982	40771	161	237	4.54
1983	50713	188	242	4.90

（资料来源：苏宝义. 建国35年以来广州城市住宅建设的发展[J]. 住宅科技，1984（8）：4-8.）

当时广州流行着群众的顺口溜："我们对党委、政府要求并不高，只要'吃饭有点餸，住房有点风，手头有点松'就行。"时任广州市东山区的领导同志在白云路、三角市一带进行实地考察时，发现一家人"三代同房"的比比皆是,"三代同床"的也不少(即一个小房间设一张三层的架床,中年夫妻睡中层,年老的父母睡下层,小孩睡上层),足见当年住房难的困境。

当时广州市暂定的住房困难户界线为人均 $5m^2$ 以下,特别困难户为人均 $2m^2$ 以下。以东山区为例,1979 年广州市分配到东山区的建房修房投资为 100 万元,造价为 400 元 $/m^2$,只能盖 $2500m^2$ 左右的房子,而东山区内的困难户约有 2 万户,特困户则有 6000 户以上,区内人均居住面积只有 $2.3m^2$ 左右。以当时的住宅建设能力推算,仅靠国家投资是解决不了"有点风"的问题的。

2.1.3.2 率先引资建房闯新路

如何解决住房难的问题?东山区的领导同志从"三来一补"的工业生产中受到极大启发,提出可不可以利用东山区较为优越的地理位置和东边的闲置用地,引入外来资本发展房地产业呢?尽管改革开放初期有较多理论和意识形态的争论,但 1978 年 12 月,广州市东山区的领导和工作人员还是以超前的决策开始尝试引进港资,合作建设住宅,成立了"东山区引进外资住宅建设指挥部",并找到了香港宝江发展有限公司为合作伙伴。经过多层请示和方案讨论,统一了意见,在 1979 年 10 月达成了在临近大沙头的东山湖畔,从 $6hm^2$ 用地起步,合作建设东湖新村的协议。这比 1980 年 1 月 8 日成立的新中国第一家房地产公司——深圳经济特区房地产公司还早两个月。

1980 年初,《红旗》杂志刊发《怎样使住宅问题解决得快些》一文引发了关于房改和住房属性的大讨论,这使住房所具有的商品属性得以明确,为我国今后住房制度改革建立了理论基础、明确了舆论导向。同年,中央明确推动城镇居民可以购房、盖房、发展分期付款、出售公房等改革思路,更加坚定了东山区引进港资解决住房问题的信心。

经过多轮谈判后,获得了批复——在 3 万多平方米的用地上建设建筑面积 6 万 m^2 的住宅小区,按照协议,其中的 2 万 m^2 交给港商,剩下的 4 万 m^2 由东山区所有。引资建房首先落成的 2 万 m^2 住宅在香港销售一空,于 1981 年 4 月交付购房者入住,东山区方面在项目中获得的 4 万 m^2 也在 1982 年底全都完工,同时按香港屋村管理模式建立了住宅小区管理模式。这批住宅整齐地排列在风景秀丽的东湖公园旁,并把两大块绿地抱在怀中。因二层平面有连通的平台走道贯通整个小区,该住宅成为国内首创的

图 2-13 东湖新村开发建设进程

（图片来源：左图：广州市城市建设档案馆提供；右图：谭惠全. 百年广州[M]. 北京：线装书局，2001：328.）

有双层面交通体系的住宅楼房群体，新颖的建筑规划和美观、大方、实用的住宅小区，引起了各界人士的关注（图2-13）。

"东湖新村"基本建完后，原设想是将在引资建房中取得的分成房直接安排给住房困难户，后来采取了"借鸡生蛋"的办法，把引资建房中分得的房屋作为商品房出售以取得更多的资金兴建更多的房屋。而出售的商品房主要有4万m^2：2万m^2由港方在香港发售，售价约为2500港元/m^2（当时100港元约兑30元人民币），由有广州亲属的香港市民购买，解决广州亲属的住房问题，还有部分人要到广州做生意，购房自住；另外东山区所属的部分售价为700～800元人民币/m^2，多是由外轮供应公司、华侨公司、中国银行等单位一次性购入数层住宅，以解决企业职工的住房问题，也有部分住宅由个人购买，这也是我国改革开放后的首批商品房个人买家。因此，不论是港商在香港出售的还是在国内购买的，安排的住户虽也有锦上添花改善居住条件的，但大多数为住房困难户。由此可见，虽然没有直接把住房分配给困难户，但实际上通过良性循环，所建的住宅大部分起到了解决住房困难的作用。

专栏2-2：东湖新村的建设历程

解决项目批复。要建设必须进行项目审批，但当时广州市没有项目审批权，只能通过省委省政府批复。东山区提出了总建筑面积30万m^2的报批方案，当时省政府分管经济工作的领导一向非常支持东山区的实践，但整个决策过程还是十分慎重的，经过市政府、省政府和省委的多方研究，最后同意采取试点实践的方法，先批复了建筑面积 6 万 m² 的试点方案，用于东山区房地产建设实践。

招商引资多轮谈判。建设住房，首先要有土地和资金，如果说土地在当时还不成问题的话，那么如何获得大笔资金则是最大的难题。通过从香港引进资金建房，然后把建成的房子中的相当一部分给投资的港商在香港销售以回笼资金并获取利润，东山区获得分成的部分住房则可以解困，一举两得，双方都有好处。

早在 1978 年 12 月，指挥部等领导机构尚未成立前，东山区的领导同志就已经开始和香港地产商代表谈判。据时任东山区委的领导同志回忆："和港商谈判并不轻松，每周六下午他们都过来与我们谈判，而且谈完就各走各的。"经过半年多反反复复的谈判，终于达成协议。

1979 年 10 月 15 日，即"广交会"开幕的日子，指挥部的同志与香港宝江发展有限公司在龙眼洞工商联大楼签署协议，宣告这宗引资建房合同正式生效。这是国内第一份引进港资兴建住宅的合同书，记录了东山区改革开放的决心和步伐。此前，港商把楼房的模型和东湖新村的售房宣传广告做好从香港送来，指挥部的同志第一次看到用塑料泡沫做的房模，非常漂亮，传单也做得很好，印在上面的好像是已经盖好的房子，在东方宾馆门口派发，不一会儿就发放完了。

在与港商签订了引进港资兴建住宅的合同后半个月内，按合同约定，第一笔专款 300 多万港元汇进了广州，并按外汇管理规定折成了 100 多万元人民币汇入了指挥部的账户，这相当于数年市里拨给东山区兴建解困住房资金的总数额。1979 年 12 月 21 日，打下"东湖新村"的第一根混凝土灌注桩，正式宣布广州市引资建房工程正式启动。

同时，"东湖新村"也在房地产业创下了多个全国第一：第一个出售以人民币交易的商品房，第一个引资兴建住宅。为确保合作顺利进行，港方要求双方的合同必须经公证部门公证，投资所兴建的房屋必须投保建筑行业的全险加上战争险、政变险等特殊险种。但司法部门刚准备成立公证处，还不能办理公证业务，更未确定怎样收取公证费；在保险方面，广东省保险公司刚成立，还未正式开展保险业务，项目提出的要求让保险公司很是为难。后经有关领导研究，为了支持改革开放的首宗引进港资建房，由法院给予公证，北京保险总公司发出了有力的保险单，给港方的投资人士吃了定心丸。这也成为新中国成立后，广州第一个办公证和保险的住宅项目。

"东湖新村"还第一个实行了住宅小区管理。我国物业制度的初创也是源于东湖新村项目。指挥部与香港宝江发展有限公司签订的协议书中明确规定：1981年4月第一批楼房建成时要设立住宅小区管理机构，依照香港屋村管理模式提供管理服务。根据香港"薄扶林屋村"的管理服务规章制度，1980年即拟定了东湖新村的管理服务规定和有关细则。

引资建房的成功经验也引起了各方面的关注与重视，时任城乡建设环境保护部住宅局领导的同志以及专家们到东湖新村实地考察指导，肯定了建设"东湖新村"过程中所采取的"规划—建设—管理"一条龙模式，认为"东湖新村"初步成型时，其绿化、道路、水电、通信、生活供应、金融服务等一应俱全，效果突出，《羊城晚报》评论称之为"微型社会"。

当时正在开始经济特区建设的深圳市，也派出由市领导带领的一批房地产开发、管理代表团到东湖新村参观。外交部了解到改革开放前沿的广州有不少新鲜事物，特意安排了1983年回国述职的外交官近200人来东湖新村考察，使他们在驻节国宣传我国改革开放的成果有了生动的实例。

2.1.4 筑起首个高架道路系统

2.1.4.1 环市路立交群

环市路始建于1931年，原为三元里至登峰的军用道路，1965年开始修筑至西场的环市西路，环市东路亦进行拓宽改造。20世纪70年代开始向东延伸，1978年黑山立交桥建成后，环市路全线贯通。作为贯穿荔湾区及越秀区的东西向主干道，环市路全长约8.4km，宽约40m，西起西场立交，与南岸路、东风西路及增槎路交会，东至天河立交与广州大道中及天河路交会。

1964年，为了配合白云机场的建设，我国首座城市道路立交桥——大北立交桥建成通车。大北立交桥位于环市中路与环市西路交接处，直通机场与广花公路。同时，立交桥利用地形条件，采用下穿式的环形布置，南北向机动车通道沿解放北路在下方穿越，车行道宽14m，净高4.5m。

东西走向的环市路则以环形平面盘旋交叉组织交通,当中设一直径40m的中空环形花岛,环岛周边道路宽15m。大北两层环形立交桥因地制宜,造型独特,其建筑形式与布局,是当时国内立交桥建设的创举。

20世纪80年代初,105国道、324国道的车辆进入广州都是先到沙河,经先烈路通过区庄,再经过环市路或先烈南路进入广州市区,或由区庄转向天河地区,广汕、广从公路的车流必然会在区庄与城区向天河方向的车流相遇。随着进入广州市的车辆增多,区庄交通变成了入城堵车黑点,修建立交桥便被提上了议事日程。区庄立交于1982年12月动工,1983年12月完工,桥高13.5m,立交分4层,底层是东西向的下穿式环市东路直行机动车道,二层是在原道路平面上的非机动车平面环形交叉和人行道,三层是专供机动车拐弯的环形车道,共有8条引桥连接,四层是先烈路南北直行机动车道。区庄立交的分流布局缓解了原来道路交叉的堵塞状况,做到各行其道,安全行驶。立交建成前入城车辆一般要半个小时排队通行,建成后通过只需1分钟。区庄立交的规划和设计荣获1985年城乡建设科学技术进步一等奖,且区庄立交成了20世纪80年代中央领导来广州调研考察的必看项目(图2-14左)。

1986年建成架立于环市路东西走向的小北、大北高架路,疏通了区庄至广州火车站一带的车流。其中小北高架路沿环市中路中线架设,全长839m,宽15.55m,第一层为地面机动车、非机动车环形交叉层,第二层跨越麓湖路、麓景路、童心路和小北路口,与环市东路快车道相通(图2-14右);大北高架路东起越秀公园北侧,西至环市西路省汽车站,跨越在1964年建成的大北立交桥之上,组成一个大型三层立体交叉体系,全长1045m,

图2-14 区庄立交及小北路高架

(图片来源:左图:广州市城市建设档案馆提供;右图:广州年鉴编纂委员会. 广州年鉴1986 [M]. 广州:广州年鉴编纂委员会,1986:彩页.)

图 2-15　20 世纪 80 年代末、20 世纪 90 年代的环市路地区

（图片来源：广州市城市建设档案馆提供）

宽 15m，建成通车后使环市路日交通量达到 5.3 万辆，增长了 1.6 倍。

环市路沿线广泛分布了 20 世纪 70、80 年代的重大交通、外贸、商业、旅游接待项目，如广东省长途汽车客运站、广州火车站、广州电视台、广东电视台、花园酒店、白云宾馆、友谊商店、越秀公园、草暖公园、兰圃公园等，又东连天河体育中心，是当时城市新功能汇聚的一个主轴，20 世纪 80 年代中，还成为全国最先取消红绿灯的一条城市干道（图 2-15）。

2.1.4.2　人民路高架路

20 世纪 80 年代中期，随着西堤商圈的振兴，人民路南段经常有堵车现象。为解决人民路南段南方大厦周边区域的堵车问题，市政府开始修建人民路高架路，以缓解西堤商圈与流花商圈之间的交通压力。

人民路高架路其实包括南北向的人民高架路和东西向的六二三高架路两部分。人民高架路北起人民北路流花湖群，沿人民路架设，南至西堤二马路，沿线建有东风西路、光塔路、观绿路、迎红里、大新路等 6 条上下车道。六二三高架路东起沿江西路仁济路口，循沿江西路往北与人民高架路相接再向西延伸，沿西堤二马路、六二三路转黄沙大道蓬莱路口，与人民高架路组成系统。沿线建有德兴路、文化公园前、人民大桥北、珠玑路和黄沙等 5 条匝道。

专栏2-3：人民路高架路通车

1987年9月20日，被认为是城市现代化标志的人民路高架路竣工，建设工期仅10个月。为表示庆祝，广州市政府开放高架路给市民观光，9月21、22日30万市民竞相登观，盛况空前，高架路被形容为"复道横空贯，天街万人行"，让市民感知到了广州与过去的不同。桥上的人流形成一个巨大的"人"字，此景被摄影记者抓拍，成就了一张经典照片（图2-16）。

人民路高架路通车之后也留下一些遗憾。以南方大厦为地标的人民南、西堤地区曾是广州最昂贵的商业地段，高架路的遮蔽，将原来的黄金旺铺遮蔽在桥下的消极空间里，楼上的旅店、茶楼和住家也受到噪声的影响，再加上地铁开通，珠三角水路客运被公路取代等因素使得西堤地区的客流中转枢纽地位不保，高架路开通后短暂繁荣的人民南、西堤商圈的地位悄悄下降，淡出了人们的视野。

图2-16 人民路高架桥（左）、通车首日盛况（中）及现状（右）
（图片来源：左图：广州年鉴编纂委员会. 广州年鉴1988 [M]. 广州：广州文化出版社，1988：彩页；中图：广东省立中山图书馆. 广东百年图录（下卷）[M]. 广州：广东教育出版社，2002：794；右图：广州市城市规划勘测设计研究院提供）

2.2 牢牢紧握"首批沿海开放城市"的抓手

1984年,中央肯定了经济特区发展起步的成就,作出了开放包括广州在内的14个城市的决定,并批准这些城市可以比照经济特区的规定兴办经济技术开发区,自此广州经济技术开发区成立。开发区成立后,根据"全面规划、逐片实施,开发一片、收效一片"的原则和对土地需求的预测,分成三期进行开发,于1992年基本建成,逐渐发展成为综合开发区,并促使广州第二产业布局向东部集聚。

2.2.1 以"敢为天下先"的气魄搞改革

20世纪80年代,全国的改革开放进程开始从农村和局部的开放引资转向经济建设城市这一主战场。尝到旅游接待和住房等领域对外开放"头啖汤"的广州,正吹起新一轮大发展的号角,呼唤着更强有力的产业支撑,特别是对城市造血功能发挥基础性作用的第二产业。广州的城市建设总体指导思想之一是将广州由一个消费性城市变为工业城市,将广州建设成华南地区的工业中心。但由于地处华南门户前沿,国家级的大工业项目鲜有布局,除了20世纪70年代初由国家引进建设的广州石化之外,广州重型机器厂、广州钢铁厂等都是地方国企,"一五"计划时期的156项工程无一布局在广州,整体工业门类更是以轻工业为主,工业发展地位和全国十大城市相比差距明显。计划经济时代,广州的工业区主要集中在海珠区和荔湾区,配以主要面向本地市场的物流支撑网络,其中又以工业大道工业区和西村(包括荔湾路)工业区最集中,工业区的外围区域主要集中在芳村、黄埔和天河员村一带，芳村白鹤洞是广州主要的重工业区，广州造船厂、广州钢铁厂都集中在这里。随着改革开放的深入，改革南大门的区位为广州带来了发展外向型产业经济、城市能级跃升的重大机遇。

1984年，中央开始酝酿进一步扩大对外开放，确定建立沿海开放城市并设立"经济技术开发区"。"由于广东已实行特殊政策、灵活措施，实际已经开放"，因此，广东的沿海城市并未被纳入初步议定的8个沿海城市（包括天津、上海、大连、烟台、青岛、宁波、温州和北海）。但是在当时的广州市委及政策研究室负责同志的共同争取和努力下，中央采纳了粤闽两省的意见，将广州、湛江、福州等城市纳入沿海开放城市中。此次会议形成的《沿海部分城市座谈会纲要》，经中央政治局讨论通过，于1984年5月4日以中发〔1984〕13号文件向全国发布，决定开放包括广州在内的14个沿海城市，并规定这些城市可以划分一个有明确地域界限的区域，比照经济特区的某些规定兴办经济技术开发区。在一系列措施下，"开放"逐渐成为广州的城市发展关键词。

2.2.2 在狮子洋顶端起步的开发区实现零的突破

随着1984年全国开放格局向14个沿海开放城市推进，作为外向型工业试验田的广州经济技术开发区也由此诞生。随着国家对黄埔港的改建和扩建，黄埔港的水陆交通条件大为改善，在港口区周边相继建设广石化、黄埔电厂等现代化大企业，对广州的工业布局和工业结构都起到了改善和促进作用。开发区的选址经过多个方案比选，终确定选址在广州东郊黄埔区东南缘，东江和珠江前航道交汇，狮子洋顶端的岛尖地块，初期规划面积9.6km^2，并于同年启动规划编制，至1987年完成规划编制。

从1984年开发区奠基到1992年这一阶段，是开发区的初创阶段，开发区很好地履行了分期开发的原则，在港前、北围、东基、西基工业区进行了初步开发（图2-17）。在这一时期，开发区积极引进外来资本，发展工业，但受制于有限的土地规模，引入的企业多为外资或合资的中小型企业，其中包括广州宝洁有限公司、美特容器有限公司、南洋木材有限公司、箭牌口香糖有限公司、百事（中国）有限公司等。

开发区成立之初，需要建立良好的制度环境来吸引外商投资。然而当时全国的开发区都没有制定法律条例的先例。为了促进广州经济开发区良好、有序发展，广州经济技术开发区一马当先，进行了制定开发区法律条例的探索，并取得了显著的成功。管委会还对法律条例、管理制度方面都进行了创新性的改革，以创建良好的投资软环境，吸引外资入驻。

图 2-17　广州经济技术开发区奠基典礼（1984 年）

（图片来源：广州年鉴编纂委员会. 广州年鉴 1985 [M]. 广州：广州年鉴编纂委员会，1985：彩页.）

广州市在开发区筹办期间同步筹备开发区管理的相关事宜。1985年4月9日，广州市政府发出《〈广州经济技术开发区暂行条例〉等七个规定的通知》（简称《暂行条例》），该条例成为全国首个经济技术开发区暂行条例。同时，广州经济技术开发区成立了条例法规处，成为当时全国 14 个沿海开发区中唯一设置立法机构的开发区。与《暂行条例》同时发布的还有六份其他文件，如《广州经济技术开发区技术引进暂行规定》《广州经济技术开发区土地管理试行办法》等。《暂行条例》及其配套体系的出台，明确了开发区的法律地位，即开发区是代表广州市政府的机构，依法可以行使土地、规划等方面的权力。同时条例可以作为法院审判的依据，这为投资者的入驻铺平了道路，为开发区提供了良好的法制环境。开发区土地价格并不低，却聚集了全广州绝大多数的世界 500 强企业。广州经济技术开发区的立法工作，采取过渡立法、梯级升格的办法，对我国的对外开放有着积极的推动作用。

随着开发区建设的推进，开发区内企业对土地的需求日益增大。而我国宪法关于"外国公司不可以有土地产权"的规定对外资的引进形成了一定的阻碍。法国魏特勒公司本拟在开发区包片开发，然而投资可行性研究论证的结果为不可行，就是由土地所有权的相关规定所导致。为了清除外资引进路上的障碍，经过一段时间的多方论证、反复研究，广州市经济技术开发区在全国率先推出《广州经济技术开发区土地使用权有偿出让和转让办法》，以广州市政府的名义颁布实施。1988 年 3 月 21

日,广州经济技术开发区举行全国首次工业用地使用权有偿出让投标会。本次出让的土地是全国首次以投标的方式进行有偿出让使用权的工业用地,也是继深圳之后全国内地第二次试行土地使用权公开招标出让。这次招标会开创了工业用地进入市场的先河,为之后的土地出让变革提供了借鉴的范例。

1992年开发区基本建成后,功能逐渐完善,成为工业集聚地。同时开发区还带动了周边工业区的建立,改变了广州市东部、南部和西南部工业点均衡分布的局面,凸显出东部地区作为制造业基地的地位。再加上接纳部分老城区搬迁出来的工业企业,形成了实力强大、后劲十足的东部工业板块,改变了广州原有的工业布局,促使广州第二产业布局向东部偏移。

专栏2-4:广州经济技术开发区规划建设历程

1984年6月19日,广州市经济技术开发区管理委员会(简称区管委)成立,主要负责开发区的具体规划、建设管理工作。区管委制订了《广州经济技术开发区规划大纲》。开发区规划范围划定为横滘河以南,东江与珠江所围的三角地,初期规划面积9.6km²(图2-18)。12月28日,广州经济技术开发区奠基典礼在黄埔港前小区举行,标志着开发区正式进入开发建设阶段。

广州开发区总体规划提出应把开发区建成为以广州为母城的卫星城,从而为广州市经济的中长期发展提供支持和服务。1984年广州市总体规划中提出,经济技术开发区是城市向东发展的重要动力,应坚持多层次发展、分片开发、外引与内联并举的做法,利用改革开放的便利条件与国家提供的优惠政策推动经济发展。

广州开发区初期的实际开发用地面积为7.65km²。1984年开发区规划中将区域划分为南围、港前、东基、西基、北围和大蚝洲岛6个功能分区。确定每地块规定容积率、建筑密度等指标,对土地利用进行控制,以便有计划、有步骤地进行用地建设与开发。其中南围综合区集中布置开发区的行政管理、金融、商业贸易、居住、文化教育等功能。港前工业区为食品、纺织、电子电器、金属制品等以工业为主的综合性工业区。东基工业区以精细化、纸制品、金属加工等工业为主,并保留东基自然村。西基工业区规划作为以发展重工业项目为主的区域，布置冶金、电力、建材工业。北围工业区规划发展电子、精密仪器等工业。大蚝州岛则作为单独一片开发（图2-19）。

根据"全面规划、逐片实施，开发一片、收效一片"的原则和土地需求的预测，开发区的土地拟分成三期进行开发。首期包括南围、港前和北围一部分，二期包括东基、西基，三期为北围。

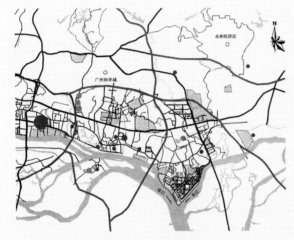

图2-18　广州开发区选址图

（图片来源：广州城市规划发展回顾编纂委员会. 广州城市规划发展回顾（1949—2005）[M]. 广州：广东科技出版社，2005: 138.）

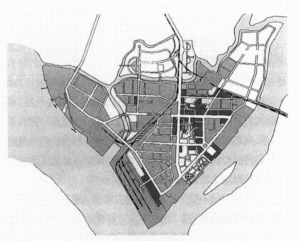

图2-19　广州开发区总体规划图

（图片来源：广州城市规划发展回顾编纂委员会. 广州城市规划发展回顾（1949—2005）[M]. 广州：广东科技出版社，2005: 140.）

2.3 承传商都精神快速振兴经济

广州个体商贸行为有着悠久的历史。改革开放的号角吹响后,广州率先推动市场流通领域开放,个体、私营商户异军突起。个体经济的迅猛发展,丰富了广州的城市空间要素,如高第街、西湖灯光夜市等典型个体经济地段。个体商贸的发展,揭开了广州经济体制改革的序幕,推动了所有制改革,随之出现多种经营方式并存的格局。广州积极引入外资与先进技术,改良与创新轻工产品,创立了众多家喻户晓的本土品牌,"广货"风靡全国。与此同时,广州大力推进农村经济体制改革,首先推进土地承包经营制度改革,有效促进农村生产要素的流动,推动农村经济的发展。

2.3.1 繁荣的个体市场成为全国经济改革的典范

广州从近代以来就是民营经济的活跃地区。改革开放起步后,中央赋予广东特殊政策和灵活措施,坚持改革先走一步、走快一些,紧紧围绕社会主义市场经济、促进生产力发展这一根本目标,以改革促发展,大胆地想,大胆地改,大胆地干。在这样的政策背景下,广州在民营经济发展的起步阶段被赋予了先行军的历史使命,而地方政府也先行先试,在民营经济起步中处于制度变迁的主导位置。此时,经济与社会对商业和服务业的需求日渐扩大,广州第三产业发达的市情特点得以逐步恢复,商业和服务业也迎来了发展机遇,但限于政府的财力物力不足,原有的全民所有制和集体所有制企业缺乏发展后劲,个体经济的恢复成为历史的必然。

政府首先从疏通商品流通渠道入手,发展城乡集市贸易。1978年底,

图 2-20　广州第一个由市场机制调节鲜鱼供应的河鲜贸易货栈

（图片来源：广东省立中山图书馆. 广东百年图录（下卷）[M]. 广州：广东教育出版社，2002：781.）

图 2-21　广州友谊商店外景

（图片来源：广州市城市建设档案馆提供）

广州第一家国营河鲜客栈成立（图 2-20），拉开了商业市场化改革的帷幕。之后，重视价值规律，逐步放开了商品的价格，加大市场调节的尺度。到 1992 年，广州所有主副食品的价格和日用工业品价格全部放开，解决了过去长期存在的价格与价值相背离的问题。在商贸改革方面，广州市充分利用毗邻港澳的地缘优势，学习商业发展先进经验，大胆进行业态创新，创下了许多个第一，如在全国率先引入超市（1981 年广州友谊商店开办了国内第一家自选商场）、货舱式商场（1993 年开业的"广客隆"商场是国内第一家货舱式商场）、专卖店（1993 年开业的北京路"佐丹奴"是国内第一家服装连锁专卖店）等新型业态（图 2-21）。

"文革"结束后，广州市回城知青加上城镇原有的失业人员共有 40 多万，带来了巨大的就业以及住房压力。与此同时，城市中商业网点以及相关从业人员的不足给人民生活带来了极大不便，人们多面临着坐车难、购物难、吃饭难等一系列问题。为解决燃眉之急，满足民众需求，个体户创业、解禁乡村家庭工业、恢复城乡小商品市场的改革应运而生。从某种程度而言，回城的知青、无业百姓等凭借自己勤劳的双手，成为个体经营最早的开拓者。

1979 年 8 月，广州市规定个体工商户所需的商品和原材料，属国家计划部分的，纳入国家计划，价格与国营、集体一视同仁。对粮、油、煤等紧缺商品，也安排一定数量供应给个体工商户，扶持其发展。1980 年，广州市政府发出了《关于积极支持和发展集体和个体经济的通知》，这是全国第一个支持个体私营经济发展的地方政策法规和文件。20 世纪 80 年代初，广州市委、市政府从解决就业难题、解决人民群众生活困难入手，鼓励群众自谋职业、自主创业，同时还敞开城门、打破地区封锁，让10万农民大军进城开业办店。1979年2月，国家工商行政管理局在向中央汇报时提出："各地可以根据当地市场需要，在取得有关业务主管部门同意后批准一些有正式户口的闲散劳动力从事修理、服务和手工业者个体劳动，但不准雇工。"这给个体经济带来了发展契机，并在政治上明确了个体工商业者是个体劳动者，应当与职工一视同仁。同时，中央一再强调，政府有关部门对个体经济的发展，要"扶上马"，再"送一程"。

1982年，广州市人民政府颁布了《广州市城镇恢复和发展城乡个体工商业管理试行办法》，为广州恢复和发展城乡个体工商业提供了政策依据。同时在20世纪80年代初期创先在全国放开蔬菜、肉、蛋、禽、塘鱼等主要副食品价格，简化发照手续，放宽对经营地点的限制，允许跨行业跨区域经营，从而极大地调动了广大人民群众发展个体私营经济的积极性。在地方政府的政策支持下，广州的个体经济在全国恢复得最早最快，个体工商户数量、从业人员和注册资金均居于全国大城市第一位。

广州的商业改革取得了斐然的成绩，并逐渐恢复昔日商业城市的风采。1979年以后，越来越多的小工厂及住宅被租用作店铺。新的贸易集市遍布全市（图2-22）。沙面正北清平路出现了占地四个街区的专业农贸市场。黄花岗一带开辟出几处地方开设大面积的灯光夜市。许多街道开设露天集市，有些街道还允许设立固定的木质售货亭。市郊的农民在靠近公路的自家土地上开设商店。其他省市的工厂在广州开设展销部，本地的工厂也在其他城市设立销售点。国营工厂，甚至政府机关也让原本只对本单位职工供应的餐厅、商店和其他服务点对外开放，以弥补预算之不足。

越秀区作为广州市的中心城区，历来是商业旺地，也是个体经营者的云集地。1979年起，越秀区政府充分利用中央的政策优势，把解决就业问题和发展个体经济作为区重要任务，鼓励无业人员从事个体经营活动，加大对个体经济的引导。通过建立区、街劳动服务公司，开办就业培训班等措施，帮助无业人员掌握技术知识，广开就业门路。并先后设立豪贤路、米市路、仁济西路等7个农副产品集市，设置迎春花市，恢复商业网点，促进个体经济恢复和发展。经历改革开放后到20世纪80年代的恢复期，越秀区充分发挥本区地处闹市中心的优势，个体经济发展迅速，经营方式更加多元化，有批发、零售以及批发零售结合，坐商、行商、坐商行商结合等方式。

图 2-22　成行成市的商业景象
（图片来源：广东省立中山图书馆.广东百年图录（下卷）[M].广州：广东教育出版社，2002：781，778.）

图 2-23　高第街个体服装档（1989 年）
（图片来源：黄亦民摄）

（1）高第街

高第街位于越秀区，东起北京南路，西至起义路，有悠久的商业历史，从清代开始高第街便有经营鞋、布匹、漆器制品等的店铺。1980 年 10 月，经广州市人民政府批准，越秀区委组织高第街首层的居民开门经营服装、百货等商品，这是广州乃至全国第一个工业品市场，商品种类极多，琳琅满目，每日都吸引不少内地来穗的商户、旅客以及香港、澳门、台湾和国外游客到此购物观光，其商品销往全国 20 多个省、市、自治区，是广州商业贸易的重要窗口，被人们称为"小南方大厦"。

20 世纪 80 年代中期，高第街迎来了鼎盛时期（图 2-23）。在高第街的服装批发市场生产的"太空褛"风靡全国，健美裤等服装也引领了潮流，连香港客商都到高第街订货。高第街工业品市场的开设，一是补充了国营商品的不足，方便了顾客的生活。在高第街服装批发市场摆放的服装有款式新、价格便宜等优势，满足了消费者的多样需求，缓解了群众"做衣难"的问题，也减轻了国营商店的压力。二是促进了广州城乡和地区间的商品流通。由于市场直接联接产销，经营形式灵活，有零售和批发，有现购有赊销，有送货上门等，利于市场内的日用商品通过市场渠道流通到城乡各地。三是极大解决了广州的就业问题。高第街工业品市场的存在和发展解决了上万名刚刚回城知青的就业问题，也使一批群众提高了生活质量。

（2）西湖灯光夜市

虽然个体经济发展得热火朝天，但仍需要规范化的城市管理。越秀区在调查情况后决定把个体户引入固定集中市场。在这样的政策下，越秀区经广州市政府批准，在西湖路东段和教育路南段开设了全国第一个"灯光夜市"，引导夜市的建设与"古城商都"、现代中心城区发展战略相结合，凸显西湖灯光夜市的文化内涵，努力提高夜市的竞争力（图2-24）。被誉为"南国夜明珠"的广州市越秀区西湖灯光夜市于1984年5月开设，成为全国最早、最大的灯光夜市，同时也是我国市场经济形成过程中的一个亮点。它孕育了广州第一批个体户，不少广州人从此走上发家致富的道路。

夜市发展起来后，最初主要做服装生意和饮食生意，由于很少人光顾，后来饮食生意就撤出了夜市；结合灯光的设置，购物观光的人才逐渐变多，在相当长的时间内，西湖灯光夜市成了广州一道亮丽的风景线，它是广州市首创的都市夜间个人集市，既得改革开放之先机，又得毗邻港澳的优势，一度领先国内时装产销潮流，被称为中国时装的展示"橱窗"。夜市不仅丰富了广州市民的夜生活，同时为广州吸引了来自全国各地的厂

图2-24　20世纪80年代的西湖灯光夜市

（图片来源：广州年鉴编纂委员会. 广州年鉴1987[M]. 广州：广州文化出版社，1987：彩页.）

家和商家，随着经营范围的扩大，夜市的年营业额甚至上升到上亿元，为广州市税收作了极大的贡献。到 1985 年底，西湖灯光夜市已基本定型为成衣批发市场，制衣业的崛起带旺了广州的布匹市场和服装配料市场。在 2001 年，政府提倡还路于民后才拆除了灯光夜市。

【采访】城市纪实摄影师黄亦民先生

我原来是《信息时报》的记者，一直非常关注广州的城市风情和餐饮文化（图 2-25）。

我在高第街、十三行等地进行过采访，最早的个体户有一些广州的街坊或者以前就做生意的，也有一些只是想"试水"，后来赚到第一桶金就继续做生意的。当时商家的货源非常多，各师各法，在洲头咀坐船或者坐火车，人力能拿多少货就尽可能拿多少，拿样品回来转手或者仿制，有的商家上午拿回来样品，下午就有人过来拿货，随着生意越做越大，后来就开始了批发。香港当时的设计是很新颖的，广州濒临港澳，可以很方便地拿货回来。那西湖路夜市就是晚上 6 点左右，商家推一部小车出来，在竹竿上挂满衣服以供挑选，当时的档口都不大；还有就是观绿路，比西湖路灯光夜市稍微早一点，但由于要建高架桥后来就拆了。

图 2-25 广州的大排档

（图片来源：黄亦民摄）

2.3.2 "广货"的畅销促进全国城市商品市场的繁荣

改革开放初期，广州已经拥有了一个以轻工为主的工业体系，1981年，工业总产值在全国大城市中排第六，轻工业则仅次于上海、天津、北京居第四位。市区的国营企业有500家，其中轻纺企业占70%，其余为机电、化工和橡胶等企业；而区街工业有上千家，以五金、制衣、机械和日用品生产为主，工业总产值的排序是越秀、荔湾、海珠、东山。市区工业用地有34%位于工业大道沿线，其余则混杂分布。近郊则有员村、沙河、赤岗等轻工业片区和芳村、吉山等重工业片区。1984年广州市总体规划中的工业布局专项规划提出，未来工业以中心向外分散发展。对近郊工业点，如员村、芳村、槎头、江村、夏茅等地进行调整、补填，原则上不再进行大规模项目建设。新建、扩建程度较大的项目向远郊及卫星城镇发展。旧城区内的工业以技术升级、改造为主，并将黄埔区作为近期重点发展对象。

20世纪80年代，随着对外开放力度增大，广州传统工业企业也借力对外开放的东风，引进先进的技术与外资以提升自己的生产水平。在工业大道、员村等传统工业区布局的轻工企业也纷纷引进技术，迎合了改革开放带来的全国人民提升物质生活水平的海量需求，创出了大批名牌，这些品牌在享誉全国的"珠江水、广东粮、岭南衣、粤家电"广货大军中占有举足轻重的地位。当时还有"远看像洋货、近看是广货"的说法，以新潮、时髦为形象标签的"广货"迅速风靡全国，众多国人第一次享用的方便面、夹心饼干、易拉罐饮料，第一次穿上的牛仔服、健美裤、蝙蝠衫，都来自南粤（图2-26）。

在改革开放的浪潮中，广州扎实的轻工业基础、敏锐的市场触角和引进的崭新技术，共同激发了"广货"旺盛的生命力。在饮料方面，有亚洲汽水、珠江啤酒、广氏菠萝啤；在食品方面，有岭南牌字母饼和薄饼，"鹰金钱"罐头，"利口福""莲香楼""陶陶居"等出品的月饼，以及五羊雪糕；在日用消费品方面，有"浪奇"系列，以及"黑妹""洁银""七日香"等；服装品牌在各大商贸市场中"星罗棋布"；家庭耐用消费品则更是明星产品荟萃，电风扇、收录机、冰箱、洗衣机、彩电、空调、钢琴等应有尽有，"钻石""红棉""凤凰""高宝""万宝""乐华""华凌""珠江"

等品牌走入全国千家万户（图 2-27、图 2-28）。

这些品牌，经过 30 多年市场经济的大浪淘沙和与全球品牌的竞争融合，有的已经淡出了我们的视线，其中的佼佼者则成为新时代广州制造的强音。如生产红棉牌收音机、录音机、音响的广州无线电厂，现在已成长为在无线卫星通信、智慧金融设备等领域畅销全球的高科技企业集团；珠江钢琴厂已发展到全球钢琴产量第一（图 2-28）。

图 2-26　20 世纪 80 年代"全民皆商"时期广州市内醒目的广告牌
（图片来源：黄亦民摄）

图 2-27　广货产品

（图片来源：左图：广州市档案局，等. 春色满园：广州改革开放三十年 [M]. 广州：广东人民出版社，2008：108；右图：广州市地方志编纂委员会. 广州市志（卷六）[M]. 广州：广州出版社，1999：彩页.）

图 2-28　珠江钢琴厂创业时的生产线
（图片来源：广州市城市建设档案馆提供）

2.4 率先探索和创新城市建设管理模式

20世纪初,广州确立了"亚洲之商业中心""中国南方世界大港""花园城市"的发展目标,率先成立了市政厅,走上了城市近代化之路。

中华人民共和国成立后,广州城市规划建设管理工作在探索中不断前进。与世界接轨,引进国外专家,借鉴国际经验,逐步建立了独具广州特色的规划编制体系和管理制度,编制了多轮城市总体规划方案,其中第十四版总体规划成为首部获得国务院批复的总规方案。与此同时,现代风格与地方元素结合的"广派"建筑的发展也达到了新的高度。

2.4.1 引领潮流的传统为城市改革奠定扎实的基础

2.4.1.1 广州近代城市建设

民国初年的革命者和智囊团出版了《实业计划》一书,其中对广州的建设进行了具体的规划。该书认为,铁路修建能带动广州及沿线地区发展,"应由广州起向各重要城市、矿产地引铁路线,成为扇形之铁路网,使各地与南方大港相联结"。该书还认为,广州要发展机器制造等城市支柱产业,"使用机器助其工业,则广州不久必复昔日大制造中心之繁盛都会矣"。另外,该书认为广州城应划出扩张备用地并提出了建设"花园都市"的设想。

1918年10月,广州城厢市政公所设立(后更名为广州市市政公所),结束了广州市政由番禺、南海两邑附廓省城分治的历史。拆除城墙、拓展市区、发展公共交通成为城市近代化建设的首要任务，同时意味着广州开始由传统封闭式城市向近代开放式城市转变。

1920年12月20日公布的《广州市暂行条例》，是广州建市的依据，也是全国第一个比较完整的城市组织规章。考虑到城市未来的发展，广州市政府有意识地进行整体规划，并逐步拟定了行政区、教育区、商业区、住宅区、工业区和田园区等城市功能分区，广州的行政区域也随之不断扩大。

民国初期，广州城市建设发展迅速，华侨功不可没。华侨投资城市建设的项目，包括房地产开发，城市道路建设，兴建学校、医院、商店、工厂等。

1918年，澳大利亚华侨蔡兴、蔡昌等集资到广州西堤及惠爱路开设香港大新公司的分公司，分别称城外大新公司（址在今南方大厦）和城内大新公司（址在今新大新公司），两个公司为当时华南最宏伟、最华丽的百货商店。美国华侨陈卓平等人则集资建成了爱群大厦。至20世纪40年代末，华侨在广州投资或自建房屋约占全市私房总数的1/4。

2.4.1.2 广州对现代城市规划的探索

民国17年（1928年），广州市城市设计委员会成立，成为广州首个负责全市城市规划工作的机构。民国21年（1932年），广州市政府公布了《广州市城市设计概要草案》，这是广州市城市规划史上第一部正式的城市规划设计文件（图2-29）。但由于战乱等因素，该规划未能全面实施。

在新中国成立后至改革开放前这一时期，广州市对城市规划的探索在不同政治、经济社会背景和技术指导下进行，取得了一些初步的成果，也吸取了一些经验教训。1949年10月广州解放后，1950年广州市人民政府市政建设计划委员会成立，主管广州市城市规划工作。

1950—1957年是中国城市规划的起步阶段，这一时期中国城市规划主要受"苏联模式"影响，广州也不例外。广州市在1954—1957年间，在苏联城市规划思想的影响下，先后编制了9个城市总体规划方案。1958—1965年是中国城市规划的动荡阶段，在"大跃进"运动和中央调整方针的影响下，该阶段的城市经济起伏波动较大，城市规划工作也在不断调整中发展。该时期广州市编制了城市总体规划第10方案、区域规划以及总体规划第11方案。

1971年，广州恢复一度停顿的城市规划工作，在前11个城市总体规

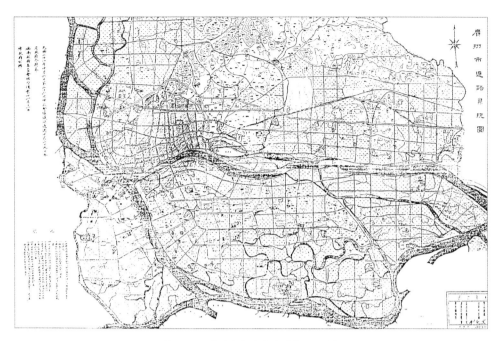

图 2-29　广州市道路系统图（1932 年）
（图片来源：广州城市规划发展回顾编纂委员会. 广州城市规划发展回顾（1949—2005）[M]. 广州：广东科技出版社，2005：44.）

划方案的基础上，编制第 12 方案。第 12 方案全面分析了城市现况及历次方案的变化，较为合理地确定城市性质、规模及布局。第 12 方案提出把广州建设成一个具有一定重工业基础、以轻工业为主、对外贸易占一定比重的现代化的社会主义工业生产城市，强调"对外贸易"的职能；确定城市发展方向是沿珠江北岸向东发展。在此基础上，1976 年 4 月开始编制第 13 方案，并于 1977 年完成人口规划、工业布局等 10 多个专项规划。该阶段广州城市规划开始客观地认识城市的现状和未来的发展需要，系统理性地认识城市，能较合理地确定广州的城市性质、规模及布局，为广州城市规划的发展打下了坚实的基础。

2.4.2 首创城市规划管理体系和专家参与制度

改革开放初期，国家政府强调城市规划对城市建设的引领作用，我国迎来了城市规划的第二个春天。1978 年 3 月，国务院召开了第三次全国城市工作会议，作出"认真搞好城市规划工作"的决定。1980 年 10 月，全国城市规划工作会议召开，经国务院批准下发了《全国城市规划工作会议纪要》，明确了城市规划在城市建设管理中的"龙头"地位，且提出了"合理确定城市发展方向""科学合理地分布生产力和城市，使经济文化协调地发展""要保持民族风格和地方特色""要尽快建立我国的城市规划法制"等规划理念。

在国家政策的导向下，以及经过新中国成立以来对城市规划的不断探索，广州市政府和民众认识到，规划是社会经济活动和城市建设的龙头，城市发展千万不能头痛医头、脚痛医脚，而是要以系统理性认知城市为基础，既要竖向协调未来与现实的关系，又要横向平衡城市各行业的协调发展。这种观念上的转变更新，是实现城市政府集中力量做好城市规划、建设和管理的前提。

2.4.2.1 城市发展蓝图法定化工作

1984年9月18日，国务院批准了广州市城市总体规划。该版城市总体规划即第14方案，于1978年开始编制。在编制期间，广州市规划局曾在广州市文化公园举办广州城市总体规划方案展览，广泛征求市民对城市总体规划的意见。1982年，规划局召开总体规划评议会，邀请18个城市的领导及27所大专院校的专家教授参加。次年，省政府审议通过了该版方案，并上报至国务院。

国务院批复认为，广州市是全国重要的对外经济、文化交流中心之一。今后的城市建设和各项事业的发展，应服从和体现这个总的要求，做好以广州市为中心的区域规划，城市规划范围内的土地和建设应统一集中管理。广州市政府应集中力量做好城市规划实施、建设和管理，建立和健全各项法规，保证全部驻广州的党、政、军、群各单位模范地执行广州市的总体规划和各项建设法规。至此，广州市第一次有了经国务院正式批准的城市总体规划，这意味着广州进入了按照国家批准的法定城市总体规划进行城市建设和城市规划管理的新时期。

1987年，时任中国建筑学会副理事长、清华大学教授的吴良镛先生访问广州，就广州市规划与建设问题提出了一些建设性的意见。关于城市性质，吴先生认为应从珠江三角洲区域范围，从东南亚甚至全球的角度去认识广州的城市性质和地位，广州是国际性的都市。同时，广州一方面应加速新区建设，另一方面要维持旧城的正常运转，尤其应下大决心，集中力量开发建设天河地区,使之成为广州市的一个亚中心以缓解旧城压力。对于天河中心的建设,吴先生提出要加强城市设计,提高建筑群的艺术水平,并良好地解决交通联系问题。此外,吴先生认为二沙岛是广州市的一个宝岛,应建设成广州市民的活动中心。

广州作为中国最早实行改革开放的城市之一,城市规划工作也最早遭遇到中国经济转型时期城市化问题的挑战。在总体规划被国务院批复后,广州在接下来的几年中陆续完成了街区规划、新区开发规划、广州经济技术开发区规划等规划,还根据广州市在改革开放中遇到的"城乡交通""商品流通"等现象制定了相应的交通能源规划,以及农贸市场、工业品市场规划等,形成了初步的规划体系。

2.4.2.2 城市街区规划规范化工作

改革开放后,随着城市经济体制改革和对外开放的发展,城市规划设计的观念、方法也发生了重要的变化。街区规划就是为适应改革开放的要求,在城市规划编制工作上做的一次探讨和尝试。

1982年,市政府决定在市中心区内全面开展街区规划的编制工作。1985年,市政府成立了广州市街区规划审批小组,以配合街区规划的编制工作。在具体审批过程中,采取由各区政府参加评议、市规划局初审、市政府审定的三级审批程序。审批小组制定了《广州市居住区规划审批标准》,按照新、旧建设区的不同特点,近期、远期的不同要求,从规划指标上控制建筑密度、间距、容积率、人口密度,以控制地块的使用强度和空间环境;从规划结构上确定道路系统、公建项目分布、文物保护范围和污染工厂的改造搬迁等,进一步明确上位规划的布局结构。至1986年,市中心区(有74条行政街)及边缘地区共81条街的街区规划编制工作全部完成,并于1988年5月全部审批完毕。经批准的街区规划,成为建设用地和建设工程规划管理的依据。

街区规划能使城市总体规划更具体地指导城市建设,利于更好地确定旧城改造的重点地区、历史文物古迹和传统民居的保护范围和保护重点,为开展招标投标工作和旧城区改造规划控制提供依据。同时,广州街区规划编制工作的完成,完善了城市控制性规划方法。在街区规划的基础上,广州市逐步改变传统的、只重视空间形体环境的、以"三图一书"(现状图、平面规划图、结构系统图和规划说明书)为表现形式的详细规划,尝试提出了城市控制性规划，强调规划管理的指标化、条理化，以加强城市规划对城市建设的引导和控制，加强对城市规划的立法和管理。

2.4.2.3 专家领衔的城市环境艺术委员会

为了更好地贯彻落实1984年国务院《关于广州市城市总体规划的批复》要求，提高广州城市环境空间艺术水平，使有关城市建设和管理以及城市环境艺术等方面的重要决策更具科学性和权威性，经广州市编制委员会批准，广州城市环境艺术委员会（以下简称"环艺会"）正式成立。

广州"环艺会"由广州地区城市规划、城市管理、建筑与园林设计以及文化艺术等方面的专家共34人组成，邀请林克明、莫伯治等9位德高望重的老专家、学者为顾问。"环艺会"主要职能有如下4个方面：一是同有关部门对重要城市建设规划、建筑项目及城市园林、城市雕塑等建设项目进行艺术审查；二是组织对城市空间环境影响重大的发展计划、建设项目及城市管理中有关环境空间艺术的措施研究，提出咨询意见和建议；三是组织有关学科专业人员，对诸如城市面貌建设、城市环境美化、历史文物保护和新建筑风格探索等有关城市环境艺术的多方面问题进行研究；四是组织重大建设项目设计方案的竞赛、优秀环境空间艺术创作的评选。

与此同时，"环艺会"还制定了《关于城市环境艺术委员会审查的规定（讨论稿）》，明确了"环艺会"的审查范围和审查程序。其中审查范围包括如下9个方面：一是广州市区范围内重点地区的城市规划设计；二是用地面积超过$10hm^2$的住宅区和重点地区的规划设计；三是风景区、文物保护区、大型公园和城市重要街区的规划；四是对环境影响较大的工程和重要的建筑设计项目；五是城市主要干道和广场的环境规划及景观设计；六是重要的城市雕塑与建筑空间环境设计；七是城市建设和城市管理中关于广州城市环境艺术方面的有关法规；八是关于对城市环境影响重大的城市建设及发展的研究报告；九是其他指定需要审查的项目。

独立开展工作的"环艺会"一直延续到2006年广州市城市规划委员会成立。20多年中，专家们积极参与广州城市规划、建设与管理工作，对提高广州市城市环境艺术水平，创造富有岭南建筑文化和名城历史魅力的城市环境和城市印象，发挥了重要作用。

2.4.2.4 引进海外专家与世界接轨

20世纪80年代，广州率先打开国门，大批国际和港澳专家访华讲学，包括城市建模与智慧城市专家、伦敦大学学院教授迈克尔·巴蒂（Michael Batty）先生，中科院院士、香港大学教授叶嘉安先生，均多次到访广州并直接指导了自动化中心的筹建。

卡罗尔·托马斯（Carol Thomas）夫人曾任全美国注册规划师学会主席，作为首批访华学者之一，自改革开放初期开始，就致力于推动广东省与美国的友好交往。20世纪80年代她多次来到广州，并作为规划局的高级技术顾问，推动了美国土地分区（zoning）法规与国内规划思想的融合。在她的带领下，1989—1990年广州市开展广州区划（zoning）研究，开始了具有控制性详细规划作用的分区规划图则编制。

在广州工作期间，托马斯夫人对二沙岛、黄埔大沙城、广州领馆区、新华侨新村的规划建设、沙面地区的保护与更新以及广州市政规划、番禺市城建规划等都提出了许多宝贵建议，承担并规划设计了天河"珠江新城市中心"。为感谢托马斯夫人对广州城市结构调整和新区开发作出的贡献，1993年2月5日广州市人民政府授予其"广州市荣誉市民"称号。

2.4.3 第一个规划自动化中心的诞生

20世纪80年代中后期，我国掀起了城市建设热潮，每年有大量新鲜血液源源不断地从全国各地的高等院校来到羊城广州，广州规划局也随之呈现一派勃勃生机。当时计算机科学在飞速发展，规划行业不少人都在琢磨如何能够将高新技术转化成自己手中的工具，憧憬着让强大的图形表现力为规划设计和管理服务。

广州城市规划局党委1987年向市委、市政府提出了建立一个新机构——城市规划自动化中心的申请，同年11月市编制委员会同意成立"广州市城市规划自动化中心"，复文明确：自动化中心属于规划局机构内的处级事业单位，人员按49名事业配置，所需经费由城建费支出。这是国内规划界首个专门从事信息技术建设工作的机构。

自动化中心从成立伊始便备受关注，连为这个新生事物取名也有一番议论。一些意见认为，"自动化"含义太广、太抽象，令人摸不着边，对此，时任规划局局长曾作过解释：这个新机构不仅具有生产和管理数据信息的职能，还要具备软件开发、规划设计、应用咨询、技术培训和科研创新的能力，将来要通过它推动规划局内部业务的信息化和办公自动化，因此"自动化"要切合一些。这也是一开始上级给自动化中心作出的一个明确定位——前期的目标是实现各类基础地图和规划图件与资料的数字化，这是城市规划业务迈向信息化的第一步。与此同时，应尽快开发一套适合在计算机上运行的城市规划计算机辅助设计软件，满足行业在设计和管理上的需求，填补该类国产软件在行业中的空白。后期的目标便是促进规划局的业务管理机制登上一个新台阶，建立一种立足于信息基础之上的、科学合理的业务管理机制，营造一个办事透明度高、便于公众参与和信息共享的业务办公环境，与通过信息化推进城市规划管理现代化的目标相适应，配置了较完善的人才、专业结构和合理的人员编制规模。

2.4.4 备受建筑师推崇的"广派"建筑

2.4.4.1 岭南文化中心地与岭南建筑

回顾秦汉以来的两千多年历史，不难发现，广州在岭南文化的多元化历史发展过程中一贯牢固地保持着最悠久、最强大、最主要的中心位置，我国历史上三次大规模的对外文化交流，即汉晋以来同印度地区、隋唐以来同阿拉伯地区、明清以来同欧美地区的文化交流，都以广州为主要基地。而在此范围内，逐渐发展出区别于我国其他地域文化的"岭南文化"，其语言、饮食、建筑、戏曲、绘画、风俗等，都有鲜明独特的韵味。

"岭南文化"最大的特色就是开放包容，这与广州等岭南地区历史延续中的内外元素息息相关。建筑是文化的重要载体，岭南建筑作为岭南文化一个非常重要的组成部分，不仅承载着岭南文化的多元特色，还体现着广州城市的独特风格。岭南建筑概念由夏昌世教授首次提出,经由曾昭奋教授总结,与"京派""海派"建筑并驾齐驱,步入了中国主流建筑文化的殿堂。

2.4.4.2 广派建筑的新发展

因地理环境、气候条件、材料技术等地方特点,广州岭南建筑在体型上轻快明朗、活泼简洁,在布局上争取良好的风向,灵活而不呆板,并巧妙地将庭园与建筑相结合,体现出民族传统风格。而优秀的岭南建筑往往能很好地融合外来建筑风格与地方的元素,呈现出多元纷呈而又和谐的局面。正是这些富含现代主义风格与地方元素的建筑,不断充实现代岭南建筑文化并将其发扬光大(表2-3)。

20世纪70年代起,岭南建筑师在规模较大的现代建筑中引入岭南地域风格,尤其是将岭南传统园林空间与现代建筑进行有机结合。而到了80年代,白天鹅宾馆成了岭南建筑成熟期的标志,其内部庭院"故乡水"成为参观广州必去的景点,使岭南建筑的设计风格和园林设计受到更广泛的关注和喜爱,使广派建筑的研究实践达到新高度。

20世纪50—80年代岭南建筑代表作与主要建筑师　　表2-3

岭南建筑		建成年份	主要建筑师/设计单位
华南土特产展览交流大会		1951	林克明、陈伯齐、夏昌世等
广州市第一人民医院	旧门诊楼	1952	佘畯南
	英东门诊楼	1989	佘畯南、祁淑芬、马震聪
华南工学院	图书馆	1952	夏昌世
	化工实验大楼	1957	
南方大厦		1954	林克明、杨元熙、佘畯南等
广州中苏友好大厦		1955	林克明、麦禹喜、佘畯南等
中山医学院第一附属医院		1956	夏昌世
华侨大厦(华侨大酒店)		1957	麦禹喜、朱石庄、伍诚信
华侨新村		1957—1964	林克明、黄适、陈伯齐等
广州体育馆(已拆除)		1957	林克明、杨思忠、龙炳芬等
广东省科学馆		1958	林克明、谭荣典、丘文傅
北园酒家		1957	莫伯治、莫俊英
中国出口商品陈列馆		1959	林克明、麦禹喜、朱石庄等

续表

岭南建筑		建成年份	主要建筑师/设计单位
广东省农业展览馆		1960	林克明、伍诚信
泮溪酒店（改造扩建）		1961（1974）	莫伯治（吴威亮、林兆璋）
羊城宾馆（东楼）/东方宾馆（西楼）		1961/1972	林克明、麦禹喜、朱石庄等 佘畯南、钟新权、王陆运等
南园酒家（改造扩建）		1962（1973）	莫伯治、吴威亮（林兆璋、赵宇）
山庄旅舍		1965	莫伯治、吴威亮
广东迎宾馆	碧海楼	1962	朱石庄
	白云楼	1982	李奋强、郭怡昌、关富椿
双溪别墅		1963	郑祖良、金泽光、莫伯治等
新爱群大厦		1965	莫伯治、吴威亮、莫俊英等
友谊剧院		1965	佘畯南、麦禹喜、朱石庄等
广州少年宫（蓓蕾剧场）		1966（1984）	佘畯南、关柏河 林永培
广州宾馆		1968	莫伯治、吴威亮、莫俊英等
广州农民运动讲习所陈列馆		1969	黄扩英
流花宾馆（一期—北楼、二期—南楼）		1972/1973	佘畯南、钟新权、王陆运等 林克明、陈金涛、黄扩英等
中国出口商品交易会流花路展馆		1974	佘畯南、黄炳兴、陈金涛等
广州火车站		1975	林克明、莫耀铭、黄扩英等
白云宾馆		1976	莫伯治、吴威亮、林兆璋等
矿泉旅社		1976	莫伯治、陈伟廉、李慧仁等
文化公园"园中院"		1980	郑祖良、何光濂、利建能
南湖宾馆		1982	郭怡昌、何孟章
白天鹅宾馆		1983	佘畯南、莫伯治、林兆璋等
中国大酒店		1984	梁启杰、陈家麟、关福培等
花园酒店		1985	司徒慧
天河体育中心		1987	黄扩英、林永培、郭明卓等
广州市儿童活动中心		1987	余思、罗君亮、秦锦铭
广东国际金融大厦		1988	广州珠江外资建筑设计院
广州世界贸易中心		1992	广州珠江外资建筑设计院
广东国际大酒店		1989	李树林、关富椿、何锦超
西汉南越王博物馆		1989—1993	莫伯治、何镜堂、李绮霞等

（资料来源：石安海. 岭南近现代优秀建筑（1949—1990卷）[M]. 北京：中国建筑工业出版社，2010.）

专栏 2-5："京派""海派"与"广派"建筑

1983年，曾昭奋教授将中国建筑风格分为北京的"京派"、上海的"海派"和广州的"广派"（又称"岭南派"）。"京派"主要指以清华大学为代表、以北京为中心的设计流派，设计风格较为保守；"海派"指的是以上海为代表的海纳百川的设计流派；而"广派"指的是以广州为代表的更加开放融合的设计流派。

"京派"建筑传承古代建筑设计思路，承载浓重的人文主义观念，平面布局注重空间序列与秩序，其代表作品为四合院和宫殿建筑。随着时代的发展，"京派"建筑风格虽逐渐式微，但其讲究对称、均衡、秩序的色彩仍然存在。

"海派"建筑根植于海派文化，是海派文化的衍生物，也是中华民族文化融合地域性文化并有选择性地吸收外来文化在建筑上的体现。其建筑特点主要表现在多样性、包容性、创新性等方面。其代表性建筑主要有上海石库门住宅、公寓、花园洋房、别墅等。

"广派"建筑的特色是自由、自然且平面安排符合人们的活动规律，具有明快、开朗和形式多样的立面和体形，与园林绿化和城市或地域环境有机结合。

专栏 2-6：白天鹅宾馆庭院设计

白天鹅宾馆的建筑设计广受人们赞许，建设之初，主要是用于接待归国华侨。宾馆大厅顶部采光的中庭、曲径回廊、小桥流水、石山瀑布的"故乡水"景区，令许多回国下榻于白天鹅宾馆的海外侨胞的思乡之情得到了慰藉。白天鹅宾馆采用中西合璧的设想，即外观完全现代化，而内部完全中国化，是中国第一个采用大型室内中庭的酒店，也是首家对普通市民开放的五星级港资酒店。宾馆中庭具有浓郁的岭南特色，占地约1000m^2。

位于一角的假山亭阁作为整个中庭景观的焦点，层叠的山石与跌水、藤蔓和附生植物相映成趣，将大自然的景观浓缩在室内。密集的山石亭阁与开阔的水面形成对比，同时也遮掩了山石后面的室内空间，勾起人们的无限遐想（图2-30）。

庭园以"前庭—中庭—后花园"的排布进行组织，越来越靠近江边。从东北侧入口进入前庭后，从门厅进入建筑，经过室内空间的收束，步入中庭通高三层的山水庭园，飞瀑直下，山木清奇，配以小尺度的亭、桥，显得豁然开朗，这是整个流线的第一个高潮，中间石块上的"故乡水"三字，又引起归国华侨的感慨；穿过中庭，空间又开始收束，直到走出室内，才见后花园与珠江交相辉映，这是第二个高潮所在。

植物配置则结合岭南风格，棕榈、春羽、龟背竹等乡土植物形成极具地域特色的景观。上方挑出的花槽内的天门冬垂挂下来，形成垂直面上的植物景观。水池的上方还设置有垂挂的鸟巢蕨，在竖向空间上也做出了丰富的植物造景。水池采用自然曲折的岸线，累石和水生、湿生植物点缀其间。白天鹅宾馆中庭设计继承了中国传统园林与岭南传统园林设计的精华，以壁山瀑布为主景，形成别有洞天的岭南风情，将历史气息与文化内涵融入建筑空间。

图 2-30　白天鹅宾馆"故乡水"中庭内景
（图片来源：伍家炯摄）

专栏 2-7：山庄旅舍和双溪别墅

为了接待高级别贵宾，1962 年，广州市政府选择在广州市白云山摩星岭建设"山庄旅舍"，用于住宿、餐饮、会议与休憩。1965 年建成时，山庄旅舍的总建筑面积为 1930m²，其中客房面积为 640m²，共有房间 11 间。20 世纪 50—60 年代，国家领导人曾在这里多次举行外事活动，山庄旅舍融合于自然山林的庭院风格，被誉为"遵循现代功能主义原则"的范例。

双溪别墅位于广州市白云山风景区的北山景区内，坐落在碧云峰下，原址建有白云山十大寺院之一双溪寺（毁于抗日时期），"双溪"指在原寺院旁两条绕寺流淌的名为日溪和月溪的小溪。1963 年在古寺遗址上建了双溪别墅，拟作为山庄旅舍的别院接待贵宾。因之巧妙结合地形，引入山水草木，双溪别墅与山庄旅舍至今仍被建筑界誉为岭南建筑的佳作（图 2-31、图 2-32）。

图 2-31　山庄旅舍手绘图
（图片来源：林兆璋提供）

图 2-32　双溪别墅现场图
（图片来源：林兆璋提供）

专栏 2-8：岭南园林酒家

分别于 1957 年、1961 年和 1962 年扩建的北园酒家、泮溪酒家和南园酒家都具有浓郁的岭南园林风格。在对始建于 20 世纪 20 年代的北园酒家进行扩建时，设计师特别注意秉承岭南园林的特点，意图在仅 2014m² 的有限空间内通过传统建筑样式、回廊与山水植物营造别有韵味的空间。而岭南园林建筑独具一格地表现了雨打芭蕉、十里荔红、渔舟唱晚的人文和自然景观特征，形成了广大华侨心中"家乡"的概念（图 2-33）。

祖籍广东的著名建筑师梁思成先生也认为北园酒家是他在广州最赏识的建筑。南园酒家于 1959 年设计，1963 年投入使用后即成为广州接待外宾的主要酒家之一，占地面积约 9600m²，其中绿化园林面积达 4500m²。在空间上，设计者注重运用建筑进出参差、高低错落、虚实相应的处理方法，既满足了在布局上现代餐饮空间的功能要求，又创造了富有层次感的岭南庭院空间，主次有序，清新明快（图 2-34）。

图 2-33　北园酒家庭院
（图片来源：广州市城市规划勘测设计研究院. 历史文化保护名录勘察设计项目实录（1957—2015）[M]. 北京：中国建筑工业出版社，2019：129.）

图 2-34　南园酒家手绘图
（图片来源：林兆璋提供）

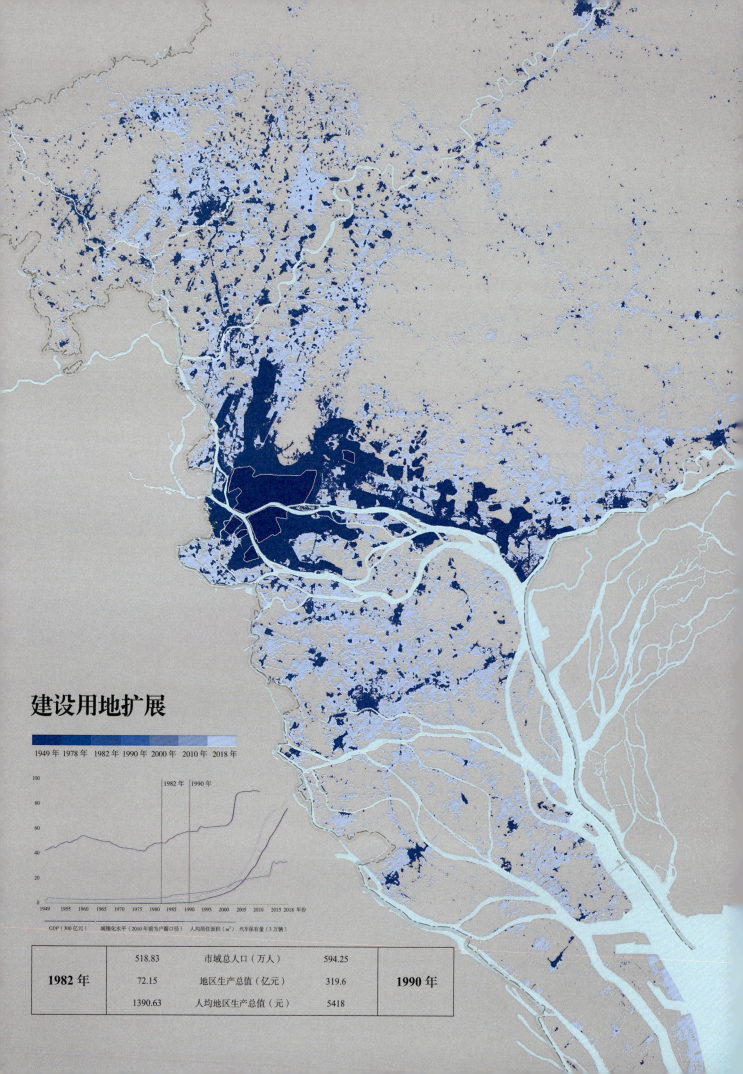

03

"六运"促改革,中国"第三城"崛起
1983—1990年

20世纪80年代初,广东省获得第六届全国运动会的主办权,并将主场馆选址于广州市原天河机场。广州紧紧抓住这一契机,改革"六运会"的筹办模式,探索以大事件推动城市综合开发与发展的新路子。

广州市积极与国际接轨,借鉴洛杉矶奥运会的经验,在第六届全国运动会的筹备与举办上进行改革,通过市场化运作筹集资金,利用社会资源、市场开发来筹办。"六运会"主场馆天河体育中心的选址成为此后30多年广州城建格局的关键支点,改变了城市骨架,奠定了发展的格局。

"六运会"场馆筹建模式的改革开启了对由国有企业代表政府对新区进行统筹开发建设的土地有偿使用模式的尝试,为广州市城市建设带来了新的思路,特别是为城市住房建设提供了新的路径,先后开发了五羊新城、江南新村等模范小区。综合开发模式采用了城建投融资新模式,逐步形成了由政府、企事业单位以及市场力量共同参与的住房建设体系,原来单一的福利型住房分配逐渐转向与保障型和商品化住房共存,住房问题基本解决。

"六运会"开幕式向境内外现场直播,广州因此获得了更多国内国际上的赞誉,提升了国际化水平,从而带动了城市品质的提升和文化软实力的输出,广州逐渐成为享誉全国的时尚之都。"六运会"成功举办后,广州借"六运"之势,大力发展经济,塑造城市品质,极大地提升了经济实力和社会治理水平。至1990年,国民生产总值跃居全国第三,成为我国仅次于上海和北京的第三大城市,"北上广"的经济格局由此建立。

3.1 开"市场化运作"之先河的"六运会"

1982年，国务院将广东省定为第六届全国运动会的举办地，同年4月，广东省政府决定利用原天河机场兴建天河体育中心。"六运会"的筹办，打破了前五届政府包办"全运会"的传统，借鉴了1984年洛杉矶奥运会的成功经验，在资金筹集和组织模式等方面开创多个第一，广州也以此探索出利用大事件推动城市建设的新路子。

3.1.1 对标奥运，突破"政府全包"模式

新中国成立之后，中国体育事业起到了凝聚、振奋民族精神的作用。1952年，国家体育运动委员会成立。1959年9月13日，中华人民共和国第一届"全运会"在北京工人体育场开幕，前四届"全运会"均在北京举办；第五届"全运会"移师上海江湾体育场举办，且打破了"全运会"全部费用均来自行政拨款的惯例。

前四届"全运会"的费用开支由政府全额拨款，主要用于城市基础设施建设、"全运会"物质基础建设和竞赛业务等。在社会效益优先的指导思想下，赛事商业化运作理念尚未形成，第1届、第4届、第5届"全运会"有少量门票及其他收入。前五届"全运会"基本亏损，而且举办场馆都是在原有基础上进行维修和扩建的，以适应"全运会"的比赛要求（图3-1、表3-1）。

在国门打开、积极与国际接轨的20世纪80年代初，1984年洛杉矶第23届奥运会的改革和成功，给广州承办"六运会"带来了很多借鉴和启示。

图 3-1　前五届"全运会"会徽
（图片来源：http://sports.enorth.com.cn/13thgames/jiyi/）

前六届"全运会"简介　　　　　　　　　　　　　　表 3-1

届数	时间	地点	举办场馆	运动员人数	比赛项目/个	举办经费/万元		总收入/万元
						总经费	其中的行政拨款	
第一届	1959年9月13日—10月3日	北京	北京工人体育场	10658	36	1100	1100	12.7
第二届	1965年9月11日—9月28日	北京	北京工人体育场	5922	22	585	585	—
第三届	1975年9月12日—9月28日	北京	北京工人体育场	10669	28	600	600	—
第四届	1979年9月15日—9月30日	北京	北京工人体育场	15189	34	834	834	12.5
第五届	1983年9月18日—10月1日	上海	江湾体育场	8943	25	983.2	971.9	40
第六届	1987年11月20日—12月5日	广东	天河体育中心等	7228	44	3216.5	2200	6000

（资料来源：陶红，张尚权. 我国历届全运会效益问题的研究：提高第7届全运会效益的对策与建议[J]. 体育科学，1993（4）：12-14，91.）

专栏 3-1：1984 年洛杉矶奥运会首创商业化筹办模式

自 1896 年第一届现代奥林匹克运动会召开以来，奥运会的开销都要由承办国家与城市负责，在"非商业化"原则的要求下，要维持收支平衡只能依靠会场门票收入和个人无偿捐赠，承办方基本都处于亏损状态。随着比赛项目增多与举办规模扩大，国家与城市的经济负担也越发沉重——1972 年慕尼黑奥运会花费 10 亿美元；1976 年蒙特利尔奥运会花费 20 亿美元，并陷入"蒙特利尔陷阱"，十余年后才还清债务；1980年莫斯科奥运会更是花费90亿美元。世界各国意兴阑珊，由此奥运盛会陷入"低谷"，1978年，洛杉矶在没有竞争对手的情况下，顺利获得1984年奥运会的举办权。但洛杉矶所在的加利福尼亚州紧急通过法案：州政府和市政府都不能将纳税人的钱用于举办1984年奥运会，联邦政府也不给予任何形式的经济援助。这倒逼国际奥委会作出让步，洛杉矶可以破例以商业化方式举办奥运会。洛杉矶奥运会成为奥林匹克历史上第一次由民间承办、无政府补贴的奥运会，同时也让奥运会重焕生机（图3-2）。

洛杉矶奥运会的筹办模式可以总结为开源和节流两个方面。奥运会的经济收入主要来自门票收入、出让电视转播权、商业赞助、售卖各类奥运纪念品以及有偿参与奥运火炬接力跑等。美国广播公司以2.25亿美元竞得国内转播权，对欧洲和澳大利亚出让转播权共获6000万美元。商业赞助则限定每行业只接受一个公司独家赞助，并设定最低赞助金额为400万美元每场。为了节约经费，洛杉矶奥组委充分利用现有的设施，以租代建，翻新各类体育场馆用于比赛，租借大学宿舍供人员休息，并招募免薪志愿人员为奥运会服务。洛杉矶奥运会共筹集8亿美元，共计支出5.46亿美元，最后结余2.54亿美元，是第一届真正盈利的奥运会。洛杉矶把有限的资金投入到改善城市基础设施中，如扩建洛杉矶国际机场等，这对城市与经济发展起到了重要推动作用。洛杉矶连同加州的房地产一改整体下滑的颓势，逆势上扬，当年房价攀升了30%，并保持持续增长，旅游收入达96亿美元，其中1.4亿美元归市、州政府所有。

图3-2　洛杉矶奥运会开幕式

（图片来源：刘洋. 洛杉矶奥运会：拯救"奥运危机"[J]. 中国商界. 2008（8）: 92.）

广东省改变此前政府包办"全运会"的历史,率先在大型体育赛事招商集资中开启了从政府运作转向市场运作的模式,通过市场化运作筹集资金,利用社会资源、市场开发来筹办"六运会"。继洛杉矶奥运会短短3年后举办的"六运会",已熟练地将其市场化运作模式与我国国情相结合,可见省市领导在改革开放初期快速学习的能力与当机立断的气魄。在体育盛会带动城市发展的大方向下,"六运会"改革又与洛杉矶筹办奥运会有所不同,首先,在发展起点上,广州城市规模与基础设施与洛杉矶并不在一个等级,其次,在资金来源上广州有财政的有力支持。因而,广州在多元筹资举办"六运会"的过程中,重点建设了一批对城市发展起关键节点、画龙点睛作用的基础设施。而"六运会"的成功举办,使全国的目光聚焦于广州,广州先进的城市建设理念与成就呈现于全国人民眼前,成为全国改革的"领头羊"。

3.1.2 接轨世界,开放魅力初展

1987年11月20日,在广州天河体育中心举行了盛大的"六运会"开幕式(图3-3、图3-4)。"六运会"共设44个比赛项目,3个表演项目,分别安排在广州、深圳、珠海、台山、佛山、韶关、东莞、肇庆、海口、惠阳、番禺11个市县的40多个场馆,主场馆位于广州市天河区。

与北京、上海举办的前五次"全运会"不同,组织委员会采取了与国际接轨的组织模式,还成立了服务总公司,下设集资、文艺广告、商品供应和旅游4个子公司,取得了很好的经济效益和社会效益。"六运会"还通过多种途径筹集资金:通过发行22期共7000万张"中国第六届全运会体育基金奖券",筹集到3000万元人民币;与国内外92个单位签订了关于使用"六运会"会徽、吉祥物专用权和认刊广告的合同,筹集到1200万元(其中美元200万元)及实物一批;制作、出售金质纪念品、首饰,组织生产带会徽、吉祥物的旅游鞋、运动服装等以及销售其他商品,筹得资金1800万元。当时风行全国的"魔水"健力宝公司就赞助了250万元。组织国内外人士参观"全运会"和旅游等,也对提升广州的城市知名度与呈现改革开放的成就起到了积极的作用。

图 3-3 "六运会"开幕式运动员进场

（图片来源：广州市档案局，等. 春色满园：广州改革开放三十年［M］. 广州：广东人民出版社，2008：277.）

图 3-4 "六运会"开幕式大型团体操

（图片来源：广州市档案局，等. 春色满园：广州改革开放三十年［M］. 广州：广东人民出版社，2008：277.）

图 3-5 "六运会"各类宣传海报

（图片来源：广州市民提供）

图 3-6 "六运会"发行的各期体育基金券以及赞助商

（图片来源：广州市民提供）

本次运动会开创了中国体育史的多个"第一"：第一次由地方政府自筹资金举办全国性运动会；第一次成立服务总公司负责集资；第一次引入运动会吉祥物概念；第一次使用会歌；第一次发行体育彩票；第一次将会徽、吉祥物的专利权以商品经营的形式出让，使其出现在富士胶卷等产品的包装上，加强宣传的同时也更好地筹集资金（图3-5、图3-6）。大会期间共筹资5.5亿元，用于新建44座场馆、改造55座场馆和运动会的筹办运营，新的运动会筹办模式取得了全面成功（表3-2）。

"六运会"部分省内比赛场地一览表　　　　表 3-2

比赛场馆	项目	建成时间	占地面积 /m²	建筑面积 /m²	场地面积 /m²	投资金额 /万元	观众席位 /座
天河体育中心体育场	足球、田径	1987 年 8 月	95000	29583	18000	7500	60000
广东省体育场		1980 年	40510	18684	23100	800	27090
越秀山体育场		1950 年	43228	4758	13860	150	38000
广州工人体育场		1957 年	46000	—	—	—	15000
从化足球场	足球	1956 年	19933	3833	16100	130	13000
三水县体育场		1985 年	32723	3025	17800	200	15300
番禺英东体育场		1987 年	44370	23000	40800	700	15230
燕子岗体育场		1985 年 9 月	56118	6135	27304	226.8	3000
天河体育中心体育馆	篮球、排球	1987 年 8 月	50000	17303	1700	5163	8628
广州体育馆		1957 年 9 月	28130	43000	800	270	5000
海珠体育馆	篮球	1987 年 8 月	7500	5766	864	750	2164
花县体育馆		1987 年 6 月	21450	5476	912	640	2500
增城体院馆		1986 年 5 月	18500	7285	888	540	2304
黄埔体育馆		1987 年	4200	5986	924	800	2100
荔湾体育馆		1987 年 8 月	4368	2756	4290	700	1981
台山县体育场	排球	—	2400	—	800	—	3500
台山县正贤体育训练馆		1986 年	—	—	864	—	1000
台山县正贤体育馆		1986 年	2600	2400	800	210	3225
佛山体育馆	乒乓球	1985 年	3600	7908	805	600	4500
二沙头网球场	网球	1985 年	4326	6591	4800	720	300
沙面网球场		1905 年	1089	1089	1070	—	200
韶关体育馆		1976 年	4800	3300	680	9	2900
韶关练习馆	羽毛球	—	—	—	—	—	—
曲江体育馆		1986 年	5878	5126	608	120	1600
华南师范大学体育馆	手球	1987 年	4553	5050	2760	65	2000

续表

比赛场馆	项目	建成时间	占地面积/m²	建筑面积/m²	场地面积/m²	投资金额/万元	观众席位/座
佛山市新广场	曲棍球	1987年	24500	300	18900	14000	4000
佛山市人民体育场		1987年	—	—	—	—	7000
广州体院垒球场		—	—	—	—	—	—
华南师范大学垒球场	垒球	1952年	20000	—	16732	20	5000
华南师范大学足球场		1952年	20000	—	16732	20	5000
天河体育中心水上馆	游泳、跳水、花样游泳	1987年8月	20809	23000	3003	4200	3000
江门市游泳场	水球	1987年	14000	450	825	300	300
新会游泳场		1979年	400	380	250	5	—
东莞市石龙体育馆	举重	1987年	11000	5611	1146	460	2700
深圳体育馆	体操	1985年	4000	22000	1196	5400	5900
江门体育馆	击剑	1985年	19727	5000	1288	2000	3500
广州体院体育馆	柔道、国际摔跤、中国式摔跤	1985年	1500	1450	1125	20	4000
东莞市常平体育馆	武术	1985年	7200	2016	792	350	1800
黄村训练基地射击场	射击	1958年	971000	—	4224	—	650
解放军体院体育场（东场）	射箭	—	—	—	420	—	—
星湖划船场	赛艇、皮划艇、航海模型	1978年					
秀英游泳场	帆船、帆板	1988年					
太湖溪靶场	航空模型	—	—	—	—	—	—
中山温泉	高尔夫	1984年	—	—	1650000	—	—
珠海市度假村	保龄球	1983年	350000	—	—	—	—
从化温泉宾馆	棋牌	1955年					

（资料来源：刘乐怡. 第六届全国运动会体育场馆建设使用研究［D］. 广州：华南理工大学，2007.）

3.2 向东发展，城市结构延展的序曲

"六运会"改革，有效探索了计划经济体制下通过土地有偿使用进行片区综合开发的模式，触发城市新中心的开发建设，对广州城市格局产生了深远的影响。天河体育中心的选址、天河区的成立，拉动城市快速向东拓展，实现中心城区的扩容。

3.2.1 天河体育中心选址的触媒效应

前五届"全运会"的举办地北京和上海，其运动会主会场和城市空间结构的拓展关系各有不同。北京工人体育场位于二环和三环之间的三里屯附近，在北京内城东北方约3华里（1.5km），是中华人民共和国成立十周年的十大建筑之一。工人体育场与其周边的外交、使馆区和居住区的建设，都是计划经济时期按计划并行推进的，相互并没有促进带动作用。而上海举办第五届"全运会"，主会场安排在了1935年建成的江湾体育场，第五届"全运会"的举办和21世纪上海城市总体规划把江湾体育场附近的五角场地区确立为城市副中心，相距20多年。

第六届"全运会"在广州的举办，首次开启了我国城市发展历史上体育盛会触发城市新城市中心综合开发、建设的宏伟篇章（图3-7）。新中国成立后至1984年，

图 3-7　广州市城市发展与天河体育中心空间关系

（图片来源：作者自绘）

广州市共编制了14次广州市总体规划,从1959年的第十方案开始,广州市城市规划逐渐打破了原来连续成片发展的布局形式。关于天河体育中心地区较为正式的规划出现在1954年编制的广州市总体规划方案第二方案中,规划将市中心搬迁到天河机场,而1959年编制的第十方案则提出"三团两线"的组团式规划布局,提出在天河机场旧址建设一个全市性体育活动中心和园林化生活区。时任中共中央中南局负责同志建议在此建"体育城",市人民政府作出决定,控制土地不得作其他用途。随后的若干版方案,又因为压缩基建规模,把天河机场旧址规划为组团隔离带。正是天河体育中心地区的建设,使得广州中心城区此后30多年的格局发生了方向性的转变。

国务院于1982年批准广东省承办第六届全国运动会;同年2月,广州市人大代表向市政府提出在天河机场旧址建设体育场的提案,市规划局根据这一提案做了选址方案;同年4月,广东省政府决定利用原天河机场(图3-8)兴建天河体育中心,并将其纳入广州市总体规划的最终审批方案。对第二组团的表述为:发展为广州市的科研文教区,以设置文教、体育、科研单位为主,在建设天河体育中心综合区的同时,兴建科学技术开发区,搞好区内生活服务设施的配套建设。

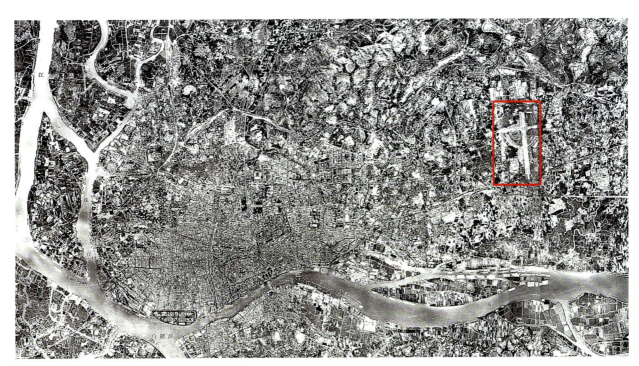

图 3-8 天河体育中心选址航拍图

(图片来源:广州市城市建设档案馆提供)

得益于"六运会"的筹办和天河体育中心的落成，天河地区成为20世纪80年代的城市建设焦点，天河体育中心地区综合规划也编制完成。天河新区采用城市综合开发的理念，天河新区用地规划分三个圈层：以天河体育中心为核心，内环是文化娱乐区、旅游服务区和商业贸易区，分别布置在东、西、南三面，外圈是居住区和综合发展区，火车东站、体育中心和南端的商贸中心组成一条贯穿南北的新城市轴线，规划布局了体育中心、旅游服务中心、商业贸易中心、居住区和火车东站等功能区（图3-9）。

图 3-9 天河新区规划模型
（图片来源：广州市规划和自然资源局提供）

由于集中力量筹建"全运会"，天河体育中心综合区的骨架路网在两三年内形成。同期，行政区划调整，天河区的设立改变了黄埔区的"飞地"形态，老市区、天河区到黄埔区形成了一条30多公里的发展带。城市的发展中心开始向东倾斜。

对比不同年代的航拍影像，不难发现，天河体育中心的体育场选点大致在天河机场南北向跑道的位置，北到瘦狗岭、南到赤岗塔，都是一马平川的田野；赤岗塔再往南则可直达洛溪岛、大石、市桥等番禺重镇。体育中心综合区的小轴线，具有巨大的延展潜力，这也为此后广州城市新中轴线的华彩乐章奏响了序曲。

3.2.2 首创地区综合开发模式引全国瞩目

"六运会"带给广州的不只是一场全国关注的体育赛事，还催生了天河体育中心，为天河地区的崛起与发展播下了种子。以"六运会"为契机，广州市启动了一系列工程的规划建设，这与广州市当时计划重点建设的天河新区充分结合，开始了对由重大赛事带动新区建设的首次综合探索和尝试。

在新形势下召开的"六运会",比赛项目之多、规模之大,都超过以往历届全国运动会,配套设施和道路设施亟待完善,给主办方带来前所未有的机遇与挑战。为此,广州市政府成立了专门的"天河体育中心筹建办公室",于1984年开始专门负责天河体育中心场馆的建设。然而场馆的建设所需资金庞大,同时为场馆配套的基础设施和公建设施更是需要大量的投资,在当时"土地有偿出让使用制度"未建立,"城市建设投融资制度"不完善的情况下,由政府出资建设的难度较大(图3-10)。

图3-10 天河体育中心施工现场图(1985年)
(图片来源:广州市规划和自然资源局提供)

为了筹集资金并更好地利用社会资源,1985年初,广州市首次以实物地租的形式将天河体育中心及其周边5.2km²的土地交给市属城建总公司统一开发经营,除了主场馆天河体育中心外,还包括围绕体育中心的道路和配套设施工程,以及周边商务办公楼、居住区等商业项目,并要求两年内必须完成以迎接"六运会"召开(图3-11、图3-12)。这种由一家国有企业代表政府对一个片区进行统筹开发建设的土地有偿使用的模式,是广州于计划经济体制下在城市规划建设方面做的一次大胆创新。随后,以同样的综合开发模式,广州市城市建设开

图3-11 20世纪80年代末的天河体育中心地区
(图片来源:广州市城市建设档案馆提供)

图3-12 20世纪90年代初天河体育中心及周边地区
(图片来源:广州市城市建设档案馆提供)

发总公司与法国里昂地区城市开发公司于1987年9月成立中法二沙岛联合开发公司,对总面积1.26km²的二沙岛进行整体的合作开发。

专栏3-2：天河体育中心

天河体育中心建成于1987年，经2001年"九运会"和2010年"亚运会"两次更新改造，现已成为广州城市建设成就的标志之一，不仅有比较完善的体育设施，还拥有优美的园林环境，除了举办各种体育赛事外，平时是市民开展文化体育活动、观看各类演出展览与游玩的体育公园。

天河体育中心由广州市设计院的一批年轻建筑师设计，用地规模为58.8万 m²，与1984年版城市总体规划及《天河体育中心综合区规划》确定的规模基本保持一致，建筑面积12.84万 m²，总投资3.1亿元。天河体育中心建有体育场、体育馆、游泳馆三大主体建筑（图3-13），还附有各种训练场馆和新闻中心等多个配套设施。其中，三大场馆在设计上各具特色，均采用敞开式，以利于通风、透气，适应岭南的气候条件；大梁、大柱、大形体、大跨度雄伟壮观，充分体现了体育的速度与力量之美，也体现了我国20世纪80年代的建筑水平。天河体育中心由广东省、广州市自筹资金，广州市建筑总公司下属8个企业负责承建。工程从1984年5月15日起，由广州市建一公司、二公司、三公司、机电安装公司、供水供电等部门进场做"三通一平"工作，并于当年7月4日奠基动工。据当年参与建设天河体育中心、修筑道路等工程的人员回忆，工程得到了各方的大力支持，许多周边高校区的师生和普通市民自告奋勇地参加义务劳动。

1987年，天河体育中心竣工，获得了国家建筑工程鲁班奖，并于1989年荣获国家科技进步二等奖，1990年荣获国家优秀设计银质奖和建设部优秀设计一等奖。

图3-13 天河体育中心游泳馆（上）、体育馆（中）、体育场（下）

（图片来源：石安海. 岭南近现代优秀建筑（1949—1990卷）[M]. 北京：中国建筑工业出版社，2010：344，346，349.）

【采访】天河体育中心主创设计师——全国工程勘察设计大师郭明卓

我1967年毕业于同济大学建筑系，在改革开放前，广州就出现了以外贸工程为代表的一大批高水平建筑设计作品，学习建筑专业的同学都将广州视为一片乐土。改革开放初期，广州的建设有了一定的基础，也有开放政策的支持，建筑设计水平在全国前列。当时广州市的领导大力启用年轻设计师，我调回广州市设计院不久，就有机会设计了和白天鹅宾馆同期的涉外酒店——华侨酒店，大胆实践了架空连廊、中庭等设计思想。省、市决定建设天河体育中心后，又将设计任务交给我、余兆宋、劳肇煊等年轻设计师。当时条件有限，我们主要考察了国内上海、南京、成都等城市，参考了一些外国的建筑杂志，因为广州比较开放，一直用外汇订国外的杂志，所以我们能接触到一些新的资料，可以关注到日本、美国、欧洲的体育建筑。

在结构形式上，我们从实际出发，根据工程造价，采用比较成熟的结构形式。当时的前辈们，如梁少鹏先生，提出了大跨度、大悬挑、大结构、大墙面的构想，没有用过去那些体育建筑的风格。在设计体育馆和体育场的时候，我们考虑到广州的天气特点，把看台下面的空间展开，没有围起来作为观众的休息厅，这个架空层既可以是个会议空间，也可以是一个绿化平台，我觉得当时我们结合地域气候特点，很好地把岭南地域特色做出来了。

在景观设计方面我们也走在了全国前列，像这么大的一个体育公园，都是大片草坪，中间还有喷泉，我们选了一个很抽象的雕塑，给人焕然一新的感觉，其他很多小一点的雕塑分布在体育中心各处。

场馆设备按照国际一流的比赛场馆标准来配置，很多技术都是从国外引进的，因此投资比较多，比如进口跑道、进口木地板，还有一些计算分数的设备；现在高清显示屏随处可见，可在20世纪80年代我们为了体育场那一块大的显示屏，专门在世界上招标，去日本看过神户世博会的屏幕，最后订了英国公司生产的屏幕，在当时非常超前。

时任国际奥委会主席来广州参加"全运会"开幕式，对体育中心的评价很高，称赞体育中心达到了世界先进水平。广州市的领导很有气魄，划出52hm^{2}土地，同时兴建3个体育场馆，这在全国都没试过。这个地区很快就建成了宏城广场和天河城，后来又建成了万菱汇、太古汇，广州设计院都有参与，在"亚运会"之前还建了一个名为"时尚天河"的地下空间，可以说在国内外还没有哪一座体育场馆有如此大的催化作用，我认为规划的贡献是最大的。

3.2.3 中心城区顺势扩容

3.2.3.1 天河区与芳村区的成立

改革开放后，于1980年编制完成《广州市城市总体规划》第14方案，并征求专家学者，省、市相关部门和公众的意见，主要的分歧在于是否扩大市区面积：一种意见认为，必须按照中央严格控制大城市的方针，主要发展卫星城，搞小城镇，不能扩大市区范围，有计划地把市区内一些工厂、交通站场、码头与人口逐步迁到卫星城镇区；另一种意见认为，根据广州市区面积仅有 $54.4km^2$、人口密度过大、旧城区建筑改造没有回旋余地，且部分边缘地区的建设已经与市区连为一体等实际情况，市区的面积应适当扩大，并且新划入的部分土地应为紧连现有区界的近郊区，利用附近已建好的市政设施，加强新区管理并节约投资。综合各方意见，提请国务院审批的方案强调控制城市人口规模，疏散过分集中的旧城区人口，确定未来城市主要是沿珠江北岸向东发展的方向，采用带状组团式的布局形式：旧城区（包括东山区、越秀区、荔湾区、海珠区）为第一组团，是城市政治、经济、文化与对外交往中心，为顺应社会经济发展提速的需要，方案中也特地指出进一步完善近郊的建设，在芳村和天河地区适当扩大市区用地；第二组团设置在五山、石牌、员村地区，为广州市的科研文教区；第三组团为黄埔地区，结合广州经济技术开发区的建设，大力发展工业、港口、仓库等设施。组团之间以农田和蔬菜地分隔，避免连成一片（图3-14）。规划还确定了番禺的市桥镇、花县（现花都区）的新华镇为卫星城，形成多层次的城镇网络体系。

1984年国务院批准第14方案后，为调控城区的环境容量，广州市第八届人大常委会第十次会议审议通过，将市中心区的面积由 $54.4km^2$ 扩大至 $92.7km^2$，并成立天河、芳村2个新区。1984年7月24日，中共广州市委正式发文作出筹建天河区的决定。1984年9月8日，经广州市人民政府批准，成立天河区办事处。1984年11月30日，市人大常委会审议通过广州市委提交的《关于扩大市区范围和天河区、芳村区的区界问题的意见》。1985年5月24日，国务院同意广东省人民政府1985年4月26

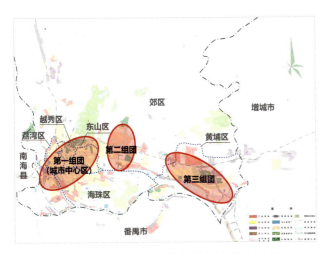

图 3-14　1984 版城市总体规划确定的三大组团
（图片来源：作者自绘）

图 3-15　1985 年广州市市区行政图
（图片来源：广州市地方志编纂委员会. 广州市志（卷首）[M]. 广州：广州出版社，1999：彩页.）

日提交的《关于广州市设置天河、芳村两个市辖区的请示报告》，天河、芳村从广州市郊区分出，成为广州市辖行政区。而1987年1月，广州市郊区也改称为白云区（图3-15）。

新设置的天河区包括天河、沙河、五山、石牌、员村等地，其最初范围南至珠江，北至动旗峰、广州畜牧场、车陂涌、吉山，西至广州大道、广从公路，东至黄埔区，总面积为102.5km^2，成立时人口约25万（图3-16）。芳村区也于同期筹建成立，包括塞坝口、芳村等地，总面积40.8km^2，成立时人口约为12万。改革开放前，广州市按照建设生产性城市的目标，以工业为中心，重点在郊区兴办工业，员村工业区和广州钢铁厂、广州造船厂分别成为天河区和芳村区的工业发展基础。

据具体参与筹建天河区的老同志回忆，市委当时筹建天河区的目的，一方面是坚决贯彻党的十一届三中全会精神，以经济建设为中心，根据国务院批准的广州市总体规划，建设好城市第二组团，即天河区；另一方面是1987年11月第六届"全运会"主会场建在天河区体育中心，届时要有与中心发展相匹配的建设和管理。由此可见，"六运"改

图 3-16　1985 年天河区行政范围
（图片来源：广州市天河区地方志编纂委员会. 广州市天河区志[M]. 广州：广东人民出版社，1998：彩页.）

革成为1985年行政区划调整的重要契机，同时区划调整也为"六运"改革的顺利推行与深化提供了坚实的基础。就广州城市总体发展而言，通过"两条腿走路"的方法，既适当扩大了中心城区的范围，同时又通过组团式的空间拓展，有效调整了城市的空间结构和人口分布。

通过成立新的行政区来扩大中心城区是一种极具中国特色的城市管理模式，虽然行政区划的调整和城市规划之间并不存在必然联系，但是，行政区划的调整往往对城市规划实践有重要影响作用。调整行政区划是政府主导的一种行政行为，是政府对城市规划的作用，就成立天河区与芳村区而言，行政管理和区划调整是推动广州城市格局演变的主力军，起到了决定性的作用（表3-3）。

广州市行政区划演变　　　　　　　　　　表3-3

年份	行政区划	面积 /km²		
		总面积	市区面积	建成区面积
1978	越秀区、东山区、海珠区、荔湾区、黄埔区、郊区、番禺县、增城县、龙门县、新丰县、花县、从化县	11756	54.4	89
1983	越秀区、东山区、海珠区、荔湾区、黄埔区、郊区、番禺县、增城县、龙门县、新丰县、花县、从化县、清远县、佛冈县	16657.3	54.4	206
1988	越秀区、东山区、海珠区、荔湾区、黄埔区、天河区、芳村区、白云区、番禺县、增城县、花县、从化县	7434.4	1443.6	241
1992	越秀区、东山区、海珠区、荔湾区、黄埔区、天河区、芳村区、白云区、番禺市、增城县、花县、从化市	7434.4	1443.6	241
2000	越秀区、东山区、海珠区、荔湾区、黄埔区、天河区、芳村区、白云区、番禺区、花都区、增城县、从化市	7434.4	3818.5	285
2010	越秀区、东山区、海珠区、荔湾区、黄埔区、天河区、萝岗区、白云区、番禺区、花都区、增城县、从化市	7434.4	3818.5	952.03
2018	越秀区、东山区、海珠区、荔湾区、黄埔区、天河区、白云区、番禺区、花都区、增城区、从化区	7434.4	7434.4	1263

（资料来源：作者根据1986—2019年历年统计数据整理）

专栏 3-3：改革开放后广州历次行政区划调整

按照国内外的通常标准，市区常住非农业人口达到 100 万以上可作为特大城市，新中国成立后广州市即为特大城市（1949 年市区非农人口为 104 万）。改革开放以后，广州的行政区划有多次调整，1983 年韶关地区的清远县、佛冈县划归广州市，至此广州市总面积达 16657.3km²，为历次行政区划市域面积之最，该范围持续至 1988 年。

1988 年，广州市行政区划作出较大调整，1 月 7 日，龙门县划归惠州市管辖，新丰县划归韶关市管辖，清远县和佛冈县划归清远市管辖。至此，广州市辖中心城区 8 个区（越秀区、东山区、海珠区、荔湾区、天河区、黄埔区、芳村区、白云区）和番禺县、增城县、花县、从化县 4 个县，辖区总面积为 7434.4km²。随后，经过了多次撤县设市（县级）、撤县设区、并区等调整，至今广州辖越秀、海珠、荔湾、天河、白云、黄埔、花都、番禺、南沙、从化、增城共 11 个区，市域范围和市域总面积仍然保持不变（图 3-17）。

图 3-17　1985 年广州行政区划图
（图片来源：作者自绘）

3.2.3.2 铁路新枢纽的形成

与天河体育中心一同建设的还有作为对外交通重要枢纽的广州东站。1979 年，随着广九直通车重新开通，流花火车站已经出现饱和紧张的情况，故政府提出建设广州第二客运站的意见。当时的铁道部第四设计院提出两个方案，一个是动物园南门方案，另一是沙河铁路材料厂方案。但以上两个方案广州市均不同意，原因是：动物园南门车站布局拉不开，周边道路无法承受增加的交通压力；沙河材料厂方案则是可用建设用地少，以后没有发展余地，且周边交通不易组织。

1982 年国务院批准广州承办"六运会"后，广州市规划局在编制天河体育中心规划时，将建设广州第二客运站作为迎接"六运会"、改善疏散交通的措施提出来,经过反复对比、论证,最后铁四院同意广州市规划局提出的方案,在天河体育中心北面原有的天河站基础上,规划扩建广州铁路第二客运站,一方面分流来自广九、广汕、广梅等线路的客货流;另一方面便于"六运会"期间运动员、观众和游客等进出广州,并缓解天河体育中心往东、深圳方向的客流交通问题。1987年10月,在"六运会"开幕前,天河火车站仅花了105天的时间就建成了,并简易交付使用,为广深线旅客列车的第二始发终点站,即现在的广州东站。

专栏3-4:广州东站的历史沿革

1936年粤海铁路通车后,国民政府修建"广北联络线"连通广九、粤汉铁路,迈出了北移广九铁路的第一步。1940年,侵华日军为扩建天河机场,拆除部分广九铁路,改道后于"广北联络线"相交处设立天河站。1947年修筑的"云永联络线"将粤汉铁路与广九铁路并网,广九铁路原始发站大沙头火车站成为当时广州主要的客运始发、终点站,粤汉铁路货车也可直达大沙头火车站,这也成为广州城市对外交通枢纽向北发展的第二步,新中国成立后这种趋势愈发明显。1951年起逐步对广州地区铁路系统进行整体提升,天河站也在1953年由原来的2股道扩建为4股道,但广州铁路枢纽站场运力不足的情况仍未得到有效改善。另外,铁路轨道往往作为市区边界,对城市往外扩张有一定阻碍,广州新火车客运站选址也提上了议事日程。最终,1974年流花火车站作为广州主要客运站投入使用,而天河站则开发为综合性货场,又增建5股道,同时兼顾部分客运功能。

1987年天河火车站扩建为第二客运站后,于1988年4月1日正式改名为广州东站。1992—1995年,广州东站又得以扩建改造,成为广深准高速铁路的始发站,并于1996年成为广九直通车的始发站。广州东站的建成,初步构成了从广州东站到天河体育中心的城市轴线的北段(图3-18)。

图3-18 广州东站
(图片来源:广州市城市建设档案馆提供)

3.3 敢为人先的住房制度改革解决住房难题

20世纪80年代初的广州，大量知青回城，城市化发展也带来了人口的快速增长，城市住房建设迫在眉睫。

天河体育中心及周边地区的整体开发，为城市住房的开发建设模式提供了新的思路，城市住房由改革开放前的以公房大杂院和单位宿舍为主的建设方式转变为由开发公司按照规划统一征地、成片综合开发的方式。

随着改革开放的深入，土地资源的商品属性得到确立，土地使用权成为可在市场上获得的资源后，民营资本也获得了参与房地产业的机会，由此城市建设的大门全面向社会资本市场打开。市政府财政拨款、单位自筹资金、集资统建、引进外来资本和外贸补偿等多种投资形式的城市住房建设体系形成，住房建设取得了突破性的进展。

3.3.1 单位自建房淡出历史舞台

在住宅严重短缺的时期，单位自建房并分配给本单位职工的住房模式成了新中国成立后实施了几十年的一项重要制度。初期少数拥有财力的企事业单位利用政府划拨的土地建设住房并分配给本单位职工，部分单位还设立了专门的管理机构并配备专职人员对单位自建房进行管理。到了20世纪80年代，经过改革开放初期的搞活流通、城市改革，越来越多的企事业单位在完成中央计划的同时有了初步的财富积累，其自身逐步具备了谋求解决职工住房问题的财力，自筹资金主要包括企业单位的福利基金、留成利润或贷款，单位自建房日益普遍，并且大部分单位都专门设置了管房机构，制定房屋管理办法，逐步完善管理制度。管理较好的单位有广州市民政局、广州钢铁厂、中山大学等。在住房建设相关政策的鼓励下，单位自建住房并作为福利分配给职工居住，成为改革开放初期住房建设的主要方式之一，为迅速缓解20世纪80年代住房严重短缺的情况和推动房地产发展发挥了历史性的作用。以"六五"期间为例，企业用于建设住房的自筹资金占全市住宅建设投资的50%以上。

早期单位自建房的前提是单位自有政府划拨的土地，因此各单位自建住房往往只能采取"见缝插针"的方式在原单位范围内建房，零星分布，因此当时这些单位自建房在规划设计和服务设施配套等方面难以完备，最终导致城市功能混杂，居住品质也难以保证。随着国有房地产企业的诞生，又演化出单位集资模式，由地产开发公司向各个需要建设住宅的单位协商集资，这种集资统一建设，然后由企事业单位定向购买后实施福利分配的统建模式，有效解决了"见缝插针"带来的问题，并改善了居民的生活环境。

3.3.2 五羊新城成为全国住区模范

1983年，"东山区引进外资住宅建设指挥部"改组为东华实业公司，同年以"借鸡生蛋""滚雪球"的办法，利用东湖新村销售所获得的资金启动五羊新城的开发建设。五羊新城开国内大规模建设小区的先河，受到社会一致好评。公司也于1988年进行股份化改造，成为广州市第一家向社会公开发行股票的公司，也是全国房地产开发行业中的第一家股份公司。至1999年，东华实业公司开发了60多万平方米的土地，向社会提供商品住宅和各类配套楼宇40多万平方米。

专栏3-5：五羊新城

改革开放后广州也实践了综合区规划理论。最有代表性的是1984年建设的五羊新城（也称五羊邨或五羊城）。1983年7月13日，广州市委与市领导同志等视察了东湖新村，听取了东山区委同志关于开发杨箕村的汇报。1983年东华实业公司利用东湖新村建设积累的资金和经验，借鉴当时国际领先的综合区划理论，提出建设占地31hm²的五羊新城，获得广州市政府批准。

五羊新城位于广州市区的东侧，东临广州大道，南隔200m为珠江，西连广州旧市区，北隔杨箕村为中山一路，建有4层立体桥交叉连通广州大道、天河路、东风东路和中山一路，是广州市区向东发展的前沿，也是四通八达的交通枢纽。五羊新城由东华实业公司负责建设，占地31.4万m²，建筑面积66.29万m²，为用地面积的2.11倍，住宅建筑面积达43.8万m²，全部建成后可安排7000多户，居住人口达3万左右。

五羊新城的规划布局，是按照"中国气派，南方特色"的要求构思的，以住宅为主，配套商业办公楼以及少量的工业建筑。按照英国卫星城的模式规划，五羊新城在行政和治安、卫生医疗等方面，均按一个行政街区的要求安排，而市政设施和生活配套方面则自成系统，有独立供应的能力，交通方面既考虑了机动车辆流量及其服务半径，又考虑了每一个住宅组群的宁静、商品供应和各服务项目的提供（图3-19、图3-20）。

五羊新城是我国改革开放以来最早按照"统一规划、合理布局、综合开发、配套建设"的原则开发、经营、管理的商品住宅区之一，它既是舒适的住宅区、繁荣的商业街，又是环境优美的旅游休闲场所，把交通安全、购物活动和景观效果三者融于一体。1992年被评为首批"全国模范文明住宅小区"。另外，与以往国家下拨资金不同，五

图3-19 五羊新城鸟瞰
（图片来源：广州市城市建设档案馆提供）

图3-20 五羊新城中轴线
（图片来源：广州市城市建设档案馆提供）

> 羊新城 6 亿元的投资是由东华实业公司通过土地开发、房地产经营取得的，建成的房屋全部为商品房，可以在香港等地区出售，内地的单位包括广州市民也可购买。

3.3.3 "敢吃螃蟹"的国营房企

1979 年，广州市委、市政府就已按照党中央和国务院明确提出的"要尽快解决城市群众住宅问题，加快住宅建设步伐，作为关心群众生活的一件大事来抓"的要求，成立了广州市住宅建设办公室和各区住宅建设指挥部，贯彻"综合开发，配套建设"的方针，全面实行"六统一"（即规划、征地、设计、施工、配套、管理六个方面的统一），拟改变"见缝插针"的零星做法，按照城市规划，成片、成线兴建住宅小区。为加快住房建设速度，彻底改变旧的建设模式，广州市委、市政府决定把市住宅建设办公室改制为企业性单位，并于 1983 年 2 月 22 日成立广州市城市建设开发总公司，负责按照"六统一"的原则综合开发建设住宅小区。

3.3.3.1 住建办向房企转型

1980 年，国家有关部委倡议组建城市建设综合开发公司，各市改组了原有的"统一建设办公室"、隶属建委和建设银行的基建机构，以及各单位和部门的基建机构并成立房地产开发公司，改组后成立的公司带有浓厚的行政机构色彩。1984 年，国家计划委员会和城乡建设环境保护部颁布了《城市建设综合开发公司暂行办法》，规定城市建设综合开发公司是具有独立法人资格的企业单位，实行自主经营、独立核算。从此，房地产开发公司才开始作为相对独立的经济力量参与城市房地产资源配置。住房制度改革的推进，使房地产开发公司建房集资渠道变得更为多样，包括商品房销售所得、银行贷款、发行住房建设证券和房屋有奖储蓄等。

1984 年，中央多部委将房地产业列为单独行业，广州各区房地产公司大量出现。除了前文提及的广州市城建开发总公司、广州东华实业股份有限公司，珠江实业集团的前身——广州珠江房地产公司也在该浪潮中诞生，于1985年4月建立。另外，广州市华宇建设开发公司于1984年登记成立，穗华房产开发公司和东建实业公司于1985年登记成立，白云区房地产开发经营公司、广东省信托房产开发公司分别于1986年和1987年登记成立，云山实业公司、芳村区房地产开发总公司则于1988年登记成立。表3-4列出了1979—1990年广州房地产企业动工修建的部分住宅小区。

3.3.3.2 国有房企的代表——"城建总"

1980年，"广州住建办"兴建的沙园新村，是改革开放后广州较早兴建的住宅片区。1983年2月22日，广州市委市政府同意"住建办"改制

1979—1990年广州市动工建设的部分住宅小区　　　　　　　　　　表3-4

住宅区名称	地点	用地面积/万 m²	建筑面积/万 m²	开发公司	动工年份	建成或计划建成年份
东湖新村（含后期扩展部分）	东山湖公园西侧	10.60	23.60	广州东华实业股份有限公司	1979	1991
沙园新村	工业大道东侧	3.57	8.81	广州住建办（1983年改制为广州市城建开发总公司）	1980	1987
员村昌乐园	员村二横路	3.50	6.90	广州市穗华房产开发公司	1982	1988
江南新村	江南大道中西侧	61.70	122.40	广州市城建开发总公司	1984	1992
景泰新村	广园路北侧	4.04	12.30	广州市城建开发总公司越秀分公司	1984	1988
广雅新村	西湾路	3.14	5.80	广州东建实业公司	1984	1989
五羊新城	广州大道西侧	31.40	66.00	广州东华实业股份有限公司	1984	1990
罗冲围小区	西村	2.40	6.67	广州城建开发总公司 华宇建设开发公司	1985	1988
桥东新村	芳村大道南侧	5.84	13.83	芳村经济开发公司等	1985	1989
天河南住宅区	天河路	55.93	122.84	广州市城建开发总公司	1986	1989
天河北住宅区	天河路	27.29	44.60	广州市城建开发总公司	1986	1989
周门新村	中山八路周门路	5.82	14.58	广州市城建开发总公司、荔湾分公司、白云分公司等	1986	1989

续表

住宅区名称	地点	用地面积/万 m²	建筑面积/万 m²	开发公司	动工年份	建成或计划建成年份
怡园小区	黄埔大沙地	5.00	10.00	广州市城建开发总公司黄埔分公司	1986	1990
站前路小区	站前西路西侧	4.00	9.00	广州珠江房地产公司	1986	1991
金花街小区	西华路南侧	16.07	49.32	荔湾、荔华、西关等开发公司	1986	1991
淘金坑小区	淘金路	20.90	42.60	广州珠江外资建设总公司房产公司	1986	1991
侨乐新村	沙太公路西侧	5.12	14.52	广州市华侨房屋开发公司	1986	1991
石牌新村	石牌	4.90	14.00	广州市城建开发总公司天河分公司	1986	1991
天河体育村	天河体育中心西侧	4.34	9.93	广州市城建开发总公司等	1986	
丰乐小区	港湾路西侧	2.33	5.33	黄埔区房地产公司	1987	1990
金贵新村	广园路北侧	3.00	5.40	云山实业公司	1987	1990
云苑新村	广园路北侧	5.20	8.76	广州市农工商开发公司	1987	1991
柯子岭小区	广园路云苑直街	4.10	11.00	白云区房地产开发经营公司	1988	1989
合兴苑小区	东漖	6.60	5.80	芳村区房地产开发总公司	1989	1990
花地湾小区	花地大道西侧	83.23	128.73	广东省信托房产开发公司	1989	1993

（资料来源：广州市地方志编纂委员会. 广州市志（卷三）[M]. 广州：广州出版社，1995.）

为广州市城市建设开发总公司（以下简称"城建总"），该公司是全国最早的房地产企业之一，前文所述的天河体育中心综合建设，也是"城建总"的主要成就之一。

"城建总"的经营方针是坚持对内搞活、对外开放，通过组织市内外的资金联合开发，并同外商、华侨和港、澳、台同胞合作经营。在商品经济年代，"城建总"的经营形式也非常灵活多样，除了计划下达、组织需要建设各种类型房屋的单位参加统建等外，还有以下几种形式：一是商品房的形式。从1984年开始，由市政府统一建设住宅并出售给城市居民，出售给个人的统建住宅分现房和期房，付款办法也有分期付款和一次性付款两种。个人购买的这种统建住宅，享有产权、继承权、转让权和出租权，还可享受免征契税和免交3年房产税的优惠待遇。二是合作建设的形式。主要是联合一些拥有资金的单位或银行等部门，共同合作开发。三是租赁形式。对有些缺乏购房资金或受基建指标限制不能参加统建的单位，采取租赁方式提供房屋。四是单位自建的形式。组织各建设单位按规划局批准的规划，在旧市区开发地段自建。五是引进外来资本的形式，即东湖新村模式。六是土地综合开发的形式，将经过开发的土地有偿提供给建设单位，建设单位按小区规划自行兴建各类房屋。

1996年"城建总"顺应市场发展的规律，改制为"广州市城市建设开发集团有限公司"（下文简称"广州城建开发集团"）。2002年，广州城建开发集团与香港越秀企业集团实施资产重组，成为香港上市公司"越秀投资"（香港证券联交所代码0123）的主体。重组后，不仅为广州城建开发城建集团参与国际融资、打开境内外市场创造了条件，而且作为越秀集团的主体产业，通过体制优化、业务整合，城建集团的实力得到大幅提升，成为广州房地产界的一面旗帜。

专栏3-6："六统一"建设江南新村

在"城建总"正式成立之前，位于海珠区的江南西住宅建设工程已经启动，项目拟征地62万 m²，建筑面积120万 m²，一次性解决7万人的住房需求。

当"城建总"把如此庞大的建设计划递交至广州市有关部门后，计划并没有立即得到批准。1983年，我国刚解决吃饭问题没多久，一次性将60多万平方米农田改为建设用地，对此当时的广州市领导十分谨慎。但对于广州的城市空间布局而言，建设江南新村的意义又极其重大——自广州建城以来，其城市发展重心均在珠江北岸的荔湾、越秀一带，历来有"宁要河北一张床，不要河南一间房"的说法，随着城市人口急剧增加，将城市空间往南拓展已是大势所趋。经过反复论证、综合考虑，当时的广州市领导最终批准了江南西开发计划。

江南新村地块基本以农田为主，不涉及旧城拆迁，完全可以按照"六统一"原则来推进建设（图3-21）。统一规划、统一建设、配套完善的江南新村建成后，尝试面向公众发售，结果引发全城轰动，众多广州市民一手拿着钞票、一手拿着户口本前往售楼处通宵排队。

经过成片综合开发建设，江南新村取得了极大的成功，现已成为海珠区繁华的商业中心和环境优美的居住区。江南新村不仅作为一个名词在广州家喻户晓，而且"新村"作为城市建设的一个崭新模式，被更多的开发商仿效，引发了广州市住宅建设的"新村"效应。

图 3-21　建设中的江南新村
（图片来源：广州房地产业协会提供）

3.3.4 民企接棒敞开住房供应

随着改革开放的深入，土地资源的商品属性也得到确立。1986年出台的《土地管理法》和1990年出台的《城市国有土地使用权出让和转让暂行条例》，推动了土地所有权和土地使用权分离，通过协议、招标、拍卖三种方式有偿出让国有土地使用权，1988年的《宪法修正案》则正式承认土地使用权可以依法有偿转让。这一进程中，广州的不少探索，为全国性的土地市场制度建设提供了重要参考。

1984年市政府以土地作为合资条件，在部分地区开始征收土地使用费，当时的住宅用地使用权最长为50年，1985年对新划拨土地使用权有偿出让。随后，广州开发区和芳村花地湾项目实行土地使用权招标出让，形成了较为完整的三级房地产市场：一级市场是由政府主导，土地使用权有偿出让，出价最高者获得土地使用权；二级市场是房地产开发公司按土地使用合同条款的要求，对房地产进行出售和租赁；三级市场是对房地产进行转让、租赁、抵押等。地产市场和房产市场结合，形成一个重要的生产要素市场——房地产市场。自此以后，建设单位可以通过合作开发建设、缴纳土地使用费、综合开发、投标或议标，以及从其他拥有土地使用权的开发公司购买5种方式获得土地使用权。

土地使用权成为可在市场上获得的资源后，房地产业就向民营资本敞开了大门。20世纪90年代，在社会主义市场经济体制逐步建立和完善的过程中，广州房地产业的市场化程度提高很快，特别是1995年12月18日，市政府颁布《广州市购买商品房贷款抵押规定》，大大降低了投资房地产的门槛，建立了从市场开发、市场销售到市场评估和市场中介交易的产业链条。与20世纪80年代房地产开发企业以国企为主、港商为辅的情况不同，到了20世纪90年代末21世纪初，民营资本已经占据了相当重要的位置。1999年，广州市销量前十名的房地产公司中（表3-5），私营房地产开发公司已经过半——碧桂园、奥园、合生创展、富力、保利等粤军开发商纷纷进军全国，迅速发展为全国性企业，并迅速转变为上市公司。

1999年销量前十名房企　　　　　表3-5

名次	公司名称	鉴证（交易）面积/万 m^2
1	广州天力房地产开发有限公司	19.63
2	广州珠江投资公司	13.70
3	广州合生科技园房地产有限公司	12.59
4	广州市东方兴盛房地产发展有限公司	12.19
5	广州市恒大房地产开发有限公司	9.20
6	广州市金宇房地产开发公司	9.06
7	广东华城房地产开发有限公司	8.73
8	侨鑫集团有限公司	8.54
9	广州市黄埔区城市建设开发有限公司	7.74
10	广州市城市建设开发集团有限公司	7.48

（资料来源：广州年鉴编纂委员会. 广州年鉴2000[M]. 广州：广州年鉴社，2000: 236.）

3.3.5 多管齐下推动住房保障

从 20 世纪 80 年代开始，为了解决城市居民突出的住房难问题，党中央开始了住房体制改革，包括一系列与住宅相关的住房、土地、金融等政策的制定与实施。1980 年国务院批转了《全国基本建设工作会议汇报提纲》，允许住房进入商品领域。广州市也通过吸引外来资本和发行住房有奖证券等多种筹资方式、试行土地有偿使用制度、提高公房租金等房改措施，不断推动住房建设商品化，为住房建设产业化打下基础。

市场资本的进入，加速了广州住房建设的速度，有效缓解了城市居民住房难的问题，同时，综合开发模式的推广有充足的资金支持，住房开发改变原来单位自建房"见缝插针"的模式，不仅居住区规模扩大、住房内部空间得到改善，也提供了各类配套服务，从而大大改善了居民的居住条件与生活空间。在大部分居民的住房需求通过单位自建房、商品化住宅得到满足的同时，政府则通过解困办和扩建办着力解决人均居住面积低于 5m² 的困难户及因市政设施建设而需要搬迁的拆迁户等的住房问题。由此，由政府、企事业单位以及市场力量共同参与的住房建设体系得以建立，广州市从原来单一的福利型住房分配逐渐转向保障型和商品化住房共存，多年来住房难的问题基本得到解决，并为 20 世纪 90 年代房地产业的迅速发展打下了坚实的基础（图 3-22）。

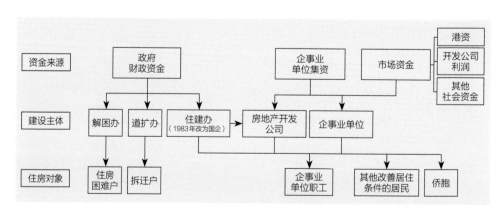

图 3-22 20 世纪 80 年代的广州市住房建设体系示意图
（图片来源：作者自绘）

专栏 3-7：东风路发行住宅建设有奖证券

1983年，为了改变扩建完成后两旁房屋残破的情况，市政府组织编制了东风路沿线改造规划，按照华南工学院技术人员的深化技术建议，拟对东风路沿线纵深75m进行建设改造，使其成为政治、文化色彩较浓的大街，规划新建筑115万 m^2，对立交、停车场、绿化、景观、公共停车场等进行了系统谋划。

为实施这个规划，市政府专门成立了东风路扩建指挥部。根据估算，实现当时的计划需要10亿元左右资金，动迁费就需要1.5亿元，而实际指挥部每年的财政拨款只有200万元。于是指挥部采取多管齐下的方式筹措资金，其中最具创造性的是发行了全国第一只住宅建设有奖证券。通过调查，指挥部发现广州市民手头上的闲散资金达16亿元，且还有2万多户住房困难户迫切希望改善居住条件。于是指挥部决定发行"住宅建设有奖证券"以集中社会上的闲散资金。证券累计发行了5期，每期发行5万张，每张面额人民币50元，共计筹款1250万元。奖券期限定为五年，有奖有息，月息2.4厘，五年后还本付息。每发行一期当众开奖一次，共设五等奖，分别奖给住宅或实物。奖券委托市建设银行代理发行和兑付，银行按实际总额提取手续费，指挥部从第五年开始还款。销售奖券的消息不胫而走，全国20多个省市的群众都汇款到亲友处购买，甚至出现了凌晨排队购买的情况，每期证券都在一两天内售罄。这一做法后来引起全国各地效仿，现在收藏市场上还能看到不同地方在20世纪80年代发行的类似证券。

3.3.5.1 政府兜底性住房

（1）兜底解决人均居住面积 $2m^2$ 以下困难户与安居工程

早在1986年，广州市政府已开始解决住房困难的问题，为解决不适应市场规律而倒闭的企业的员工的收入、住房困难问题，政府成立了解决住房困难领导小组及解决住房困难办公室（简称"解困办"），并制定了措施，以各种途径筹集解困房源。通过企业自筹资金建房，由房地产开发公司按成本价减免税收后拿出不少于10%的住宅给"解困办"作为"解困专用房"，将违章建筑的住宅按成本价收购后作"解困专用房"出售，从地方财政拨款给住房困难单位、实行专款补贴等方式来解决住房困难问题，重点解决人均居住面积 $2m^2$ 以下的住房困难户的居住问题。至 1989 年底，基本落实了 1985 年房屋普查的人均居住面积 $2m^2$ 以下的绝大部分困难户的房源。

延续"解困办"的职能，政府在 20 世纪 90 年代初重点着手解决人均居住面积 $5m^2$ 以下人群的住房困难问题。1992—1995 年四年间，由政府投入城市住宅统筹金，规划并启动了同德、大塘、棠下这三个保障性居住小区的建设，住区均由多层住宅组团构成，区内有较好的配套条件。三大小区房源采取成本价分配的方式，解决了 1 万多户困难家庭的居住问题。1995 年，广州市制定《广州市安居工程实施方案》，在原"解困办"的基础上组建了广州市住宅建设办公室，承担安居工程建设任务，优先满足人均居住面积 $5~7m^2$ 的城市居民的住房要求，1995—1997 年市政府计划建设小新塘、琶洲、大坦沙三处保障性安居工程小区。

（2）市政设施拆迁户住房保障

道路、市政管廊等各类市政设施的建设，涉及大量的拆迁户，20 世纪八九十年代期间，这些拆迁户的住房均由广州市道路扩建办统一提供保障。广州市道路扩建办于 1977 年 8 月成立，主要负责全市市政工程征用土地、拆迁房屋、迁移管线的补偿安置，安置房、安置小区的建设、设计和施工管理，以及安置房、安置小区的物业管理。1978—2000 年，市道路扩建办共投入 21.92 亿元，提供安置房建筑面积 132.1 万 m^2，共自建和购买了 160 多个安置点和安置小区，较为典型的包括四方塘小区（1992 年）、杨箕小区（1992 年）、芬芳苑小区（1996 年）、南岸路和府前路安置房（1993 年）、郭村小区（1995 年）、海城花苑（1998 年）、新兴白云花园（1999 年）、金宇花园（1997 年）等小区。

3.3.5.2 住房制度改革进一步促进住房商品化

为了改革统包统分的低房租、高暗贴、福利制、实物分配的住房制度，有计划有步骤地解决住房生产和供给严重短缺的问题，1989 年 8 月 16 日，经省政府批准，广州市政府公布了《广州市住房制度改革实施方案》（以下简称《方案》），广州成为全国第一个全面实施住房制度改革的省会城市。

《方案》提出以下改革措施：一是积极组织出售公有住房，对符合条件的购买现已自住公房的干部职工减收征地和拆迁补偿费，对《方案》实施一年内按规定购房的可按扣除征地和拆迁补偿费后的房价予以20%的优惠。二是逐步改革低租制，根据经济发展水平，逐步提高公房租金，向市场租金逐步过渡。拟从1991年起，每平方米使用面积平均月租金提高到0.8元左右，并相应发放补贴。三是大部分的单位住房以优惠价格卖给干部职工个人，小部分出租给暂时没有购房能力的低收入住房困难户，对超过省规定的住房分配控制面积的部分，按成本租金加倍收取租金，并逐步向市场租金并轨。四是以政府拨款或单位自筹资金建成的住宅，不论是出售还是出租，应首先面向低收入的住房困难户，要建立严格的监督机制，保证住房解困工作顺利进行。这一轮住房制度改革，允许公房进入商品领域，并激发了居民购房的欲望，一定程度上缓解了住房供给与居住需求之间的矛盾。

3.4 "北上广"格局从此形成

广州借由"六运"之势,大力发展经济,塑造城市品质,极大地提升了经济实力和社会治理水平,从而成为仅次于北京和上海的国内第三大城市,形成了"北上广"的格局。硬实力的提升也带动了城市文化软实力的输出,体现在建筑、园林、小品、庭园、街巷、购物等多方面的广州风格独领国内潮头,开放进取、兼容并包的岭南文化,又一次风靡全国。

3.4.1 展现广州城市特质

3.4.1.1 "六运"改革助推广州城市品质再上新台阶

自 1982 年起,"六运"改革在广州不断推行,在城市品质提升方面成效显著。上海一直是我国现代化城市的标杆,1983 年在同济大学建筑系任教的张庭伟先生到广州考察交流,赞誉广州市的大型公共建筑不仅数量多、体量大、质量高,而且单体设计都颇有新意,进一步发展了南方建筑的风格特色,并认为白天鹅宾馆的中庭和室内装修堪比波特曼的旅馆,充分证明了中国建筑师拥有巨大的才能。大型公共建筑是 20 世纪 80 年代广州城市品质提升最主要、最直观的体现,选址与建筑风格非常注重与城市交通、市容环境协调。天河体育中心尚未落成前,新建的大型公共建筑基本都集中在当时城市边缘的环市路及其支路上,如友谊商店既可方便地借道环市路,又不直接影响环市路的交通,还能利用周围五六条公交线路与各区相连。广州火车站广场建筑群也是一个较好的实例——从东方宾馆到火车站,道路两侧集中布置了一组大型公共建筑,风格统一又有变化,创造了新的市容。再如环市路上的白云宾馆与华侨新村，虽然一为高层一为低层，感觉也是协调的。

1985年《南风窗》杂志曾在广州到上海的列车上进行过一次面对外的游客访谈，港澳同胞表示广州城市发展水平与之前相比进步明显，其中一位香港工人开玩笑说："过去落后30年，现在落后15年"；而内地省份的游客则表示"新建筑新事物多，市面繁华；物资充足，不凭票证，只要有钱就什么都可买到；各大酒店宾馆向所有人开放；'的士'多，交通方便；广州话幽默，粤语歌迷人"。而到了"六运会"举办时，数十万来自世界各地的游客来到广州，见证了广州城市品质跨越式的巨变，当他们离开后则变成了宣传广州的"活名片"，身口相传广州在变革中取得的巨大成就，极大地提升了广州的知名度。"北上广"的格局逐步构建起来。

3.4.1.2 广州风格成为时尚

在"六运改革"的助推及岭南地区开放包容、务实求利观念的影响下，广州逐步总结出位列全国前沿的独特风格，主要体现在建筑、城市园林、小品、庭园、街巷、购物等方面。

随着改革开放的不断深入与"六运会"的成功举办，越来越多的"新风"吹入广州，在多位建筑大师的指引下，一大批中青年建筑师茁壮成长，建筑设计机构和组织形式也出现了多元发展的局面，岭南建筑创作思想经过引进、学习、吸收，逐渐进入一个开拓创新的新阶段。岭南建筑发展至今，现代主义是其思想体系的核心，但同时也蕴含着浓厚的岭南文化思想内涵，形成了以功能决定空间、组合的建筑造型设计基础。其表现为：一方面吸收传统岭南建筑在遮阳、隔热和通风等方面积累的丰富经验，另一方面也吸收世界上其他先进的建筑设计理念，并在绿色环保的设计理念指导下融会创新。广州现代岭南建筑的国际化、高层化、综合化越发显著，在经济金融、文化教育、休闲娱乐等领域发挥着重要作用。

岭南园林也在这个时期得到了新的发展。20世纪50—70年代，广州建设了一大批城市公园，如越秀公园、流花湖公园等，不仅借鉴了传统园林的一些造园手法，为了兼具服务公众的功能，还学习了西方公共园林以及苏联的部分布局手法。20世纪70年代以后，特别是80年代初，广东是改革开放的前沿阵地，新思潮、新形式大量涌入，广州的公共园林出现了清新活泼的新气象，这也成为新时期岭南园林的新风貌。岭南园林界的前辈们开拓创新，精心设计和营建出很多园林精品，地方园林景观逐渐呈现出有别于其他地区的清晰面貌,在现代意义上建立起声名、自成为流派。我们今天所说的岭南园林,已经不仅是以广东四大名园为首的传统岭南园林,更多的是指岭南园林的现代成就。

除各种新建园林外,市政府还对已建成的公园设施如文化公园等进行改造。20世纪80年代,文化公园对原华南土特产展览交流大会的各个展馆进行了部分改造和重建,将原来正门东侧的工矿馆拆除后原地新建了一座占地4095m²的展馆,并在其首层开辟了极具特色的茶座——"园中院"。茶座以南国田园风光为基调,设有"草堂""北池""竹林"等6处高级茶座,融丰富多彩的岭南文化于一体。值得一提的是庭院中独特的艺术氛围——厅堂中有广州首次创作的大型壁画和巨幅浮雕,有的取材于民间传说的"荔枝女",有的摄取现代都市景观,把传统风格和现代岭南派艺术特点结合起来,形成了别具岭南风格的艺术巨构,是中国室内园林布局的杰作(图3-23)。

图3-23 文化公园中的"园中院"
(图片来源:石安海. 岭南近现代优秀建筑(1949—1990卷)[M]. 北京:中国建筑工业出版社,2010: 49.)

专栏3-8:西汉南越王墓博物馆

被誉为"传译两千多年前的历史文化"的西汉南越王博物馆,首期陈列馆和古墓馆于1989年建成,二期珍品馆于1993年建成,总面积9668m²。西汉南越王博物馆以保护古墓与体现岭南特色为出发点,尊重历史,尊重环境,并采用新材料、新技术和新的造型手法,使建筑造型与历史文化内涵相呼应的同时,又能充分体现现代建筑的特征,也正因其极高的文化品位,博物馆被列为20世纪世界优秀建筑精品。

博物馆建在文物出土原址狭窄的陡坡上,总体布局糅合了对古典原则与现代手法,轴线对称的构图,结合山坡环境特征,因势利导,依山建筑,拾级而上;展馆、墓室及扩展展室三个不同序列的空间,以浑厚庄重的石阙门开始,以简洁明朗具有时代感的空透圭形坊洞结束,形成一个有机的整体。博物馆建筑造型吸收了中国古代以及埃及古建筑的精华，为了体现历史的延续性，入口处借鉴中国传统基座的重台叠阶，建筑立面借鉴汉代的石阙和古埃及的阙门，并采用了与原有墓室结构材料相似的红砂岩，作为石网的红砂岩浮雕铭记了汉代的纹样和南越文化的故事。博物馆将两千年来的汉代文化特征与岭南地区特有的地域环境、地方材料和做法相融合，充分体现了建筑的地域性、文化性和时代性的有机统一（图3-24）。

图3-24 西汉南越王墓博物馆
（图片来源：广州年鉴编纂委员会. 广州年鉴1988[M]. 广州：广州文化出版社，1988：彩页.）

专栏3-9：传统岭南园林的集大成者——兰圃芳华园

广州兰圃位于广州市越秀区环市西路与解放北路交界大北立交的西南角，周围高楼密布、车水马龙，是隐藏在闹市区的一片绿洲。"绿荫蔽日隔尘嚣，廊榭亭阁绕溪桥。"1983年，广州市园林局代表国家参加德国慕尼黑国际园艺展的作品"芳华园"，在兰圃先行建造实样样板园，该样板园至今仍在兰圃内供市民鉴赏（图3-25）。在狭小的地块里，通过筑山理水的巧妙空间布局，依起、承、转、合的传统园林空间序列，将山、池、树、石、建筑（亭、舫、桥、门洞、照壁）有机组合、合纵连横，营造了一个小中见大、地形起伏、步移景异、精致玲珑的岭南庭园。芳华园以岭南风物为基础，再现南方

图3-25 兰圃芳华园
（图片来源：伍家炯摄）

自然山水胜景；采用岭南地区的木雕、砖雕、刻花玻璃、流璃花窗、琉璃瓦等手工艺品和材料装饰园林建筑，具有强烈的民族风格。空间布局合理，亭、舫轻巧明朗，植物、景石、铺装适宜地形地貌，取材明显立足岭南，花木繁茂，瑰丽多姿。1983年在慕尼黑国际园艺展展出的芳华园获得了巨大成功，夺得"德意志联邦共和国大金奖"和"联邦德国园艺建设中央联合会大金质奖章"两枚金牌。芳华园是我国第一次参加国际园艺展并夺得金牌的园林作品，对岭南园林乃至对中国园林走向世界都产生了深远的影响。

专栏3-10：岭南与西式园林相结合的实践——草暖公园

1985年的草暖公园，面积为 $1.34hm^2$，取唐代李贺"草暖云昏万里春"之意命名。草暖公园面积虽小，但是特别能体现20世纪80年代的时代精神。广东作为改革开放的先行者，充满建设热情，敢为天下先，园林设计师大胆创新，使草暖公园成为新中国成立后第一例采用西式方法营造的城市园林，使全国园林界都极为震撼。设计吸收了西式造园的手法，开创性地采用了通透式风格，将公园环境融入城市街景，公园被设计成一个开阔通透的西式城市绿地。设计也充分运用地方材料，如公园的所有建筑屋顶都采用石湾出产的普通橙色瓷片以替代西式瓦片；公园还以不少黄蜡石点缀，这也是岭南的重要元素。

园内的主要建筑物包括音乐喷泉厅、带舞池的咖啡厅、会议室和花架休息平台等。音乐喷泉厅的室内设有彩灯音乐喷泉，喷水池面积达 $100m^2$，是广州第一座大型现代化声光电子音乐喷泉装置（2004—2010年，为配合地铁5号线施工，公园拆除复建后不再设音乐喷泉装置）。除了主体建筑之外，公园内的休息廊、凉亭、喷泉雕塑等均体现了西式风情，其扶手与栏杆等细节也都采用了西式手法进行装饰。公园的植物造景同样别具一格，结合西式园林中整形植物和花坛花带的做法，营造出独特的植物景观（图3-26）。园道建造采用了从国外引进的先进工艺，以彩色水泥印模（石纹）做饰面等。这些都是之前的中国传统园林设计不曾采用的手法。

图 3-26 草暖公园

(图片来源：李青. 广州：岭南园林的 70、80、90：兼谈岭南园林特色[J]. 广东园林，2012（34）：14-19.)

3.4.2 广州风格成为时尚

得益于优越的地缘位置、丰富的历史文化资源、优美的自然风光、颇具岭南特色的各色美食以及大量新建的酒店宾馆等设施，自改革开放以来，广州旅游业迅速发展。20 世纪 80 年代，旅游业成为广州第三产业的六大支柱产业之一。1984 年广州共接待旅游者 240.2 万，占全国 27 个重点城市接待量的 43.55%，居全国城市首位；1985 年旅游外汇收入为 5.89 亿元人民币。为了进一步迎合来广旅游热潮，广州市建成了一大批新式的各类游乐场，不仅丰富了市民的文娱生活，还吸引了大量外地游客。第一代主题乐园"东方乐园""南湖游乐园"和"太阳岛乐园"三大游乐设施于 1985 年同一年内开业，给游客提供了前所未有的游玩体验，其盛况与今天的新一代主题公园相比有过之而无不及。

专栏3-11：广州市儿童活动中心和三大乐园

广州市儿童活动中心坐落在越秀山畔，占地面积约9000m²，总建筑面积约20000m²，于1987年底全部开放，是当时国内颇具规模且富有时代特点和儿童特色的建筑物，也是全国妇联系统创办较早的少年儿童校外教育活动基地之一。它不但是供儿童游戏活动的欢乐世界；也是广州市联络国内外各地儿童和儿童工作者，促进交流、增进友谊的枢纽。

广州市儿童活动中心建筑造型富有时代气息，洋溢着童真雅趣。小体量且富于动感的积木叠砌式造型的科学宫、艺术宫，以白色为主调点缀的色彩强烈的登月楼，是中心的主要建筑物，并由3层平台错落地连接在一起，形成一个有机统一、五彩缤纷的雕塑式建筑。科学宫、艺术宫蘑菇般的造型，点缀在平台之上，更使儿童建筑趣味横生，形成一个错落有趣的童话世界（图3-27）。

图3-27 儿童活动中心
（图片来源：广州年鉴编纂委员会. 广州年鉴1988[M]. 广州：广州文化出版社，1988：彩页.）

东方乐园选址于广州市郊白云山北麓、大金钟水库之畔，面积24万m²（现址已建成为白云国际会议中心），由东方宾馆与香港建图国际投资有限公司合办，于1985年7月1日开业，是国内第一个大型现代游乐场所。园内建筑融合了中国古典建筑和现代建筑的风格，首次从国外引进了双环过山车、摩天轮、森林狩猎、环园列车等惊险刺激的现代机械游乐项目，机械游乐项目达50多个，并建有水上世界、旱冰场等健身娱乐场所。1985年12月，东方乐园被国际游乐协会吸收为会员，成为中国第一个进入世界游乐组织的游乐园，后来还成为我国订制游乐设施检测标准的参照。在开业当年，东方乐园创下了一天接待10万游客的纪录，该纪录保持了20年之久（图3-28）。

南湖游乐园坐落于广州北郊同和，面积25万m²。早在20世纪70年代，南湖游乐园所在地属于封闭的旅游景区，被广东省政府选为中央领导人到广州开会休息或会见外国官员的地方。1985年9月，南湖游乐园由南湖旅游中心和香港三菱顺捷投资有限公司合办开业。1992年，乐园所在地被国务院划定为国家旅游度假区。该园以湖光山色等自然风光为特色，园内依山形地貌设有疯狂过山车、霹雳劲舞、环球电影等20多个从欧美引进的游乐项目。

此外，还设有大小餐厅、旅游商场、彩色冲印中心、歌舞厅、滚轴迪斯科冰场、周末帐篷度假区等。1987年，举办了有第六届全国运动会运动员和乐园游客参加的"迎六运共欢腾"大型联欢活动；1989年春节，与我国台湾、新加坡有关机构合作举办了"南湖飘雪"活动（图3-29）。

太阳岛乐园位于广州北郊人和，面积30万㎡，由白云区对外经济发展公司与太阳岛发展总公司合办，于1985年开业。园区分为太阳岛主题乐园和北欧风情度假村，内设摩天轮、观光轮、地震屋、电子遥控车场、激流探险等游乐项目及8个各具特色同时可供万人嬉水的水上游乐区，并建有西班牙别墅式度假村、太阳岛酒家、豪华卡拉OK歌舞厅和高达80m的超级音乐喷泉，以"水"为卖点吸引了无数游客（图3-30）。

图3-28 东方乐园　　　　　　　　　图3-29 南湖游乐园　　　　　　　　图3-30 太阳岛游区乐园
（图片来源：广州年鉴编纂委员会. 广州年鉴1986[M]. 广州：广州年鉴编纂委员会，1986：彩页.）　（图片来源：广州年鉴编纂委员会. 广州年鉴1986[M]. 广州：广州年鉴编纂委员会，1986：彩页.）　（图片来源：广州年鉴编纂委员会. 广州年鉴1986[M]. 广州：广州年鉴编纂委员会，1986：彩页.）

三大乐园运营10年左右，热度已经不比当年，为了寻求新的旅游业突破，1994年，广州市委、市政府出台《关于加快发展旅游业的决定》，提出增加一批新的旅游景点。1995年，广州市提出建设"月亮工程"，建设或者完善24个大型主题旅游景区。随后，主题公园不断涌现，其中包括曾为"广州十大旅游美景"之一的"金蛇狂舞"的飞龙世界以及我国第一个航天技术科普类旅游主题公园——航天奇观。但许多主题公园在没有进行严格的市场调查分析的情况下，迎合市场风潮匆匆建设，出现经营不善、投资难以收回等问题，给后续的主题乐园投资者留下了深刻的教训。

专栏 3-12: "月亮工程"的代表——飞龙世界和航天奇观

1995年1月，广州番禺第一座主题乐园——飞龙世界游乐城正式开业。坐落于番禺北部大石镇的飞龙世界，占地65.3hm²，总投资9亿元，是一个以"蛇文化"和蛇产品开发生产为核心，集游乐、观赏、餐饮、疗养、商贸和科研于一体的大型旅游产业基地，包括飘峰山上高63.8m的雷峰塔、拥有近百万条蛇的"万蛇城"、蛇园等设施。但由于景区对市场盲目乐观，依靠贷款建设，资金投入过大，4年后被迫关闭。

另一个"月亮工程"的代表性项目，是位于广州市天河区东圃镇、占地21.3hm²的"航天奇观"，园区内建有升空馆、太空站、月球馆、太空遨游、星球历险、360度景视厅、我国第一个火山地震馆等10多个旅游场馆。园内最引人注目的，莫过于东圃镇农民斥700万元巨资，从航空航天部火箭研究院购买的当时我国最为先进的"长征三号乙"火箭实体，游客可以近距离参观，我国历史上第一次由农民购买火箭的壮举，也是吸引游客前来参观游玩的重要因素。

"航天奇观"的建设与广州的城市建设息息相关。随着"六运会"成功举办、天河新区建成，城市中心东移的步伐进一步加快，原以农业为主的东圃镇大量农耕用地被征收。镇领导立足自身实际，顺应市场规律，投资2.5亿元，历时15个月建成了"航天奇观"（图3-31）。1997年11月开园后，深受广大游客欢迎，开园前两年共接待100多万游客，1999年"航天奇观"先后被中国科学技术协会等单位评为"全国科普教育基地"和"全国青少年科技教育基地"。可惜的是，"航天奇观"也在几年后陷入经营困难，日渐衰落。

图 3-31 航天奇观

(图片来源：谭惠全. 百年广州[M]. 北京：线装书局，2001: 348.)

3.4.3 引领全国潮流的文化

广州文化娱乐市场的形成已有近 100 年的历史，伴随着改革开放政策的实施，商业性的通俗文化娱乐业再次在广州迅速发展，多种形式的娱乐场所随之出现。除了过去曾出现的歌厅、舞厅、桌球室外，还增加了电子游戏厅、卡拉OK歌舞厅、录像放映厅、时装表演场地等，它们成为广州市民文化娱乐生活的重要组成部分。

3.4.3.1 中国现代流行音乐发源地

改革开放初期，以广州为代表的省港娱乐文化一度引领了全国流行文化的发展，其中极为浓墨重彩的一笔莫过于当时的流行音乐了。

广东流行音乐表演形式的多元化和平民化，是推动其快速发展极为重要的力量，其中各类音乐茶座、歌舞厅和卡拉OK等扮演着重要角色。随着 20 世纪 80 年代对外开放政策的实施以及商业、旅游业的发展，境外商人和旅客纷纷进入广州。为丰富夜间文化生活，1980 年 3 月东方宾馆首先办起营业性的音乐茶座，邀请擅长唱港台流行通俗歌曲的专业歌手演唱，并配备以西洋音乐为主的伴奏乐队（图 3-32）。1983 年以后，音乐茶座在广州迅速发展起来，在市内的宾馆、酒店、饭店、影剧场、电影院、文化宫都得到迅速普及。当时比较有名的音乐茶座包括大同酒家音乐茶座、新光花园酒店音乐茶座、卜通 100 音乐茶座等。音乐茶座大致可以分为两类：一类是播放录音带或唱片，如桂园、南音、大同等音乐茶座；一类是有轻音乐队伴奏，有演员演唱的，这种茶座更受欢迎，如东方宾馆、白云宾馆、广州宾馆、华侨酒店的音乐厅。茶座装修讲究，座位舒适，饮品和食品多样而精良；有先进的灯光、音响和空调设备，有华丽的小舞台以供表演。20 世纪 80 年代后期，有的音乐茶座还设小舞池，供茶客随歌而舞。

音乐茶座在广州的兴起，客观上起到了推动港台流行音乐在大陆传播的作用。在当时音乐传播媒体还不是十分发达的情况下，音乐茶座的存在无疑成为广大听众，尤其是青年听众接受流行音乐的重要场所，同时，也起到了培育大众音乐消费观念的作用。

1977年5月1日，广州出现了中国第一支流行乐队——紫罗兰轻音乐队，揭开了中国流行音乐的序幕。1981年，在广东举办的第二届"羊城音乐花会"上，广东歌舞团"紫罗兰""电子"两个轻音乐队，各演半场轻音乐和抒情歌曲，引起广泛关注。同年，广州的音乐人推出《粤语流行金曲》专辑，虽然很不成熟，但却是广州乐坛尝试流行音乐创作的起点。广州流行乐坛由于各种条件日渐完备而繁荣起来，在1985年12月举办了"红棉杯85羊城新歌新风新人大奖赛"，日后在中国流行音乐创作上有突出成就的陈小奇、李海鹰、毕晓世等人的作品都在比赛中获奖。

音像出版业与商业化运作对广东流行音乐的快速发展起着巨大的推动作用。1979年1月，中国第一家出版盒式录音带的单位——太平洋影音公司在广州成立，并于当年5月生产出第一批国产盒式录音带，而1985年各地在该公司订购的原音带已突破500万盒，这也在一定程度上标志着广东流行音乐与音像业联合走上产业化的道路。1991年，广州新时代唱片公司推出了专辑《公关小姐》，当时销售量也超过了500万张。

伴随着立体声、多轨录音等录音技术的引进，中国唱片公司广州分公司、太平洋影音公司在1985年先后引进了把计算机应用于录音室系统的SSL调音台控制室，使流行音乐的制作质量更上一层楼（图3-33）。众多磁带厂和复录厂随后在广州等地落成，流行音乐的工业化商业机制开始萌芽。

20世纪80年代广州舞厅业重新获得新的发展，并经历了从少到多、从封闭式到开放式、从单一到多样、从低档到高档的发展历程。1982年初，东方宾馆率先办起拥有现代音响、灯光设备的迪斯科舞厅。接着，南湖宾馆、白云宾馆、广东迎宾馆、胜利宾馆、沙面宾馆等相继开办迪斯科舞厅。1984年，市内宾馆、酒店、电影院、影剧场、文化宫、文化馆等全面开办营业性舞厅。到了80年代后期，从外国传入的卡拉OK歌舞厅开始出现，这种电子音像伴唱、群众点歌演唱的自娱自乐的形式迅速风靡南粤大地（图3-34）。1988年1月，东方宾馆与日本株式会社合办了广州最早的营业性卡拉OK歌舞厅"东方卡拉OK"。

广东流行音乐是改革开放以来重要的文化成果之一，是一个极具商业价值和艺术价值的文化品牌。广州流行音乐所创造的多个"中国第一"，如雨后春笋般纷纷涌现，中国第一家现代音乐茶座、中国第一家影音公司、中国第一次评选十大歌星和十大金曲、中国第一个音乐排行榜、中国

图 3-32 东方宾馆音乐茶座活动照片

（图片来源：广州市地方志编纂委员会. 广州市志（卷十六）[M]. 广州：广州出版社，1999：彩页.）

图 3-33 太平洋影音公司引进的 SSL 调音台控制室

（图片来源：四十年四十个第一：第一家卡拉 OK. 央视网：https://tv.cctv.com/2018/12/12/ARTINdQXDPfRlbyo7UltYxgh181212.shtml.）

图 3-34 歌舞厅中人们跳交谊舞

（图片来源：左图：黄亦民摄；右图：广州市地方志编纂委员会. 广州市志（卷十六）[M]. 广州：广州出版社，1999：彩页.）

第一个流行音乐组织、中国第一个歌手签约制度，全都是广州首创。多项突破和成就表明，广州在中国当代流行音乐的初步发展阶段，在流行音乐市场的培育，流行音乐人才的培养，流行音乐作品的创作、制作出版、发行等方面率先在全国形成了一定的规模，也获得了一定的经验和优势。正是这种经验和优势，使广州成为中国当代流行音乐的"桥头堡"。

3.4.3.2 传媒影视率先兴起

广州在改革开放之初成为全国电视电影的制作大本营和排头兵。广东广播电视台珠江经济台是国内首家经济广播电台，也是中国第一个采用大版块主持人直播的电台,被美誉为"珠江模式",为全国广播界注入了改革创新的精神。1991年12月1日,广州电台随改革大潮应运而生,成为中国最年轻的省会城市电台。1994年5月20日,广州电台第二台(FM102.7)正式全天24小时播音,该套节目在全国首次使用CD全自动播出系统,节目架构以音乐为主,定时播出新闻、交通、金融等资讯类节目,广州电台也成为我国第一家全天24小时播音的省会城市电台。

在电影制作方面,处于改革开放前沿的珠江电影制片厂,攀上了南粤电影事业的高峰,先后摄制了《春雨潇潇》《与魔鬼打交道的人》《乡情》《乡音》《廖仲恺》《孙中山》等影片,这些影片在国内外获奖,广受观众欢迎。

随着电视机的普及,从1982至1983年,香港电视剧《霍元甲》《上海滩》在广东等地广为传播,武侠文化等迅速成为市民的热议话题,而《万里长城永不倒》《万水千山总是情》等歌曲在大江南北迅速流传开来,也对广东流行文化起到了推动作用。而在本土电视剧方面,广州电视台在1989年和1991年先后推出了电视剧《商界》和《外来妹》,受到了各方关注,引起了强烈反响。电视剧聚焦了不同所有制经济和来自不同地域的人物在改革大潮下如何拼搏与角逐,并探讨了国内与外来、内陆与沿海、计划与市场的文化如何交融与冲突。1989年广东电视台(图3-35)推出了我国第一部时装剧和职场剧——《公关小姐》,该剧轰动一时,剧中人

图3-35 广东电视台演播厅

(图片来源:广州市地方志编纂委员会. 广州市志(卷十六)[M]. 广州:广州出版社,1999:彩页.)

物光鲜靓丽的穿衣打扮，展现的改革开放中的广州风貌，以及最早展现都市女性群体生活的内容，都使广大观众耳目一新，并且成功打进了澳门的电视市场，可以说是广东电视剧创作的新突破。而1994年的《情满珠江》荣获"五个一工程奖"，囊括飞天奖、金鹰奖等，为南派电视剧赢得了声誉。

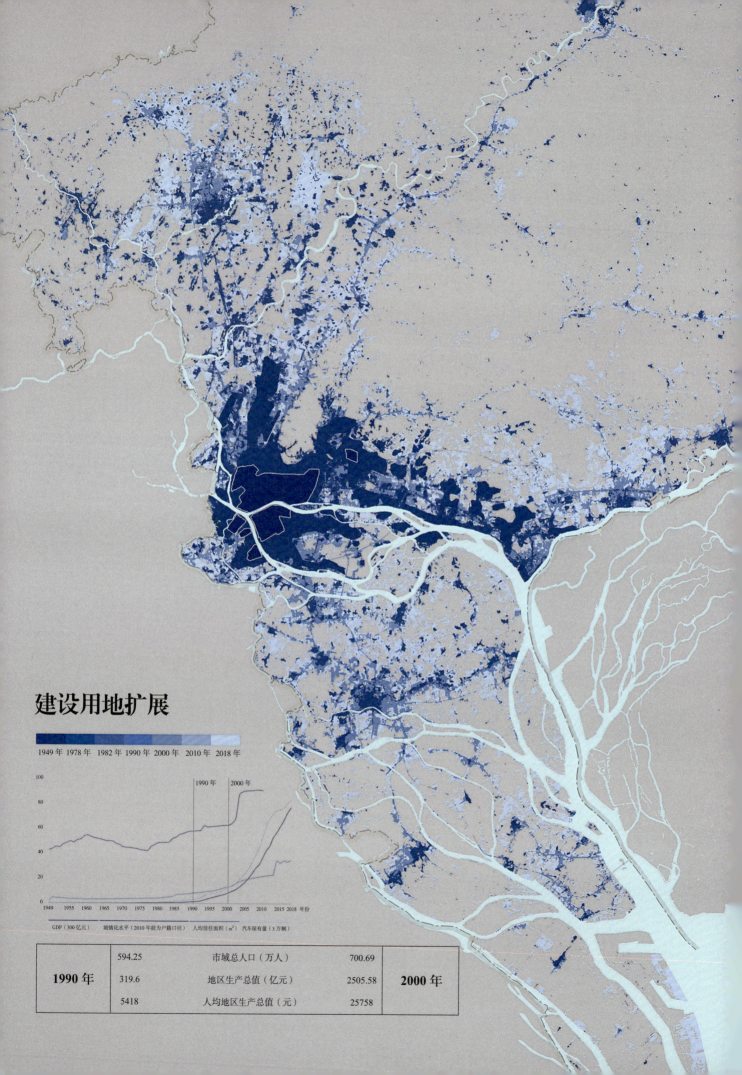

04
开拓实干，追赶亚洲"四小龙"
1991—2000年

1992年，中央确定社会主义市场经济体制的改革目标，并要求广东用20年赶上亚洲"四小龙"，基本实现现代化。广州作为市场经济发展的前沿阵地，全国第三经济地位的逐渐稳固，吸引了大量人才和资金涌入，并跨入前所未有的高速发展阶段，城市规模快速增长，至2000年末常住人口达994.8万。

为展现国际化大都市形象，并为城市基础设施建设筹集资金，1992年广州决定选址于珠江新城建设新的城市中心，并开始规划和进行土地整备。珠江新城与20世纪80年代建设的体育中心及90年代建设的中信广场、火车东站广场构成城市新的中轴线，为广州迈向现代化建立城市框架和形象奠定了基础。

通过联合世界银行开展交通发展研究，借鉴国际经验，推动现代交通系统的建设。1993年底，以土地联合开发融资模式建设、达到当时国际领先水平的广州地铁1号线正式动工，于1999年全线通车。高速公路、快速路、高架桥、准高速铁路等国际大都市的标配设施逐步齐备。

广州商贸活动继续繁荣，批发市场、百货商场、购物中心以及商务区等现代商业载体持续涌现。全民经商、工业开发区圈地和房地产热潮，造成了城市土地需求和批租急剧膨胀，超过了城市设施的基本承载力，部分损坏了历史城区的传统文脉和肌理，广州也开始经历特大城市起飞发展阶段"城市病"的困扰。

世纪之交，广州明确了"一年一小变，三年一中变，到2010年一大变"的工作目标，从交通骨架建设、市容环境的综合整治和人居环境美化三个方面推进城市整治工作。经过三年的整治，广州城市环境面貌发生了明显的变化，以良好的城市形象迎接"九运会"。

4.1 对标高速发展先锋的现代化城市愿景

作为广东省及华南地区的中心城市，广州市成为广东省追赶亚洲"四小龙"的前锋，建设现代化大都市成为广州市20世纪90年代的主要发展目标。全国第三经济地位的确立，进一步提升了广州市的吸引力，全国各地的人才与资金纷纷进入，为广州带来了前所未有的机遇。广州市决定建设广州新城市中心——珠江新城，绘就了世界级中央商务区的首版蓝图，确立城市新中轴，这为广州作为现代化大都市建立城市框架奠定了基础。

4.1.1 率先建成国际化大都市的构想

1992年上半年，中央提出广东要力争在今后20年内赶上亚洲"四小龙"。1992年7月1日，广东向中共中央、国务院报送了《关于加快广东发展步伐，力争20年赶上亚洲"四小龙"的请示》，提出20年内在经济的总体水平上赶上"四小龙"，在精神文明方面要比它们强的目标。2000年前的10年为第一阶段，争取在总体上达到"四小龙"1990年的经济水平，其中一部分地区达到或接近"四小龙"2000年的平均水平；2000年后的10年为第二阶段，全省从总体上达到"四小龙"2010年的经济水平。请示中还提出要加快科技进步、调整经济布局、加速发展第三产业等多项措施。

根据中央对广东20年赶上亚洲"四小龙"，基本实现现代化的要求，1992年4月20至23日，中共广州市委召开工作会议，对加快广州市改革开放和经济建设进行部署，提出"力争用15年左右的时间赶上亚洲'四小龙'人均国内生产总值的平均水平，把广州建设成为现代化的大都市的目标"。

> 专栏4-1：亚洲"四小龙"
>
> 亚洲"四小龙"（newly industrial economies）是指中国香港特区、中国台湾、新加坡和韩国四个地区。从20世纪60年代开始，"四小龙"推行出口导向型战略，重点发展劳动密集型加工产业，在短时间内实现了经济腾飞，一跃成为亚洲发达富裕的地区。
>
> 20世纪50年代以来，国际分工不断深化，全球产业价值链逐渐形成，以亚洲"四小龙"为代表的价值链中低端生产型经济体，开始深度参与全球分工。20世纪60年代，依托改革和人口红利，全球制造业中心逐渐由日本向亚洲"四小龙"转移，主要承接纺织、服装等劳动密集型产业。经过20多年赶超发展，"四小龙"工业化率普遍由20%以下升至35%左右，占全球GDP的比重由0.5%升至2%（图4-1）。
>
>
>
> 图4-1 亚洲"四小龙"GDP占全球GDP比重
> （图片来源：赵伟. 经济突围，路在何方？从亚洲"四小龙"兴衰看中国转型方向[R/OL].（2018-09-17）[2022-04-19].http://pdf.dfcfw.com/pdf/H3-AP201809191198138633-1.pdf.2018）

4.1.2 对人才和资源的巨大磁吸效应

经过改革开放十多年的发展，广州的经济总量在1990年跃居全国第三位（表4-1），广州作为市场经济发展的前沿阵地具有前所未有的吸引力，内地

我国主要年份GDP排名前十的城市一览表（单位：亿元）　　表4-1

年份 排名	1978	1979	1980	1985	1989	1990	1995	1999	2005	2010	2015	2017
1	上海 273	上海 286	上海 311	上海 467	上海 697	上海 745	上海 2462	上海 5210	上海 9247	上海 17165	上海 25123	上海 30133
2	北京 109	北京 120	北京 139	北京 257	北京 456	北京 510	北京 1507	北京 3710	北京 6970	北京 14113	北京 23014	北京 28000
3	天津 83	天津 93	天津 104	天津 176	天津 303	重庆 316	广州 1259	广州 2841	广州 5154	广州 10604	广州 18100	深圳 22438

续表

年份\排名	1978	1979	1980	1985	1989	1990	1995	1999	2005	2010	2015	2017
4	重庆 67	重庆 81	重庆 91	重庆 164	广州 287	天津 308	重庆 1123	深圳 2482	深圳 4950	深圳 9581	深圳 17503	广州 21503
5	长春 51	广州 48	广州 57	广州 124	天津 283	重庆 217	天津 932	重庆 1976	苏州 4138	苏州 9229	天津 16538	重庆 19500
6	哈尔滨 46	武汉 46	武汉 53	武汉 97	武汉 169	苏州 208	苏州 903	天津 1919	天津 3905	天津 9224	重庆 15717	天津 18595
7	沈阳 44	成都 41	青岛 49	杭州 90	杭州 166	沈阳 203	深圳 796	苏州 1760	重庆 3905	重庆 7894	苏州 14504	苏州 17319
8	广州 43	南京 39	成都 46	成都 86	成都 164	大连 187	杭州 762	杭州 1568	杭州 2918	杭州 5949	武汉 10905	成都 13889
9	大连 42	杭州 33	南京 42	青岛 82	青岛 160	杭州 180	无锡 761	成都 1491	无锡 2805	无锡 5793	成都 10801	武汉 13410
10	武汉 40	宁波 24	杭州 41	哈尔滨 80	无锡 145	成都 177	成都 713	青岛 1368	青岛 2696	青岛 5666	杭州 10050	杭州 12556

（资料来源：各年份《中国城市统计年鉴》及有关城市的统计年鉴）

大量人口涌入广州，广州成为当时"孔雀东南飞"的主要目的地之一（图4-2）。

除了蜂拥南下的大批进城务工人员外，还有大量的知识分子、技术人才、医生、老师以及"创业者""淘金者"等，数以百万计的精英才子满怀激情只身南下。当年广州采取了"人才不设防"的政策，大力引进人才。根据全国人口普查数据，1982年广州总人口为520万，外来人口的比重为1.55%；1990年总人口为630万，外来人口比重为8.91%；2000年总人口为995万，外来人口比重为33.33%。1990—2000年，外来人口增长了约275万。2000年，广州市区常住总人口达562万，其中非农人口为401万（图4-3）。

图4-2 20世纪90年代春运期间广州火车站广场
（图片来源：广州市城市建设档案馆提供）

在经济快速发展的同时，大量人口的涌入及迅猛的产业发展给城市建设带来了无限的需求压力，整个城市系统处于超载运行的状态。进入快速发展阶段的广州，对城建资金的需求大幅增加，当时市政府每年的财政收入仅几十亿元，缺口巨大。针对城市建设筹资问题，广州开展了一

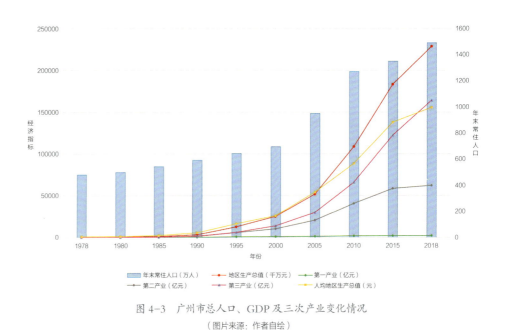

图 4-3　广州市总人口、GDP 及三次产业变化情况
（图片来源：作者自绘）

系列体制机制探索和改革创新实践。

4.1.3 世界级中央商务区蓝图的绘就

　　进入 20 世纪 90 年代，广州经济高速发展，旧城市中心区已不能满足广州作为华南地区中心城市的需求，必须规划建设一个现代化的新城市中心。1992 年，广州市委、市政府为进一步提升广州作为国际大都市的形象，决定建设广州新城市中心——珠江新城，选择在天河新区以南、珠江北岸，即冼村、猎德村、谭村这一城市中的"农村地区"进行规划建设（图 4-4、图 4-5）。

　　广州市城市规划局在 1992 年 7 月进行了首次规划设计国际方案征集，经过方案评审优选，最终确定由美国托马斯规划设计公司承担珠江新城综合方案设计工作。经过了多次研讨和修改，1993 年 2 月 19 日，广州市政府常务会议确定采用美国托马斯规划设计公司的方案（图 4-6）。在该方案的基础上，综合其他两个方案（图 4-7、图 4-8）的优点，编制了开发控制性详细规划。市规划局于 1993 年 6 月完成了《广州新城市中心——珠江新城综合规划方案》，经市政府批准，明确了珠江新城作为广州国际大都市新城市

图4-4 开发前的珠江新城航拍图
（图片来源：广州市规划和自然资源局提供）

图4-5 珠江新城开发前原貌
（图片来源：广州市城市建设档案馆提供）

图4-6 美国托马斯规划设计公司方案
（图片来源：《广州新城市中心——珠江新城综合规划方案》成果）

图4-7 香港梁柏涛规划师、建筑师事务所方案
（图片来源：《广州新城市中心——珠江新城综合规划方案》成果）

中心CBD的地位。

在城市设计研究的基础上，确定了新城市中心区6.6km² 开发区域。沿中轴线两侧约1.8hm²核心区自北向南的主要功能为金融、会展、商贸办公、外事、文化，形成高端服务核心区，

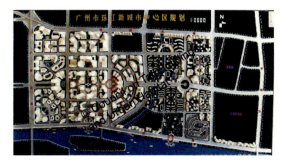

图4-8 广州市城市规划勘测设计研究院方案
（图片来源：《广州新城市中心——珠江新城综合规划方案》成果）

东部配套可容纳约 18 万人的居住新区，形成综合性的新城市中心发展区。

珠江新城综合规划是广州最早期通过城市设计手段谋划和导控城市重点地段发展的实践。城市设计明确了将贯通自燕岭公园、天河体育中心、六运六街、珠江新城延伸至海珠区赤岗塔的 128m 宽新城市景观林荫大道作为新的城市中轴线，并配合花城大道、金穗路、临江大道滨江绿带形成具有岭南特色的林荫路系统。设计充分考虑城市既有生态系统，保留了猎德涌、沙河涌作为新城的生态水脉和历史村落等文脉，构建高尔夫公园和各级社区公园体系。

规划方案亦确立了新城市中心区空间轴线和高度控制的总纲。以中央林荫大道为中轴线，明确"中高东低""南低北高"梯级控制的总原则，形成城市高度控制的制高点和标志性建筑群，并沿珠江充分开敞，控制建筑高度，使新城各功能区都有向江的开敞视点。

珠江新城综合规划编制完成后，随即按照控制性详细规划的深度编制了《地块土地使用规划条件》，作为规划管理和土地开发的规范性文件。珠江新城建设实行统一规划、统一征地、统一开发、统一出让、统一管理。1993 年 5 月，已经基本完成了土地预征，11 月正式开始了土地征用，并同时开始"七通一平"、公开招标、拍卖出让土地使用权等一系列工作。

1993 年，广州市发布《市府常务会议对珠江新城市中心规划的意见》，明确指出"适当留一些土地给农民作发展用地"。政府与村镇签订用地补偿协议，村留地为被征土地的 12%，其中 4% 为建设发展用地，8% 作为经济开发用地，并规定允许村与开发商合作开发，村自用部分免收地价，与开发商合作开发部分按 700 元 /m² 的标准收取合作方的地价，开创了土地开发的新模式。

1992 年决定开发珠江新城时，正是沿海地区房地产发展最高潮的时候，也是房地产泡沫形成的时期，当时天河体育中心周边发展很快，市场普遍存在盲目乐观的情绪。但是，1993 年国家开始整顿金融市场，打击房地产泡沫，房地产发展势头明显放缓，珠江新城的土地出让进度也没有预计的快。到 1997 年珠江新城具备建设条件时，又遇到亚洲金融危机，以引进港资为目标的设想全面搁浅，珠江新城的建设进度再次受到了沉重打击，几乎停滞，直到 2000 年后才再次恢复大规模建设。

4.2 做强特大城市的支撑骨架

为顺应城市规模快速扩增的趋势，广州从1990年开始推动高速公路、高速铁路、地铁、过江桥梁隧道等综合交通系统的建设。经过近10年的大规模建设，搭建起与特大城市相匹配的交通基础设施框架。

4.2.1 高速公路网络首成

从20世纪80年代引进华侨、港商投资公路桥梁建设起步，多种集资修路、收费还贷、利益共享的交通基础设施建设模式日益走向成熟。随后，外来资本在广州整个90年代的高速公路建设中都是非常重要的资金来源。

4.2.1.1 大陆首批高速公路之一——广佛高速公路

20世纪80年代中期，我国开始筹划建设高速公路。1986年底，广州到佛山的高速公路和西安到临潼的高速公路同期开建，可以被并列认为是沪嘉、辛松后我国大陆地区第三条动工的高速公路。

广佛两市自古同源，人员交往密切。20世纪80年代中期，佛山的贸易量已居全国中等城市之首，广佛二级公路高峰车流达到每昼夜4万辆。1984年8月，广东省政府决定筹建广佛高速公路。它东起广州市郊横沙，连接广州环城高速公路北环段，西止佛山谢边，连接佛开高速公路，全长15.7km，设计时速120km。工程于1986年动工兴建，1989年8月1日双向四车道建成通车，广佛高速公路成为广东省第一条通车的高速公路。1997年，由于高速公路车流压力日益加大，8月25日正式开始拓宽广佛高速公路，投资3.35亿元，全长13.825km。1999年10月18日，拓宽后的广佛高速公路正式通车（图4-9）。2007年，计划再次扩建广佛高速公路，由6车道扩建为8车道。

图 4-9　广佛高速公路投入使用前的自行车万人游活动

（图片来源：潘安，周鹤龙，贺崇明，等：城市交通之路 [M]．北京：中国建筑工业出版社，2006：230．）

广佛高速主要由广东省直接投资建设，通过广东省国际信托投资公司引入了外汇间接投资，由广东省公路勘察规划院自行定测设计。过程中由于当时缺乏技术标准指引，曾参考"日本高速公路设计要领"取值，确定技术参数，通过设计实践，总结出了不少高速公路勘察设计的新经验。例如，传统公路先进行野外勘测后进行设计的方式并不适用于高速公路多方案比选定线，后来在延伸线佛开高速工程设计中，大胆采用了先在大比例尺地形图上比选规划方案，再现场勘测的新方法。

4.2.1.2　全国最早直接引进外来资本建设的广深珠高速公路系统和虎门大桥

广深珠高速公路系统由香港知名实业家胡应湘先生倡议兴建。1981年6月，广东省公路建设公司（甲方）与香港合和中国发展高速公路有限公司（乙方）签订《合作兴建广州、深圳、拱北高速公路意愿书》，开展项目筹建工作。由于直接利用外来投资建设高速公路是全新的探索，在筹建标准、报批审查的过程中，作了较长时间的协调。1987年4月23日，在深圳沙嘴村举行了开工典礼；1992年2月，广东省建设委员会批准全线动工。第一期工程为广州至深圳段，自广州（氮肥厂）起，经增城新塘、东莞太平、宝安福永，至深圳皇岗渔农村止，全长120km，按照港商提出的标准，一次性建成双向6车道，并安装了当时最先进的交通工程设施。1994年7月18日试通车；1997年7月1日正式通车营运（图4-10）。

图 4-10　通车时的广深高速公路

（图片来源：广州市档案局，等. 春色满园：广州改革开放三十年[M]. 广州：广东人民出版社，2008：38.）

图 4-11　虎门大桥

（图片来源：《广州南沙新区发展规划》基础资料）

第二期工程原规划从东莞太平向西南跨珠江（虎门），经广州市至珠海拱北以及中山至江门，长136km，后由省交通部门牵头，以中外合作的方式建设完成虎门大桥段和广珠段，分别于1997年5月和1999年12月通车（图4-11）。虎门大桥及其连接线工程全长15.76km，投资近30亿元，主跨888m单跨双铰简支悬索桥，通航净高60m，规模在当时处于世界前列。作为首座跨越珠江口东西两岸的大型桥梁，虎门大桥不仅支撑了珠三角经济快速发展，改写了粤港澳三地"一水隔天涯"的格局，还引领了中国桥梁建造史上的技术创新，为后来建造厦门海沧大桥，江苏江阴大桥、润扬大桥等大跨径悬索桥提供了许多技术经验。

4.2.1.3 广州环城高速公路

早在1984年的总体规划中，广州就提出在城区的外围修建一条高标准的环城高速公路，以承担过境交通、货流交通及被珠江河流分割的三大地块的跨区交通。广州环城高速公路是全国第一条环绕城市的全封闭、全立交、高速通行的专用道路，总长约60km，分为东、西、南、北四段。工程于1987年1月18日动工，分三期施工，2000年6月26日全线通车，总投资63亿元，先后引入了香港新世界集团、合和集团、长江实业集团和越秀交通等港资，与广州市高速公路总公司组成合资公司开展建设（图4-12）。其中，北环于1993年12月18日通车，东环于1997年10月18日通车，南环于1999年2月12日通车，西环于2000年6月26日通车。外环的建成，对疏解过境车流、调节进出城区车流、缓解市区交通压力起到了重要作用。2007年9月21日，东南西环段取消原有收费模式，正式纳入年票管理，该段的功能也由高速路转变为城市快速路，进一步引导过境交通分流，带动了沿线地区的开发。

图 4-12　建设中的环城高速
（图片来源：广州市城市建设档案馆提供）

4.2.2 见证中国高铁的诞生

20世纪90年代以后，铁路运力不足的情况进一步加剧，各地进入广东的物资只能满足40%的需求，而全省也有50%的北运物资由于铁路运力不足而滞留。随着穗港经济贸易联系日益加强以及深圳经济特区、东莞外向型企业的发展，广九铁路的客运需求激增。广九铁路也是大陆地区最早尝试商业化运营的铁路。为适应中国改革开放和深圳经济特区建设的需要，经国务院批准，1984年1月1日，广深铁路从原广州铁路局广州铁路分局划出，成立广深铁路公司，直接隶属于广州铁路局，1992年更名为广深铁路总公司。1996年4月9日，广深铁路股份有限公司作为中国铁路第一家股份制企业正式挂牌成立并分别在美国纽约交易所、香港联交所挂牌上市。顺应市场的需求，广深线开展了全国最早的高速化改造，是中国高铁的鼻祖。

1991年3—6月，铁道部先后发布准高速铁路的相关技术参数建议。

1992年广深线全线全面施工,并于1992—1993年完成客车样机和样车的研制和单项试验;到1994年底,广深铁路被建成为中国第一条三线并行、全程封闭的时速160km的准高速铁路。

1994年4月11日,在北京环形道第一次进行了180km/h的运行试验,准高速列车顺利达到183km/h的速度,创造了当时中国列车的最高时速。1994年12月22日,广深准高速铁路通车仪式在深圳火车站隆重举行(图4-13),全线运行1小时7分钟。1998年8月28日,广深铁路引进的第一列"新时速"200km摆式电动车组正式投入商业运营,从广州至深圳只需55分钟,从此中国有了第一段名副其实的高速铁路区间。截至20世纪90年代末,广深两地的铁路已经基本达到准高速公交化运营的水平,每天往返广深、广九的准高速列车近60对,实现了随到随走。

图4-13 广深准高速铁路通车仪式

(图片来源:广州市地方志编纂委员会. 广州市志(1991—2001)(第二册)[M]. 广州:广州出版社,2009: 30.)

4.2.3 全城动员修建世界一流地铁

1958年,时任广东省领导提出在广州筹建地下工程,可以按照人防进行规划,远期可以发展成地铁。20世纪60年代中期,广州市成立"广州地下电车工程建设指挥部",初步规划了"十"字形的平战结合隧道工程。1970年,在物资和资金十分紧张的前提下,代号"九号工程"的南北线隧道竣工,但由于建设标准低,无法满足地铁车辆通行要求,第一次地铁建设就此搁浅。2000年,据《南方日报》报道,有关部门计划将此隧道改建为火车站到南方大厦的5km的地下缆车系统,但最终并未实施。

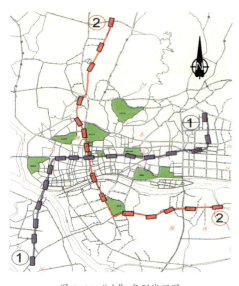

图4-14 "十"字形线网图
(图片来源:潘安,周鹤龙,贺崇明,等. 城市交通之路[M]. 北京:中国建筑工业出版社,2006:216.)

1979年6月10日,广州市政府成立了地下铁道筹建处。整个80年代,学习香港和国际经验,并与国际专家合作研究,以"十字线网"为基础,不断调整和完善规划设计,推进筹建工作。不同的线路方案刊登在1988年3月14日的《广州日报》上,公开征求市民意见。经方案比较,确定地下铁道规划基本路网为十字形路网方案(图4-14),并于1989年9月经广州市人民政府批准。地铁1号线西起广钢东至广州东站,联系旧城区与天河地区两个组团,并预留了向东往黄埔地区延伸的可能性。地铁2号线北起新市南至赤岗,连接了城北地区、旧城中心区和南部的海珠区。

1989年6月,广州市政府批准地铁1号线申报国家立项。1990年11月国家计委复立项,建设规模从黄沙至广州东站,全长12.7km,设12个车站。建设资金由广州市政府自行解决,其中外汇部分由国家列入外国政府贷款计划。鉴于广州市当年财政收入的情况,广州市政府决定对地铁1号线采取土地联合开发融资的模式。1993年3月,经国务院同意,国家计委《印发〈关于审批广州地下铁路首期工程可行性研究报告的请示〉的通知》(计投资〔1993〕526号)下发,文件指出,为使首期工程发挥更大的经济效益和社会效益,1号线调整为18.1km,设16个车站,总投资58.13亿元,其中争取利用国外贷款4.61亿美元。1993年12月,经国务院批准,广州地铁1号线于1993年12月底全线动工。

【采访】广州地铁筹建的亲历者——知名城市轨道交通专家陈绍章

我1965年10月毕业后就参加了广州地铁的筹建工作。从60年代开始，历届省、市政府都看到了地铁对城市发展的重要作用，力推地铁上马。60年代代号"九号工程"的地铁线网，就提出按地铁界限和制式来修建。但由于当时主要依靠煤炭矿山掘进法的技术，在南北线修建时，对中山纪念堂和广州体育馆都造成了结构影响，再加上战备环境要求加快进度，最后完工时未能达到地铁列车行驶的要求。广州的第一个地铁梦就这样错失了。随后广州地铁的筹建几起几落，都因为资金、技术等难题而下马。但广州地铁筹建的基础性工作，如勘探、研究等，一直没有间断，为改革开放后的建设蓄积着力量。

改革开放后，我所在的隶属于当时人防办的地铁筹备处组织到北京进行考察，建设部给了我们一份英文版的早期香港地铁修正系统可行性研究报告，对我们有三个非常重要的启发与贡献：一是以交通工程理论指导地铁线网规划；二是如何修建大运量的集体运输系统；三是在低纬度地区、高温高湿地区如何修建地下交通系统。

第一个贡献刚好契合了改革开放后，我们建设地铁的指导思想向"交通为主，兼顾人防"的转变，同时也促成了广州市最大规模的一次OD调查（居民出行调查），研究居民出行的特点、出行方式构成、出行强度等。在此之后，我们就定期开展类似的研究。

1984年和1987年，我们分别到香港和法国里昂考察，并与法国专家合作规划出"十字线网"，随着芳村纳入广州城区与天河区的崛起，广州的地铁线网规划也有了较大的调整变化。

广州从"战备为主，兼顾交通"的技术摸索阶段，到借鉴香港以社会服务设施建设为导向（service-oriented development，简称SOD）的开发模式的第二阶段，在站场建设、列车设置、票务系统等方面成为全国学习参考的范例。第三阶段是借鉴旧金山湾区捷运系统（Bay Area rapid transit in San Francisco，简称BART）的模式，利用3号线的规划和建设最早实践了以公共交通为导向（transit-oriented development，简称TOD）的开发模式。在经过几轮线网调整后，现在发展到了打破行政分界和原有地铁与城际铁路概念边界的第四阶段，这是一个新的阶段，比如18号线到中山，28号线贯通佛山、东莞等，以后的城际铁路，包括地铁和高铁都会穿过城市中心，"穿心而行"。

专栏4-2：地铁1号线对采取土地联合开发融资建设模式的探索

广州地铁1号线工程，是对全面采用土地联合开发融资模式的一次深入探索。广州市的城市经济实力位列全国第三，1994年的人均国民收入仅为7188元（约合850美元，不包括农村地区），但修建地铁的工作已经开始。广州地铁1号线需耗资150亿元（含中央免交税款13亿元），而市政府1993—1994年两年的年财政收入合计仅有89亿元（不包括周围的县级市），仅靠政府拨款根本无法解决地铁建设的资金问题。在这种情况下，政府通过与私人或团体合作建设快速轨道交通系统及开发快轨沿线的土地，就成为一种有效的筹集资金的方法。规划沿线发展了28处物业（图4-15），主要位于中山路，广州市政府希望通过开发这些地块来筹集43%的地铁建设费用。事实上，至1996年中，已收到的收益约20亿元。据当时测算，全部物业建成推出后，可获收益40亿元左右，约占地铁建设费用的25%。

地铁沿线物业的开发和经营主要由地铁总公司下属的物业发展经营处负责。针对每一个项目，地铁公司与发展商（主要是外商）组成相应的项目公司，项目的运作以外方为主。

除此之外，为保证地铁建设资金落实，1992年2月市长办公会议决定，以不低于3500元/m^2的楼面地价出让珠江新城建设用地，对行政事业单位用于自建办公楼的用地则优惠至3200元/m^2。但由于当时全市商务楼宇开发建设和供应多点开花、供过于求，珠江新城的土地市场反应并不热烈，对地铁筹资的作用较为有限。

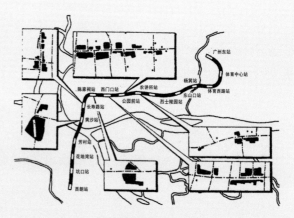

图4-15 地铁1号线沿线联合开发项目分布图
（图片来源：田莉，庄海波. 城市快速轨道交通建设和房地产联合开发的机制研究：以广州市为例的思考[J]. 城市规划汇刊，1998（02）：3-5.）

广州地铁1号线直接引进当时最先进的列车和控制系统，车辆全部原装进口德国西门子列车，车站设计参数也直接对标国际一流城市标准，再加上20世纪90年代初物价快速上涨等，工程投资不断增加，后经国家计委同意调整预算后，1996年8月，市政府决定，地铁1号线工程建设的总投资由市地铁总公司承包，承包金额为150亿元人民币。扣除经海关核定减免引进设备的关税及增值税 11.86 亿元，实际总承包金额为 138.14 亿元。

该项目自 1993 年 12 月底全线动工开始（图 4-16），至 1997 年 6 月 28 日首期段西朗至黄沙站开通运行。1999 年 6 月 28 日，地铁 1 号线全线开通运营。历经近 40 年，广州市民终于圆了地铁梦。

作为第一条地方政府自筹资金建设的地铁，除了采取土地联合开发融资的模式之外，整个建设过程中，广大市民怀着对实现地铁梦的热切期盼，给予了大力支持。民众也自发组织了各类捐款活动，如 1994 年 3 月 12 日晚，由越秀区个体劳动者协会西湖分会发起组织的捐款活动，得到群众的热烈响应，捐款金额总计 10.7 万元。

通车二十多年的广州地铁 1 号线，在地铁公司的悉心运维下，至今仍不落伍。首批西门子列车的形象成为广州地铁的标志，市民亲切地称它们为"大西"车（图 4-17）。宽敞的站台和便捷的换乘，在今天日客流破千万的线网中仍能应付自如。从现在看，当时因为造价贵而被评论为车站规模过大的设计方案，似乎更有远见地预计到了特大城市地铁线网的客流特征。

图 4-16　地铁 1 号线施工现场（左）及开工典礼（右）

（图片来源：广州市城市建设档案馆提供）

图 4-17　地铁 1 号线引进的列车

（图片来源：广州市地方志编纂委员会. 广州市志（1991—2001）（第二册）[M]. 广州：广州出版社，2009：30.）

随后，由于国家严格控制轨道交通造价，广州地铁 2 号线造价压缩到 95 亿元。后规划建设的 2~6 号线，除了大幅提高国产化水平之外，也采取了较为保守的客流预测模式，车辆选型和编组都较小，各项设施的设计标准有所压缩，造成了近年来客流不堪负荷的情形。

4.2.4 引入国际合作求解交通拥堵难题

20 世纪 80 年代初期，广州经济开始高速发展，市民交通出行方式复杂，市内小汽车、自行车、摩托车、行人相互交叉，交通秩序混乱，市区出现堵车现象，交通问题严重。针对日益严重的交通问题，广州市作了众多尝试并解决了局部的问题。但"救火式"的交通改善措施仍未能从系统上根本解决交通拥堵的难题，因此，广州市积极借鉴香港等先进地区的经验，并主动寻求国际合作，运用国际先进技术来改善交通系统。

恰逢世界银行当时正在推动资助发展中国家交通改善的项目，经过 1992 年中到 1993 年初的磋商、谈判和招标遴选，MVA 公司联合体获得受资助开展广州交通规划研究的资格。来自广州市政府与交通规划建设相关部门的 8 人工作小组与 MVA 公司组织的 17 人国际专家顾问小组通过 15 个月的紧密合作，形成了全国第一个城市交通整体运输策略研究成果。

该研究是广州城市交通整体运输策略研究，为广州城市交通发展道路提供了方向和指引，同时也是全国第一个交通规划战略研究。1995 年开展的《广州中心区交通改善实施方案》提出了道路功能分级体系、内环路交通工程，建立了机动车、公交车、自行车和行人四大网络系统，制定了交通组织与管理措施。

4.2.4.1 节点的快速化改造提升交通效率

1981 年，广州交通规划部门结合城建专家金泽光提出的利用"够宽的道路或者濠涌明沟，建设高架道路和立体交叉快速道路系统"的构思，并引入"连续交通流"概念，提出在人民路、沿江路以及环市路兴建高架路的建议，该建议被纳入城市总体规划第 14 方案。这一理念，是柯布西耶"光辉城市"思想在广州交通上的体现，也是广州解决城市交通问题从点到面、步入系统工程的一次突破。在连续交通流理念的指引下,广州开展了道路交通功能分工、分级的工作,明确了快慢分离的交通组织原则,打造了内环路、环城高速等一系列高快速路系统。"高架桥多"成为广州城建的一大特色。

(1)立体交通助力城市交通快速化

为解决日益突显的交通矛盾,广州开始尝试构建立体化交通系统。除了前文已经阐述的环市路高架和立交、人民路高架之外,天河路立交和中山一路立交也在人车分流、快慢车分流方面先行一步。

1983年初,广州大道中段(广州大桥到中山一路立交路段)首先开工建设。鉴于区庄立交对疏导交通堵塞有成功示范,广州大道在建设过程中也增加了中山一路立交和天河路立交两座立交。中山一路立交位于广州大道与中山一路、东风东路交会口,于1985年1月建成;天河路立交位于广州大道与天河路交叉口处,于1986年12月通车。这两座立交形式相似,均为上下4层,桥宽16m,底层都是非机动车道和人行道,二层为环形互通立交,三层是南北走向,四层是东西向直行车道。在广州大道上两座立交相连,全长1010.43m,所以也称作"连体立交"(图4-18)。两座立交的建设,完成了城市东部道路的最后一百米冲刺,解决了广州大道建成后可能会阻隔东西向城市主干道的问题。

1986年,从天河路立交到沙河的广州大道北段开始建设,1987年建成通车。广州大道建成后20年,新、老城区体量趋于均衡,广州大道变成广州市民心目中新、老城区的分界线(图4-19)。

图4-18 中山一路立交、天河立交

(图片来源:广州年鉴编纂委员会. 广州年鉴1987[M]. 广州:广州文化出版社,1987:彩页.)

图4-19 广州大道鸟瞰图

(图片来源:广州市城市建设档案馆提供)

区庄立交、中山一路立交、天河路立交以及广州大道的建设,为广州城市向东快速发展铺平了道路,推动"六运会"主场馆所在的天河体育中心地区快速崛起。广州大桥、广州大道的建设促进了广州旧城区与天河区连片发展,也进一步加强了珠江南北两岸城市地区的联系,带动了海珠区中部地区沿线的土地开发。

(2)东风路快速化改造

20世纪90年代初,为配合地铁1号线建设,中山路部分围蔽施工,与中山路平行的东风路作为市区横贯东西的主干道,必须承担其部分功能并转移交通量。

当时广州、上海等特大城市都开展了关于交通拥堵的讨论,认为自行车占的路面最多,是交通拥堵的重要"祸首"。如果把小汽车的占路单位视为1,大客车就是1.56,而只坐一个人的自行车却是0.55。

在限制自行车思路的指引下,1992年东风路迎来了一场"大手术",采用在主要交叉路口建设立交与路面改造相结合的办法进行交通整治。新建了东风路农林路立交、东风路先烈路立交、东风路越秀北路立交、东风路小北路立交、东风路盘福路二层环形立交及解放北高架路,建造了14座人行天桥(图4-20、图4-21)。路面改造工程中,铲除了经典"三板式"道路的非机动车道绿化带,将非机动车道改为小汽车、公共汽车专用车道,在适当地点建设港湾式停车场;同时扩建、打通了部分路段。改造工程于1994年全面完工,改造后的东风路全线取消红绿灯管制,成为广州市第一条取消灯控管制的快速化主干道(图4-22)。

改造后的东风路还实施了交通管制方案,每天8:30—17:30,禁止一切非机动车在道路上行驶(图4-23)。当时还是自行车王国的年代,交通管制伊始,习惯了在东风路林荫慢车道以自行车通勤的市民还未能找到新

图 4-20 1992年东风东路—农林路立交建成通车

(图片来源:黄亦民摄)

图 4-21 盘福立交

(图片来源:黄亦民摄)

图 4-22 快速化改造后的东风路

(图片来源:广州市城市建设档案馆提供)

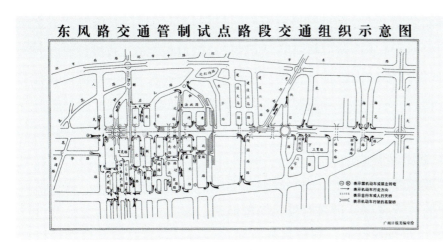

图 4-23 东风路交通管制试点路段交通组织示意图
（图片来源：黄松风，吴淑贤，蒙乃文. 东风路交通管制试点路段交通组织示意图[N]. 广州日报，1993-09-17（003）.）

图 4-24 东风路实行交通管制后的情况
（图片来源：广州市城市建设档案馆提供）

的替代路线，上下班高峰在人行天桥处塞作一团。值得庆幸的是，混乱并没有持续太久，由于东风路上公交车的车速大大提升，班次也频密了，人们逐渐习惯了放下自行车，乘坐公交出行（图4-24）。

4.2.4.2 内环路构建系统化快速交通体系

早在1993年，交通规划研究中就指出：加快内环快速路及其放射线的建设，在内环路四周建设放射状的干道，与环城高速公路相连接，以便转移市中心区特别是中心商业区地面的交通压力，以疏解市中心区的交通拥堵。

1995年，《广州中心区交通改善实施方案》再次建议在市中心区建造连续的、具有高通行能力的内环快速路。随后，市政府在该方案中建议的内环路布局方案的基础上，通过综合分析论证，最终确定线路方案：黄沙—珠江南岸—环市西路—广州站—环市中路—恒福路—梅东路—海印桥，全长26.7km。国内同期修建内环高架的还有上海市，当时上海采用了双向4车道高架桥的方案。在1998年6月，地铁2号线方案的评估会议午宴上，参加评估会议的上海专家提出上海4车道的高架环路通车没多久已出现塞车，市政府主要领导开始思考如何完善内环路的建设问题。时任市规划局领导建议在原结构上扩宽2m，市政府主要领导最终采纳了这个方案，在基本不增加造价的前提下，实施了双向6车道方案，有预见性地预制了长远交通发展需求。内环路充分利用现有的道路和设施，新建造部分约为23.5km，其他路段则利用现有的过江大桥、引桥和道路。

内环路的建设成功争取到世界银行的资助，1997年1月27日，国家计委以《国家计委关于广州市利用世行贷款中心区道路改造工程项目建设书的批复》（计投资[1997]102号）批准广州市利用世行贷款，中心区道路改造工程项目立项。国家计委立项批复该工程总投资46.88亿元，其中拟利用世行贷款19050万美元，国内资金30.3亿元由广州市从城市建设资金中解决。

内环路建设需要拆迁12209户68.9万m^2，迁移总人数为4.4万，显然这是广州城建史上最艰巨的一次拆迁工作，不但要缩短工期，还要把被拆迁的老百姓安置好。市政府领导一再强调，即使多花钱，也要把被拆迁户安置好，有效改善市民居住条件，实现安居乐业。要通过控制转包项目、严格招投标等办法和措施，把土建工程造价降下来，把省下来的钱转移到拆迁安置上去。

工程于1998年12月8日试验性动工，1999年5月开始全面施工（图4-25），12月主体工程全部完成，至2000年1月28日全线通车（图4-26），历时12个月。广州内环路高架方案因受制于珠江建桥的投资门槛，南边走长堤沿江路高架，北边与东边则利用铁路广九线和广九车站搬迁后的路位，全长26.7km，途经荔湾区、越秀区（含原东山区）、天河区、海珠区等行政区。内环路建成通车后，极大地减轻了市内地面道路的交通压力，市中心区平均行车速度由原来15km/h提高到30～35km/h。内环路不仅改善了中心区交通，同时固化了中心区城市形态，以内环路为界，叫停"老城区改造"的房地产项目，不再批复高容积率的老城区改造地块。保留旧城历史文化风貌，留出空间改善老城区人居环境。

图4-25 建设中的内环路

（图片来源：广州市城市建设档案馆提供）

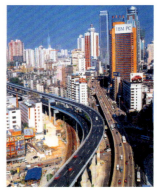

图4-26 通车后的内环路环市中路段

（图片来源：广州市地方志编纂委员会. 广州市志（1991—2001）（第二册）[M]. 广州：广州出版社，2009：13.）

4.2.4.3 桥隧干道与年票制疏导中心区交通

通过引进外来资本，20世纪80年代末、90年代建成了海印桥、江湾大桥、解放大桥以及黄沙珠江隧道。这些桥隧将河南（海珠区）、芳村和东山、越秀、荔湾等老城区更紧密地联系在一起。为了疏导对外交通车流，同时连通东部大沙地副中心、北翼大组团、市桥卫星城，一批道路干线也得以打通和拓宽（图4-27，图4-28）。原规划的华南路城市主干道，也通过引入多方投资的模式修建为收费快速路，并与番禺大桥连成一体。

中山大道和黄埔大道是联系广州东部黄埔港和广深107国道的两条主干道，源自民国时期的中山公路和黄埔港公路，终点都在黄埔老港。20世纪90年代，两条干线陆续在原来线位的基础上开展了扩宽建设，中山大道达到双向6车道加辅道的宽度（图4-29）。这次扩建大大加强了天河、黄埔地区和市中心的联系。

多元化投资修路架桥快速推进的同时（图4-30），收费站也如雨后春

图4-27 广从公路扩建工程通车仪式
（图片来源：广州年鉴编纂委员会. 广州年鉴1995 [M]. 广州：广州年鉴社，1995：彩页.）

图4-28 即将通车的洛溪大桥
（图片来源：黄亦民摄）

图4-29 扩建后的中山大道
（图片来源：潘安，周鹤龙，贺崇明，等. 城市交通之路[M]. 北京：中国建筑工业出版社，2006：135.）

笋般地林立起来。当时广州城内的"十桥一隧"都设有收费站或者月票检票站,极大地降低了交通效率。后来,广州市通过采取年票制的模式,取消了不少收费站,撤销收费站有利于平衡交通流量,提高路桥的整体使用效率,改善城市的交通环境。

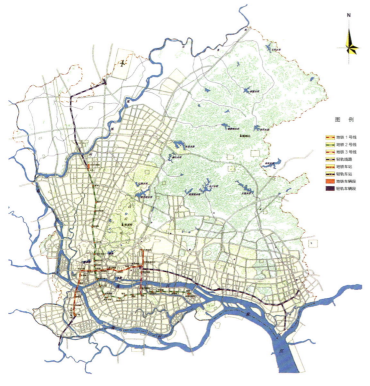

图4-30 2000年道路交通图
(图片来源:广州市交通规划研究院提供)

专栏4-3:年票制缓解交通堵塞

"年票制"就是将广州市区内的一些收费桥梁和道路的设卡收费形式改为车辆通行费按年度缴纳。实施"年票制"的道路和桥梁包括:珠江上的"八桥一隧"(珠江大桥、鹤洞大桥、人民桥、解放桥、海珠桥、江湾桥、海印桥、广州大桥以及珠江隧道)、内环路及广园东快速路一期(禺东西—丰乐路)。收费的标准为摩托车240元;20座以下客车、20吨以下货车960元;其他大型车收费逐步提高,最高为3600元。

实施"年票制"一年后,2001年12月对过江通道又进行了新一轮的交通量调查。事实证明,"年票制"对充分利用过江设施、缓解交通堵塞有着功不可没的作用。广州市中心区车速由2000年平均15km/h提高到35km/h;汽车带来废气污染大大减少;降低了交通运行成本,仅原有收费站管理收费一项就节省了约1亿元。

4.3 产业推动城市空间快速生长

20世纪90年代,广州市逐步形成了二、三产业并重的综合性产业体系。中心城区内的传统工业不断向郊外搬迁,位于郊外的开发区与高新区日渐壮大;商贸活动日益繁荣,并在原有商业街、夜市的基础上,逐步形成批发市场、百货商场、购物中心等现代商业载体,商务区逐渐成形;房地产业持续成长,逐步发展成第三产业的重点行业之一,空间上也呈现向外围地区强势扩张的态势。产业的快速发展,为城市建设带来了巨大的动力与活力,推动城市空间快速延展。

4.3.1 工业和高新技术产业多点突破

4.3.1.1 传统工业外迁和再开发

进入20世纪90年代,国有企业由于负债率高、冗员多、社会负担重、摊派严重、员工积极性不高等,陷入了发展困境,效益逐年下滑,亏损面逐年增大。在房地产开发需求和利润都急速上升的时期,拆除旧厂房做房地产开发来解决国企改革的资金缺口,再到郊区建设新厂,成了当时的常见做法。

根据2001年广州市对中心城区工业用地的统计(图4-31),外环线范围内共有工业用地1870.25hm^2,搬迁、关闭、停产、破产工业企业100家,用地总量387.22hm^2。海珠区办理置换手续的土地38幅,位于市区中心地段的工业用地置换量达到203hm^2。

根据当时的相关政策,广州市允许搬迁企业与有关开发企业合作开发房地产,从而有效推动搬迁工业地块置换为居住地块。比较典型的地块有:位于中山八路的原广州铜材厂改建为富力广场,位于工业大道的原广州保温瓶厂改建为保利红棉花园，位于工业大道南的原广州农药厂改建为金碧花园，位于新港西路的原广州硫酸厂改建为千禧花园，位于工业大道的原广州重型机器厂改建为光大花园，位于东风东路的原广州钟厂、广州糖果厂改建为锦城花园和东风广场。其中，海珠区的传统工业地带的置换最为显著，如广东重型机械厂、广州保温瓶厂、广州灯泡厂、广州机床厂、广州缝纫机厂、广州人民纸厂、新中国造船厂等所在的工业用地均陆续转变为商品住宅小区。

外迁企业的主要去向是郊区的工业园区或小城镇，如2001年广州市搬迁的18家企业中，有9家搬到番禺、花都、从化、增城等外围郊区，有8家搬到白云区、海珠区、黄埔区等市区边缘地区，还有1家（广州农药厂）搬到广州市域以外的英德。当时这种外迁也存在一定的问题，如工业园区成本与门槛较高，因此一些企业自行随意选址，导致工业布局过于分散，还带来因污染防控不到位、选址不科学而被迫二次搬迁等问题。

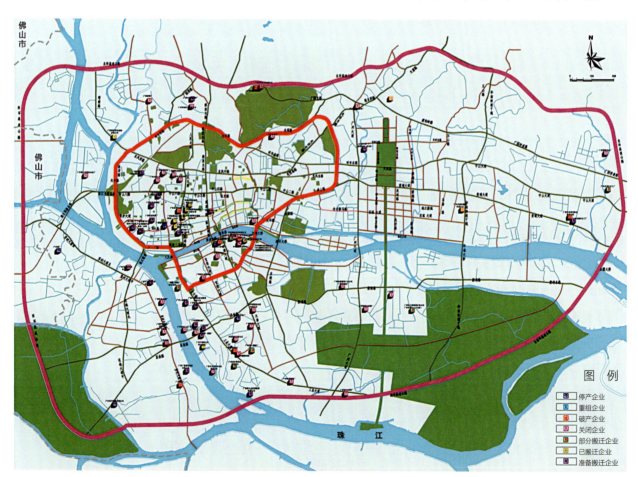

图4-31　2001年中心城区内工业用地情况

（图片来源：《广州市工业布局调整规划》成果）

4.3.1.2 开发区和高新区联动发展

在国家大力发展市场经济和外向型经济的政策背景下,广州开发区成为外商投资的重点地区,得到快速发展。1992年,广州开发区突破原有西区的用地范围,成立保税区和东区。1993年,位于增城永和镇的永和经济技术开发区也被纳入广州开发区的范围(图4-32)。

同一时期内,广州市高新技术产业开发区于1991年3月成为国务院批准成立的首批国家级高新区之一。为加速广州高新技术产业的发展,1997年广州市政府对高新区的管理体制进行调整,形成由广州科学城、天河科技园、黄花岗科技园、民营科技园和南沙资讯园组成的"一区多园"的新格局。

1998年,广州高新区与广州开发区合署办公。2000年,广州出口加工区在开发区东区成立,并与开发区和高新区实行"三块牌子、一套人马"的管理体制。2002年,广州保税区并入开发区。至此,广州开发区、高新区、出口加工区和保税区四个国家级经济功能区合署办公,形成了全国唯一的"四区合一"的新型管理模式,管辖范围达75.9km²。这种机构精简、规划统一、功能互补的开发格局,使广州开发区享受众多的国家优惠政策,运行高效,成为外商投资密集、发展潜力大和竞争力强的高度开放区域。广州开发区逐渐发展为广州利用外资的重要抓手、制造业与高新技术产业发展的重要基地(图4-33)。

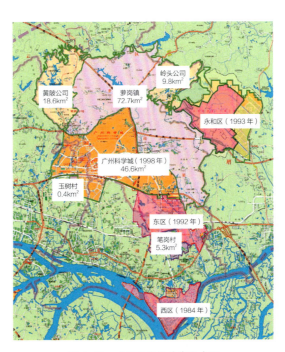

图4-32 广州开发区界线示意图

(图片来源:广州市城市规划编制研究中心提供)

图4-33 1996年广州经济技术开发区青年路

(图片来源:广州市城市建设档案馆提供)

专栏 4-4：从广州标致汽车的失败到广州本田汽车的成功

1984年，广州市机电局在广州市政府的要求下，把其下的汽车厂和汽车零部件厂合并在一起，成立了广州市汽车集团有限公司，由其出面与法国标致合资。广州标致是广州市汽车集团的第一个轿车项目。

1986—1991年，由于积累了大量的公务用车需求，广州标致的轿车供不应求。广州标致的轿车年产量从1986年1000多辆的起始产量，逐渐增加到1990年的21000多辆。直到1991年，广州标致的505轿车还要凭票购买。然而，从1992年开始，市场发生了变化，以国家对过热经济进行调控为导火索，标致汽车的销量开始下滑，到1993年的时候，产品已大量积压。直至1996年，由于引进新车型的问题无法解决，广州市汽车集团决定寻找新的合作伙伴。

1997年11月13日，广州市汽车集团有限公司、东风汽车公司和本田技研工业株式会社在日本东京签订了广州轿车项目合资合作《基础协议》。1998年7月1日，广州本田汽车有限公司正式成立。广汽本田成立后，走出了一条"以市场为导向、少投入、快产出、滚动发展"的道路。成立的头十年，广汽本田滚动式发展，产销量一年上一个新台阶，产能由1万辆跨越到36万辆，累计销量超过150万辆。

专栏 4-5：宝洁公司进驻

始创于1837年的宝洁公司是第一个进入中国市场的外国公司，也是在中国市场最成功的外国公司。20世纪80年代初的中国，消费者要购买国外商品，需要凭票在友谊商店购买，而且只能购买有限的产品。1987年，宝洁公司意欲进入中国内地市场，并派人到广州肥皂厂调研，最终选定李嘉诚为合作伙伴，双方在短时间内达成共识，宝洁公司和香港和记黄埔有限公司分别以69.25%和30.75%的股权比例在香港注册纯粹的投资公司——P&G-Hutchison Ltd 宝洁和记黄埔有限公司。1988年8月18日，"宝洁和黄"与广州肥皂厂以及建设进出口贸易总公司合资成立了广州宝洁有限公司，广州宝洁成立之初的股权比例为"宝洁和黄"65%、广州肥皂厂30%、建设进出口贸易总公司5%；合资公司第一期投资为1000万美元，当时这是宝洁公司全球业务有史以来规模最大的投资。

中国市场给予了宝洁公司巨大的回报。1988年10月27日，第一批"海飞丝"洗发水走下了广州宝洁的生产线。4个月后，99%的广州消费者都知道了"海飞丝"这个国际品牌。随后，广州宝洁销售量不断提高，中国市场成为宝洁公司全球业务增长速度最快的区域市场之一，广州宝洁销售量居宝洁公司全球市场的第二位。

专栏4-6：科学城奠基建设

广州科学城是广州高新技术开发区核心园区。广州科学城的概念最早于原广州市计划委员会在1992年提交的《广州东南部地区发展规划大纲》中被提出。1993年，广州市科学技术委员会牵头，对在黄埔区加庄地区选址的4km²用地进行了初步规划。1998年，广州科学城总体规划开始编制，规划明确广州科学城的范围为东沙路以东、罗南路西南面、广深高速公路以北以及珠吉路以东、丰乐路以西、广深高速公路以南、姬塘村以北，总面积22.74km²。该总体规划于1999年6月由市政府颁布实施，广州科学城正式进入开发建设阶段（图4-34）。

图4-34　广州科学城选址图（左）及入口标志（右）

（图片来源：左图：马利生. 南粤大地熠熠生辉的希望之星：记发展中的天河高新技术产业开发区［J］. 广东经济,1993(05), 45-46；右图：广州市档案局, 等. 春色满园：广州改革开放三十年［M］. 广州：广东人民出版社, 2008: 79.）

4.3.1.3 南沙开发启动

早在 1978 年,香港投资者便意识到南沙巨大的开发价值和发展前景,此后 10 年,霍英东先生先后参与投资了广州至珠海的 4 座大桥,即三洪奇、细滘、沙口和容奇大桥,还扩宽了中山市的公路。接下来他又参与建设洛溪大桥、沙湾大桥、大石大桥,打通珠三角西走廊,打破南沙与四周广阔地域的交通阻隔,为南沙的开发奠定了坚实的基础。

1990 年 4 月,广州市委、市政府确定南沙为重点对外开放区域和重点开发区。同年 8 月,市政府九届 79 次常务会议决定开发南沙,成立南沙经济区管理委员会。南沙开发初期规划面积 22km²,由霍英东基金会投资建设,即后来人们所熟悉的"小南沙"。

1993 年 5 月,国务正式批复同意设立广州南沙经济技术开发区,享受沿海开放城市经济技术开发区的各项政策。广州南沙经济技术开发区东以金沙路、金珠路、合成桥、金岭路为界,南以大岭村为界,西以蕉门水道、蕉门河为界,北以小虎沥为界,面积 9.9km²。同年 7 月,南沙经济技术开发区挂牌。1995 年 5 月,广州市市长办公会议决定:南沙开发区党委、管委会由番禺市委、市政府直接领导和管理,赋予南沙开发区享有相当于广州市级的建设征用土地审批权,南沙 54km² 内所有单位的建设项目统一由南沙开发区建委审批。

1993 年,西班牙著名建筑规划师里卡多·博菲尔(Ricardo Bofil)对南沙 54km² 的用地作了较为全面的规划,完成了《南沙新城总纲图可行性研究》(图 4-35)。1997 年,南沙经济技术开发区管委会与安徽省城乡规划设计研究院在此基础上,编制了《广州南沙经济技术开发区总体规划》。

南沙开发区在建设之初的短短数年间,便基本完成了城市基础的架构建设,形成了良好的投资环境。如沙湾大桥、港前大道、进港大道、虎门大桥、南沙客运港的落成,大大改善了南沙至周边地区的交通状况;现代化进出口贸易平台粤港(南沙)物流中心、万吨级的东发码头等的建设,推动了南沙产业的发展。

图 4-35 南沙新城规划模型

(图片来源:《南沙新城总纲图可行性研究》成果)

2000年撤市设区后，广州进一步确立了"南拓"战略，南沙开发区成为广州城市空间和产业"南拓"的核心节点，这吹响了开发"大南沙"的号角。

4.3.2 商贸经济蓬勃发展

经历了20世纪80年代以"改门房、拆围墙、开夜市、连市场"为特征的商业发展后，广州市于90年代初在全国率先明确提出"个体私营经济是国民经济的重要组成部分，是社会主义市场经济的主体之一"，率先颁布私营企业权益保护条例。经济制度的变革使商品经济迅速发展，个体私营企业如雨后春笋般涌现，批发零售市场异常活跃。

原有小规模的、临街的、拆围墙而建的商业形式逐渐被全国闻名的商厦、商业街、批发市场、购物中心等取代。各种现代商业载体遍布全城，如火车站白马服装城、海印电器总汇、梓元岗皮具城、黄沙水市场、大德路装饰灯饰城、太平洋电脑城等大型专业批发市场，天河城、时代广场、中华广场等综合商业中心，北京路商业步行街、天河南一路购物街、淘金坑风情购物街等以"小资时尚休闲体验式消费"为特点的特色风情购物街。

4.3.2.1 专业批发市场涌现

广州充分发挥毗邻港澳、交通发达、货源充足、商业基础深厚等优势，将服装、皮具、电器音像、食品、建材、玩具等产品的零售市场做得十分兴旺，并向全国各地辐射，吸引了大量外来人口到广州经商。个体工商户从1993年的13.5万个增长为2000年的22.6万个，个体经济从业人员从1993年的22.4万增长为2000年的38.1万，在全国掀起了"东西南北中、发财到广东"的全民经商浪潮。

大量同类或类似商品集聚经营，逐步形成了各种批发市场。与此同时，广州轻纺服装等轻工业及周边城市制造业的崛起，使大批纺织服装、五金、建材、电子产品等专业批发市场在广州应运而生，其中以广州火车站周边的服装批发市场群、天河区的专业电脑城等最为典型。

（1）广州火车站关联的批发市场群

20世纪90年代初，广州火车站附近因交通便利、配套设施齐全，培育了初级的批发市场，如最早的白马服装批发市场和康乐牛仔城。随后，广州火车站周边用地进入了批发市场扩张最突出的阶段，原有的旅馆、商住用地，铁路局部分用地，以及工厂、村等的用地，通过更新改为批发市场用地。2003年，广州火车站关联地区批发市场用地总量相较于1990年增加了33.05hm^2，形成了站前、站西和站北三大批发市场板块。这一时期，围绕广州火车站成长起来的批发市场除了白马服装批发市场和康乐牛仔城外，还有数十个以服装、皮革、鞋业为主的专业批发市场，容纳商户3万多家。该地区发展为国内集中度最高、交易规模最大的服装行业批发市场群，在我国服装批发行业中具有举足轻重的地位（图4-36）。

图4-36　1990年（左）、2003年（右）广州火车站周边地区批发市场用地分布图
（图片来源：张小星."车站关联地区"视角下广州三大铁路客站地区空间发展模式的研究[D].广州：华南理工大学，2017.）

【采访】20世纪90年代的个体户黄锦富先生

我是广州本地人，20世纪80年代中在国营单位工作，80年代末就开始经商，是做批发日化产品的，比如肥皂、洗涤用品和进口化妆品等，主要销售给广州各大商场和酒店，比如美华百货（广州市百货公司前身）、南方大厦、北京路附近的商场、白云宾馆里面的商场等。我算是最早一批批发进口化妆品的，做过法国巴黎之夜等品牌。80年代比较缺乏进口产品，外汇管理严格，批发进口商品也比较复杂，那时候友谊商场可以进出口商品，花园酒店可以收外汇，所以我们通过花园酒店和友谊商场结算外汇，把人民币交给花园酒店，以等额外汇通过友谊商场进口外国商品，再批发销售给各个商场。友谊商场当时算是珠三角的一个进口商品的代理商和专门机构。

全民经商是很活跃的，很多人都参与进来，各行各业都有，就拿我自己来说吧，90年代我就换了3个行业。1992年之前是做日化产品批发的，1992年的时候转行做了挂历装订，每年4月就要开始准备第二年春节的挂历，当时接的一个任务是要装订10万本挂历，大半年的时间就赚了18万元。后来又转行做进口玻璃器皿，在中山批发产品，发往全国各地。两年后我就从原来的公司出来自己做，承接了花园酒店、白天鹅宾馆的水晶杯、水晶盘的业务。2000年，我又转行去做服装批发了。我身边的朋友很多也是这样的，做生意都是一理通百理明。

（2）从五山科技街到天河电脑城

1985年天河区政府提出"依靠高校打造科技新区，促进天河区经济发展"的目标后，从石牌村到五山科技街，依托天河软件园及高校而生的岗顶电脑商圈雏形初现。五山科技街全长472m，宽20m，占地面积11000m²；两层共331个铺位，建筑面积12000m²。1989年，开始于五山路东侧的华南师范大学后门兴建科技东街，占地5000m²，铺位104间，总建筑面积5020m²，于1990年开业。五山路口区域的科技街的形成基本上靠商户的自发行为，前期没有政府的规划，最先是进入IT行业的一些个人计算机销售商聚集在该地区，从事基本的散件批售、主机装配、外设供应和电脑维修工作，逐渐形成了电脑销售集散市场。当时，以电脑为主的IT产品还是"稀有产品"，IT流通业尚处于"卖方市场"，在这样的背景下，五山科技街保持了数年的兴旺势头。但由于当时的基础配套设施明显落后，五山科技街呈现无序和散乱的状态（图4-37）。

五山路科技街形成后，国内IT产业也进入了迅猛发展期。1993年广州电脑城在体育东路与天河路交界处开业，成为专业卖场的先行者。作为第二代卖场代表的太平洋电脑城建成于1994年，由台湾企业家投资建设，首度引入"电脑城"集中经销和管理的模式。随后，太平洋电脑城发展迅速，很快就成为珠江三角洲乃至华南地区的一个重要的电脑产品集

图 4-37　1995 年的天河科技一条街
（图片来源：黄鼎曦提供）

图 4-38　1999 年五山—石牌—岗顶地区
电脑城分布图
（图片来源：作者自绘）

图 4-39　太平洋数码广场
（图片来源：黄鼎曦摄）

散地（图 4-38、图 4-39）。

专业电脑城模式的出现，在中国内地是一种技术上的突破，意味着专业市场管理更为规范。随着产品广泛和深入地在社会各行各业普及，在庞大市场需求的刺激下，越来越多的卖场集聚出现。在不足 1000m 的石牌西路，以及与其交会的天河路短短 500m 的路段上，一度聚集了颐高、天河、太平洋、百脑汇、海正、金桥、伟腾、启高等近 20 座电脑城，入驻了数千家 IT 商户，成为华南地区首屈一指的 IT 产品集散地，并一度发展为全国仅次于北京中关村的最大的 IT 产品集散地。随后，南方电脑城、天河电脑城先后落成，改变了单一的营销模式，开始将购物、休闲、娱乐、教育、饮食集成在一起。但 2009 年以后，随着笔记本电脑的大范围普及，"组装机世界"逐渐被品牌电脑专卖店取代，加上电商行业崛起带来的打击，原来电脑城的形式开始走向衰落。

4.3.2.2 从百货公司到综合购物中心的转变

南方大厦创建于1918年，原名大新公司，1938年在战乱中遭到突袭，后由广州市政府支持重新修建，更名为"南方大厦"（图4-40）。

1954年开业后，南方大厦一直是国内的明星企业。1980年，南方大厦从利润留成制改为以税代利、自负盈亏，实行责、权、利相结合的经营责任制，取得了显著的经济效益和良好的社会效果，在全国零售企业销售排名中名列前茅，成为当时全国十大百货商店之一。20世纪90年代下半叶，由于城市向东发展，新型购物中心天河城出现，加上内部空间狭窄、经营方式较为落后等，地处老城区的南方大厦走向了衰落。

经济的快速发展，使得人们收入水平和消费水平不断提高，消费者对购物、餐饮、娱乐的需求增加，消费方式不断改变。为应对广东省百货零售业滞后于经济发展的状况，鉴于"六运会"后天河体育中心周边地区的开发建设已形成了一定的气候，广东省政府决定在天河体育中心对面建设天河城广场，并于1992年正式动工，1996年正式开业（图4-41）。天河城广场作为当时中国大陆最早的超大型购物中心，进一步推动了广州市天河中央商务区的建设。

图4-40　南方大厦

（图片来源：广州市城市建设档案馆提供）

图 4-41　20 世纪 90 年代天河城广场大堂
（图片来源：可人. 天上街市：天贸集团与天河城广场 [J]. 广东大经贸, 1997（10）: 54-61.）

为保证市场稳定性，天河城采用与当时传统百货大楼和商业街不一样的风格，重视对商场功能的组合和对商户的选择，引进外资和港资百货。曾先后与日本、法国以及中国香港地区的多间著名百货零售公司接触，最后选择了与日本的吉之岛百货合资，通过吉之岛百货带来先进的经营理念。同时，天河城与南方大厦合作，引进天贸南大，采用集中"Mall"的新颖方式，吸引来客。

天河城的开业具有"跨时代"的意义，开启了我国购物中心的时代。天河城广场凭借其准确的市场定位、合理的功能组合，以及合适的地理交通区位，赢得了成功，成为广州现代商业的标志。商业设施的提升，吸引了众多高端商务办公设施在此集聚，商业商务功能互相促进，使该地区多年一直是珠江三角洲地区商业零售业的标杆，同时也实现了广州零售业重心的东移。

4.3.3 商务区从雏形走向成熟

（1）"广州尖东"——环市东商务区

随着市场活动的繁盛和经济体量的增加，广州出现了对集中商务区的需求。广州第一个中央商务区的雏形出现在环市东路。20 世纪 90 年代以前，广州最高档的商务办公楼是花园酒店和中国大酒店附属的办公楼，最早进入广州的跨国企业和恢复设置的外国使领馆都集中在这两处。到了20世纪90年代，在市场经济中赚取到丰厚利润的国有房地产开发公司在花园酒店周边投资建设了一批"玻璃幕墙"高档写字楼，其中最具代表性的是广东国际大厦（图4-42）。同期建成的还有广州世界贸易中心、好世界广场、宜安广场等荣获鲁班奖的甲级写字楼，环市东路一带也因此获得了"广州尖东"的美誉。

（2）天河北商务区

20世纪80年代末到90年代中期，虽然珠江新城开发的前期工作已经启动，但天河体育中心周边地区仍是实际上的开发建设热点，周边的商住地块陆续出让并动工建设。

1993年，在天河体育中心北门对面，开始修建高391m的超高层商务综合楼，原名中天广场。该商务综合楼由香港刘荣广伍振民建筑师事务所和广州市城市勘测设计研究院设计，是当时中国最高的建筑，也是当时世界上最高的混凝土大厦。项目由熊谷蚬壳发展（广州）有限公司投资开发，后转让给中信公司，改名为中信广场。中信广场于1996年6月1日建成投入使用，以高耸的标志性造型和更靠近广九直通车站的优势，取代了广东国际大厦，成为广州市当时的地标建筑及顶尖公司的首选场所。广州的高端商务办公场所开始从环市东地区向天河北地区转移。随后，在天河北路又落成市长大厦、广州国际商务中心等新一代甲级写字楼，一个更符合国际中央商务区概念的新组团由此显现（图4-43）。

图4-42　广东国际大厦
（图片来源：广州市城市建设档案馆提供）

图 4-43　天河体育中心及天河北商圈
（图片来源：广州市规划和自然资源局提供）

4.3.4 房地产业发展驱动力的激活

20世纪90年代的宏观经济形势比较起伏，初期遇到了市场经济活力激发的发展冲动，中期遇到了自上而下的治理整顿，后期遇到了1997年亚洲金融风暴。在这样的宏观经济背景下，广州房地产业也经历了同样的起伏波动。尽管经历了波动，但从整个90年代来看，广州房地产业仍保持稳定的发展状态。2000年，房地产业国内生产总值在第三产业中的占比达6.8%。全市房地产业开发投资额从1991年的15.75亿元增长为2000年的355.58亿元，10年间增长了21.6倍。房地产业的快速发展，不仅改善了广州市的居住环境，还推动了中心城区原有低效产业空间置换，并且有效驱动了城市空间向外延展。

4.3.4.1 市场需求量持续增长

1989年广州市提出的住房制度改革，激发了人们的购房热情，房地产市场需求呈现持续增长的势头。

首先，20世纪90年代广州市继续大力引进人才，对外来人口的限制较少，外来人口不断膨胀，2000年广州市外来人口高达299万，占全市常住总人口的比例超过30%。常住总人口从1990年的630万，增长为

2000年的995万，10年间增长了365万。其中有不少收入较高的外来人口在广州购房置业，广州商品房需求快速增长。

其次，随着国民经济的高速增长，城镇居民收入水平大幅提高。根据《广州50年》的统计数据，广州市城镇居民家庭平均每人每年可支配收入从1990年的2748.95元增长到1998年的11255.7元。城镇居民的收入稳步增长，消费能力不断提高，购房能力也随之增强，对商品房的需求不断扩大。

再次，新建住宅小区的设计水平和综合素质不断提高，无论是规划设计、工程质量、园林绿化、小区配套，还是房屋的通风采光、室内布局和空间利用等方面，都比之前有较大的进步，这激起了市民的购房欲望。同时，做了大规模的旧城改造、重建和老城区工厂搬迁，拆迁补偿、安置也带来了不少的市场需求。

整个"八五"期间，全市完成住宅投资高达393.17亿元，占基本建设投资的30.3%；累计完成房地产开发投资579.18亿元，年均增长89.2%。

1996—1997年，又迎来了新一轮的高速增长。由于实行购房抵押贷款，1996年房地产开发重新开始活跃，两年地产开发投资都分别超过230亿元，年新开工面积均超过500万 m^2，年均增长率超过20%。

4.3.4.2 商品房项目多点开花

1998年8月1日《广东省城镇国有土地使用权公开招标拍卖管理办法》（1998年广东省人民政府令第39号）等有关规定颁布实施以前，土地通过行政划拨的方式出让，进入房地产开发行业的门槛较低。由于门槛低、利润高，面对不断增长的市场需求，受利益的吸引，各行各业都进入房地产业。房地产开发的急剧增长推动了城市空间的快速扩张。新开发的房地产项目主要集中于广州市南部和北部，如当时尚未纳入广州的番禺市、南部的海珠区、北部的白云区以及东部的天河区，其他老区则以旧改与新建相结合为主。

（1）海珠地区

进入20世纪90年代房地产热潮时期，海珠区成为房地产项目最先青睐的地区。随着新过江桥梁通车，滨江路成为联系老城最便捷的地区。解放大桥至广州大桥沿线、工业大道、东晓南路等地段，通过征农地、工厂搬迁、旧城拆迁和联合开发，逐步开发建设了一系列高层高端住宅。

由于对超高层商品住宅的管控准备不足,珠江前航道南岸的滨江东路一带迅速形成了连续的超高层住宅界面。天际线的控制、滨江绿带向城内延伸的廊道等技术要求没有落实,滨水空间还一度成为各个楼盘的"私家"岸线。直到20世纪90年代末,实施珠江两岸景观工程,才实现了步行道公共化和贯通。

房地产的快速上马,导致海珠区人口不断增加,服务配套需求增大。工业企业关停搬迁又降低了当地税收,一增一减之间,区政府在21世纪初已经意识到,以居住功能为主的单一地产开发,在享受完开发和土地出让的成果之后,并不能持续带来税源,因此开始着手控制房地产的开发建设量。

(2) 天河地区

20世纪80年代末,"六运会"的举办拉开了天河地区开发建设的序幕。到了90年代,在天河体育中心及周边地区综合开发的基础上,加上天河新城市中心地位确立、天河商圈逐渐兴起、广州新火车东站落成等契机,天河地区成为广州市房地产开发的热点地区之一,建设了大量高档、时尚的住宅区,90年代中后期天河区以商务办公为主的商业地产也进入快速发展阶段。

截至1996年,"六运会"时期确定的由广州城建开发总公司负责开发经营的2.95km^{2}的用地范围内,被有偿转让给第三方市场利益主体的用地达1.205km^2,建筑面积达218.36万m^2,其中住宅用地40.926万m^2,住宅建筑面积115.996万m^2,占总出让建筑面积的53.12%,在体育中心周围建成名雅苑、南雅苑、怡苑、侨怡苑等小区。

20世纪90年代中后期,天河商圈的日益成熟及火车东站的落成带来了大量高层次、高素质的就业人群,从而也带来了大量的居住需求,带动了周边高端房地产的开发,主要建成了天河北住区、西雅苑、荟雅苑、祥龙花园、天誉花园、华景新城等中高档居住区。而天河区在上层次规划中确定的科研文教功能及用地空间受到了商住楼宇开发的挤压,原先规划预留的科技园区用地部分也转成了居住用地,这也为21世纪初选址广州科学城进行扩容建设埋下了伏笔。

(3) 番禺地区

1988年洛溪大桥建成通车,加强了番禺市与广州市区之间的联系。便利的交通条件带动了当时紧邻海珠区的番禺洛溪岛的房地产开发。从

20世纪90年代初开始，番禺洛溪的房地产业就一直稳步发展。洛溪岛的成功开发，推动了"华南板块"迅速形成。当时业界还流传着"中国房产看广东，广东房产看华南""番禺已经是中国的房地产王国"的说法，"华南板块"在广州的地位和作用都是举足轻重的，如洛溪新城、丽江花园、奥林匹克花园、广州碧桂园等大盘尤具代表性。

1999年，广州住宅预售量为400万m^2，番禺洛溪地区的预售量就占了60万m^2。由于"华南板块"原属广州中心城区和番禺之间的郊野地带，城市公共服务体系未有覆盖，所以形成了开发商"办社会"的现象，会所、游泳池、学校、商业、通勤大巴等系列配套都由开发商承办，居民们需要以较高的价格去享受相对高品质的服务。

4.4 特大城市框架构建中的挑战

灵活的市场机制，为广州市带来了超高速的经济增长。财富的积累，推动城市各种配套设施完善，与现代化国际大都市相匹配的城市骨架和高品质文化服务硬件逐步建成。但由于城市规模急速膨胀，原有总体规划已无法指导当时的城市建设，而新编总体规划则因各种原因未完成报批程序，导致整个城市在 20 世纪 90 年代处于缺乏明确空间导向、较为盲目的探索期。期间即使有部分闪光的精华片段，也留下了不少遗憾。商业经营热进一步升温，复兴了城市的商贸功能，社会资本促进房地产大开发，为城市发展带来了巨大的动力与活力，但以经济为出发点的高速发展模式，如"见缝插房"、马路经济等，给城市发展带来了相当大的困扰。城市快速的无序扩张也给局部地区带来了严重的环境问题。

4.4.1 踏入新千年的特大城市

4.4.1.1 特大城市的空间骨架

20 世纪 80 年代，天河区的设立为广州向东拓展奠定了基础。进入 90 年代，各种力量共同推动广州市城市空间进入前所未有的快速扩张期。在市场化力量的推动下，广州城市空间发展需求远超出原有城市总体规划控制的规模，其空间结构、功能布局也与城市总体规划有较大的差距。由此，广州市多次对总体规划进行调整和深化，确定城市向东、南和北部扩展的方向。如 1984 年提出以向东、南发展为主并考虑向东北方向发展的调整；1993 年，结合新机场的建设，明确提出广州要向北部发展，并确定了由三大组团、14 个小组团组成的城市空间结构，即第十五版总体规划。这一时期，城市空间仍在一定程度上表现为以旧城区为单中心的向外围地区无序蔓延的状态，城市结构相对松散。珠江新城作为新城市中心的决定，新中轴的逐渐成形，使广州市城市空间跳出旧城向现代化国际大都市迈步。

在技术进步以及经济实力提升的背景下，经过近十年的大规模建设，广州搭建起与特大城市相匹配的交通基础设施框架。广佛、广深等区域性高速公路的建成奠定了广州作为珠三角中心城市的地位。新白云机场选址的确定，华南快速路、中山大道、地铁"十字线网"的规划与建设，搭建起了广州现代城市骨架的基础。

多元交通骨架逐步形成的同时，土地的市场化改革及住房制度改革推动了广州房地产市场快速发展，带动城市居住空间迅速向番禺等地价较低的外围地区扩张；与此同时，广州市的产业空间也得以重整，城市空间跳出了行政界线的限制，迅速向东、向南扩张（图4-44、图4-45）。

2000年6月，增城、番禺撤市设区，这为广州进一步实现"东进""南拓"、拉开城市框架提供了空间保障，由此，在行政、技术、市场力量等多种动力的驱动下，广州市现代化特大城市的空间骨架基本成形。

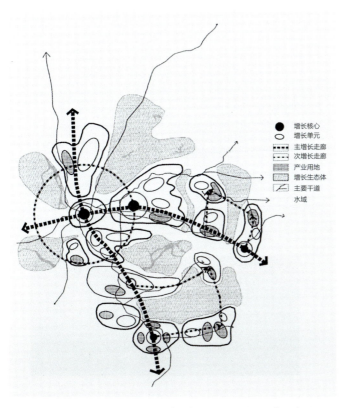
图4-44 1990—2000年广州城市空间结构性增长形态示意图
（图片来源：广州城市规划发展回顾编纂委员会. 广州城市规划发展回顾（1949—2005）[M]. 广州：广东科技出版社，2005：723.）

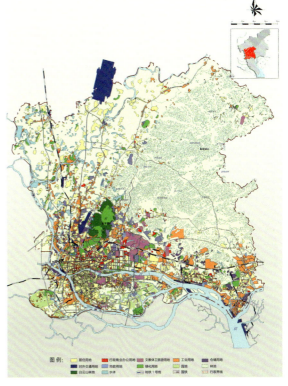
图4-45 2000年土地利用现状图
（图片来源：《广州市城市总体规划2001—2010》成果）

4.4.1.2 特大城市的标配齐备

城市规模与能级决定了一个城市是否能成为特大城市，但与之相匹配的交通、文化、商务、医院、学校等公共设施及良好的生态环境，决定了特大城市的品质。经过十年的超高速发展，广州不仅搭起了由地铁、高快速路、立交系统等组成的先进交通体系，建成了全国领先的购物中心、商务区等重要设施，还配齐了一系列具有国际水准的文化设施，提升了广州作为国际化现代化大都市的形象。

20世纪90年代，广州市围绕把广州建成现代化国际大都市的目标，集全市力量建设和完善大型公共服务设施，先后建设了广州购书中心、星海音乐厅、广东美术馆等大型文化设施，还将原"广交会"展馆进行迁址重建，以满足交易会业务的需要。90年代末，广州为筹备"九运会"，先后新建广东奥林匹克中心、广州市新体育馆、芳村网球场、黄埔体育场、花都体育场5个场馆，进一步补充了体育设施。经过努力，实现了岭南文化特色与现代文明气息的有机结合，树立起广州作为历史文化名城和中心城市的崭新形象。

专栏4-7：高标准配置文化设施——星海音乐厅与广东美术馆

星海音乐厅工程是"八五"期间广东省精神文明建设的重点项目之一，建于二沙岛中段，以人民音乐家冼星海的名字命名，于1998年6月13日冼星海诞辰日正式使用。星海音乐厅是为满足广大观众欣赏高雅音乐的殷切需求、并作为国内外文化交流的基地和窗口而建造的，是一座颇具规模和高雅的音乐殿堂。

音乐厅占地面积4579m²，建筑面积11095m²，是我国规模较大、设备先进和音质优异的现代化音乐厅，也是我国第一座采用"葡萄园"型（或称山谷梯田型）配置方式的音乐厅，听众席设座位1900个。另外，还设有排练厅、琴房和音乐资料馆以及水上演奏台和音乐喷泉等（图4-46）。

坐落在广州市二沙岛第八小区的广东美术馆经历了长达9年的建设，于1997

图4-46　星海音乐厅夜景
（图片来源：广州市规划和自然资源局提供）

年11月28日举办了开馆仪式,是广东省尤其是广州市为人民提供文化生活、美学教育的一个良好基地(图4-47)。

广东美术馆是一座综合型美术馆,用地面积为19520m², 建筑总面积21500m², 西侧有星海音乐厅,西北侧有华侨历史博物馆,三者共同围合成一个文化广场(图4-48)。馆内主要功能包括6大部分:展览、收藏、研究、教育、交流、服务;收藏和展览的艺术品包括国画、油画、水彩、粉画、漆画、剪纸、木刻、雕塑、陶艺等类型。

图4-47 广东省美术馆
(图片来源:广州市规划和自然资源局提供)

图4-48 广东省美术馆文化广场
(图片来源:广州市规划和自然资源局提供)

4.4.2 高速增长中遇到的问题和矛盾

4.4.2.1 房地产和开发区"跑马圈地"

市场经济释放的巨大经济活力,对城市发展空间产生了巨大的需求。由于市辖区和代管县级市之间管理机制不同,市政府对已撤县改市的花都、番禺、增城、从化规划统筹力度较弱。所以1991年调整的城市总体规划第15方案,采取L形发展的思路(图4-49),通过地铁1、2号线和向东部开发区延伸的轻轨,带动几个外围大组团

图4-49 L形组团布局图
(图片来源:广州市地方志编纂委员会. 广州市志(卷三)[M].
广州:广州出版社,1999:彩页.)

发展。房地产市场规则的初步建立，大量市场资本的进入，使得商品房开发成为致富的快车道。"跑马圈地"式的大开发和产业经济动能交织在一起，推动了20世纪90年代城市空间的快速延展，而在缺乏规划管控的情况下，这种快速扩张给城市带来了诸多压力。

（1）土地审批粗放膨胀

1987年7月，中央批示原则同意在广州等城市试行土地使用权有偿转让。1992年，广州市提出建设国际大都市的目标，并对城市规划管理体制进行重大调整，广州市城市规划局在各区设立派出机构，管理权交由各区规划分局执行。由于全市规划管理力度减弱，房地产开发升温，建设用地划拨出让量增大。将划定规划红线、批出建设用地规划许可证视作启动土地供应的第一步来统计，1992—1998年，批出的用地超过227km^2，平均每年超过30km^2，仅1992年1月至1993年10月不到两年的时间，广州市共批出土地84km^2，相当于当时广州市4个老城区（越秀、东山、荔湾、海珠）面积总和的1.5倍（表4-2）。

广州市分区土地供应与使用总量的分析（1992—1998年）　　表4-2

		建设用地供应/hm^2	建设用地使用/hm^2	差额/hm^2	实际用地比重
东片	天河	4239	1712	2527	40.40%
	东山	298	168	130	56.40%
	黄埔	1901	350	1551	18.40%
南片	海珠	3094	836	2258	27.00%
	芳村	1404	753	651	53.60%
北片	越秀	286	103	183	36.00%
	荔湾	386	114	254	31.00%
	白云	11103	1888	9215	17.00%
小计		22694	5924	16770	26.10%

（资料来源：作者根据1992—1998年历年统计数据整理）

当时，批出的土地大量用于房地产开发，许多人拿到一纸批文就可以搞房地产，各行各业、几乎所有部门都涉足房地产开发。但实际上批出土地的量远超出了广州城市开发建设的实际承受能力。1992年7月—1997年3月，批文已过期但土地未开发的《建设用地通知书》共1809份，面积达70.4km^2。

在城市行政管理权下放后，各区通过行政途径自行设立开发区，当时东南部地区仅纳入市计委范畴的开发区就达17个，开发土地面积超过160km^2。当时总规范围限于市辖8区，在没有城市规划依据的前提下，部分区域已经进入了建设状态。因此，在对城市空间资源的组织和利用上缺乏逻辑性，甚至因为缺乏城市规划依据而存在违法批地用地、未批先用、用而不报等现象，造成土地利用上的混乱和资源的浪费，严重影响了城市用地的合理布局。

（2）建设过热与退潮

1992年的房地产泡沫，1997年下半年的亚洲金融危机，使不少房地产项目资金周转出现问题甚至资金链断裂。加上前期缺乏宏观调控，大量批地，导致土地市场失控，大中型商业用房、写字楼供大于求的情况严重，房地产市场急转直下，商品房、写字楼滞销。1995年至2000年上半年，广州市商品房预售批出量共3364.01万m^2，成交量共2309.1万m^2，批出量比成交量多出1054.91万m^2。

商品房、写字楼滞销，开发商资金链断裂，导致广州在20世纪90年代出现不少"烂尾项目"。如位于海珠区江南大道与昌岗路交会处的港澳江南中心（现达镖国际中心）、位于天河路与体育东路交界处的京光广场（现万菱汇）、位于天河区天河北路的超高写字楼中诚广场（现中石化大厦）、位于环市东路花园酒店东边的大鹏国际广场（现正佳东方国际广场）、位于林和西路的中水大厦等。这些建于90年代，曾经的"第一高楼""首席写字楼""地标建筑"很多位于城市的核心地区，因各种原因烂尾长达十几年，对城市造成了不良的影响（图4-50、图4-51）。

位于白云山西侧的北翼大组团，在很短时间内就出现了1200万m^{2}的集资房。这些集资房占用农田、侵犯水源保护地和风景名胜区，往往挤占城市道路和电力走廊而建，建筑质量较差、配套设施匮乏、空间环境拥塞、卫生条件落后，给正规的房地产市场也带来了极大的冲击，所造成的危害难以弥补。例如，远郊区的竹料镇，开发了超大型楼盘竹料新城，最后以烂尾告终（图4-52）。

市区西部围绕地铁1号线芳村段开发的花地湾新城项目，早在芳村区成立时就做过远景规划，其规划构想并不亚于天河体育中心地区。由于缺乏"全运会"这样的重大事件驱动，显得先天不足。20世纪80年代末，作为综合开发、土地有偿使用的先行者，广东国际信托投资公司（简称

图 4-50 体育西路的烂尾项目　　　图 4-51 天河路烂尾项目
（图片来源：陈菊摄）　　　　　　（图片来源：陈菊摄）

图 4-52 某集资房小区
（图片来源：伍家炯摄）

广信）以 2.808 亿元的总价，竞得花地大道两侧 100hm² 的商品住宅用地，楼面地价为 218 元 /m²，创下广州市土地出让"招拍挂"的先河。90 年代开发了部分组团之后，1998 年广信项目因广东国投破产戛然而止。

4.4.2.2 大开发对城市文脉和空间秩序的冲击

（1）全民经商的街道环境

20 世纪 90 年代，随着民营经济的增加，市场经济愈发活跃，广州市进入了一个全民经商、全市经商的年代。在这个年代里，人们经商热情高涨，酒店、火车站及许多企事业单位打开围墙建商铺，发展"围墙经济"。在老城区，占用内街、公共绿地建设商铺出租盈利的现象比比皆是。个体经营的狂热，使商铺急剧增加，整个城市都几乎浓缩在商铺之中。全民经商为广州的经济带来了活力，但这种过于追求经济发展的"马路经济""围墙经济"同时也给城市发展带来了一系列问题。一方面，大量的车辆、人流甚至是货物滞留在城市干道之上，导致严重的交通拥堵，有随地摆摊、占道经营的地方交通拥堵更为严重。另一方面，大量的违法搭建、经营垃圾等，尤其是沿街餐饮、大排档等，给城市街道的整洁和美观带来了负面影响。

（2）大规模的拆建风潮

当时一些城市管理者提出过"不能将城市搞得太大，旧城区改造任务很艰巨，除了将名胜古迹、文物和一些旧城建筑留作纪念，作为给后人观光的样本以外，所有的都要拆除"，"在城市建设中，香港的城市发展经验很值得借鉴。向空中发展，将密度降低。变扁平式高密度城市为立体化低密度城市，高度利用空间、土地资源。如香港的建筑一般都是三四十层，五六十层。广州市只有向立体化方向发展建筑、交通等才能成为现代化大都市"等观点。

正如前文所提到的，地铁1号线采取联合开发的土地筹资方案，拆迁范围巨大，不少老字号也未能幸免，给老城区的城市肌理和历史文脉、社会网络带来了不小的冲击。1993年5月，建设广州地铁1号线拆迁工作基本完成，拆迁总面积110万m^2，动迁居民（含单位户）近2万户、10万人。这是当时广州市政建设史上规模最大的拆迁。

1995年9月28日，解放路扩宽首期府前路延长段至一德路1.7km的路段按期竣工通车。该路段从24m，扩宽至40m，6车道沥青路面。此工程共拆迁4147户，其中单位店铺798户，居民3349户，拆迁建筑物面积共20.45万m^2。

1996年，广州市政府和有关部门为了吸引港澳台和外商投资广州的新区建设和旧城改造，提出了"三让三得"的政策，即"让市场、让股权、让利益，得资金、得技术、得效益"，全年中外合作完成房地产投资额高达75.42亿元，比1995年高出60%。

"三让三得"的政策导致基础设施原本就不足的旧城区环境不断恶化，旧城建设密度高、人口密度高、交通密度高的"三高"问题更加严峻，给广州旧城造成了严重的破坏，产业低端、功能混杂、空间拥挤、配套不足、交通拥堵、文化破坏等各类"城市病"纷纷出现（图4-53）。

图4-53 旧白云机场旁密集拥挤的城中村
（图片来源：黄亦民摄）

专栏4-8：荔湾广场

1996年竣工的荔湾广场位于广州市荔湾区上下九商业步行街与康王路交会处的东侧，这里是广州历史上的老西关地区，是拥有1000多年历史的商业繁华地段。临近上下九—第十甫路、华林禅寺、光复中路、光复南路、和平中路等的历史文化街区，是广州西关地区传统城市格局和商贸市井生活集中保留和展示的地区。

荔湾广场是一个典型的在高容积率思路指导下所做的旧城房地产开发项目。项目占地面积4.5万m^2，拆除原有建筑面积9.8万m^2。拆除范围内涉及原有沿街骑楼和大面积的历史街区，拆除的建筑包括各种房屋775栋、30多个工厂和100多个店铺，涉及拆迁人口7074人，共2045户。

竣工后的荔湾广场是一座拥有31万m^2建筑面积的现代化商业建筑。建筑宽约100m、长约300m，商场裙房共6层，内有2000多间商铺，其上是8栋32层的塔式住宅。整个项目容积率高达6.9，而绿化率只有10%（图4-54）。

荔湾广场的巨大尺度与周边的历史街区格格不入，它粗暴地将一个单调巨大的现代建筑植入层次丰富的旧城环境之中，与西侧的康王大道一起，把广州西关地区剩下的唯一一条完整的骑楼街——上下九骑楼街拦腰截断，严重破坏了旧城原来致密有序的空间肌理，给广州西关地区传统城市空间造成了无法挽回的损失。

非但如此，由于尺度巨大的室内空间与旧城传统商贸业态不符，与周边的上下九骑楼街、华林玉器街等传统街道相比，荔湾广场自建成以来经营状况就一直欠佳。

图 4-54　2000 年的荔湾广场

（图片来源：广州市城市建设档案馆提供）

4.4.2.3 多种"城市病"综合显现

（1）交通拥堵成"症结"

随着经济迅速增长和城市规模不断扩大，道路建设速度赶不上住房和机动车的增长速度，城市交通压力日益加剧。1980—1990 年，道路长度年均增长 8.07%，但机动车保有量年均增长 23.4%。干道车速降至 15km/h，公交车速也只相当于 19 世纪马车的水平（约 10km/h），车内拥挤不堪（每平方米站立 12 人），"出行难"问题成为当时广州四大社会"症结"之首。1991—2000 年每年一次的《广州市政府工作报告》中，有 7 次都把交通拥堵作为城市建设与管理中亟待解决的突出问题（图 4-55）。

20 世纪 90 年代中广州市委党校学员的一篇调研报告进一步用数字直观地说明了当时交通拥堵的困境。当时广州市道路面积占建成区总面积的比例不足 6%，而香港、新加坡均超过 11%。全市 600 多个交叉路口，有交通灯管理的却只有 132 个，其中受交通指挥中心控制的只有 25 个。自行车和摩托车占大量道路面积，出行比例过高。在当时各种出行方式中，自行车占 34%，其后果是高峰时占用道路面积超过 50%，且在交叉路口处对其他交通的影响甚大；摩托车的保有量超过 20 万辆，约占机动车总数的 2/3。市区 139 个公共交通总站中，仅有 27 个能设在站场内，其余

112个没有站场。除原有的大客车、中巴、小汽车、摩托车、三轮车、自行车和步行外,又增加了残疾人机动车和电动自行车等。此外,由于占道违章建筑、占道摆摊经商(如卖报、卖菜、卖生活用品等)、占道停车、占道堆杂物和垃圾等现象没有得到有效制止和根除,广州城市道路交通堵塞问题更加严重。室内外停车场中、小型汽车的总泊车位数仅有13700个左右,其中,用农民出租的土地设置的临时停车场的泊位数为10100个,停车场的泊车能力仅能满足15%~30%的泊车需求。

(2)环境污染速度大于治理速度

市政设施超负荷运行、交通拥堵增加废气排放、全市大开发带来的扬尘,再加上城市综合管理机构的"小马拉大车"和条块分割,使那段时间

图4-55 20世纪90年代城市拥堵状况

(图片来源:潘安,周鹤龙,贺崇明,等. 城市交通之路[M]. 北京:中国建筑工业出版社,2006:206,211.)

的广州城市环境让市民和来访者纷纷摇头。

广州市统计局的一份调研报告将广州和当时国内七大城市的综合环境指标作了深入对比，报告显示，除了经济实力外，广州的综合环境指标全面处于中下游水平。报告中列举的数据进一步揭示了广州当时的环境"欠账"：1995年，广州环保投入占GDP的比重仅为0.4%，明显低于专家提出的3%的标准；由于环保资金投入不足，广州功能区的大气环境、水体环境、环境噪声均未达到标准。环境污染负荷还在持续增加，如生活污水处理量远低于排放量，市区废水排放量大幅上涨，日照时数减少，酸雨频率过高等。此外，环境绿化方面亦不理想，1995年人均公共绿地面积只有$3.89m^2$，比全国城市平均水平低$1.15m^2$。按国家园林城市评选标准，广州市人均公共绿地面积、建成区绿化覆盖率均未达标。

4.5 世纪之交：一次环境秩序的重构

经过20世纪90年代高速发展的广州，多种"城市病"开始显现，城市交通混乱拥堵，环境污染严重，土地无序扩张；城市文化受到重创，街道环境遭到严重破坏。基于这样的现状，为了做好准备迎接"九运会"，以良好的城市面貌迎接新世纪，1998年，广州市政府提出"一年一小变，三年一中变，到2010年一大变"的城市环境整治目标，并于2000年5月19日正式公布《广州城市建设管理"三年一中变"规划》，确定了八大主要任务、79项"中变"形象工程项目。

2001年10月26日，广州市委、市政府举行广州"三年一中变"第四批市政工程39个项目暨北二环高速公路的竣工通车仪式，标志着广州圆满完成"中变"任务，城市环境面貌明显改善，先后获得多项城市环境称号。"九运会"举办之际，广州以跨世纪的全新面貌再一次向全国亮相，大获好评，获得了国内外多项城市环境奖项。

4.5.1 "一年一小变"，精准改善城市面貌

"形象工程"一词在现在看来或许有些贬义，但在城市发展的关键时期，通过"形象工程"可以对城市环境进行整饬，改善城市面貌，重新树立良好的城市形象。1997年10月，围绕"如何把广州管理整治得更好"的问题，为了做好准备迎接"九运会"，树立现代化城市形象，广州市决定全面推进"城市形象工程"建设。根据广州市1998年计划工作会议和市建设工作会议精神的要求，广州市规划局向市政府提交了《关于开展城

市形象工程建设问题的报告》，提出109个城市形象工程的建设实施方案，着重围绕园林绿化工程、环境整治工程、交通工程、迎"九运"建设工程项目、村镇建设工程五个方面开展。

1998年7月，广东省委、省政府召开广州市城市建设现场办公会议，省委领导对广州城市建设提出要求，"要一年改变脏乱差面貌，实现环境面貌一年一小变化；三年完善广州基础设施，有一个中的变化；到2010年广州城市建设、城市管理有根本性变化，率先实现现代化"。这段话后来被总结成"一年一小变，三年一中变，到2010年一大变"的工作目标。随后，广州的城市形象工程建设纳入"一年一小变"计划，其中包括珠江两岸景观工程、广州大道南道路改造样板工程、北京路和上下九步行街整治工程、人民公园和黄埔公园改造工程、广州东站绿化广场、陈家祠广场、珠江两岸"光亮工程"等项目。广州市继续以治脏治乱为工作重点和突破口，通过城市环境整治来改善城市面貌，带动城市基础设施建设。

"一年一小变"主要针对城市环境的脏、乱、差现象开展十个方面的专项整治，包括改善市容环境卫生面貌、治理占道经营和乱摆乱卖、清拆违法建筑和违章搭建、整顿交通秩序、整顿违章户外广告、整顿建筑工地、改造城市进出口、整治市内河涌、清理收容遣送"三无"人员、开展"除四害"活动。

珠江两岸景观工程是"一年一小变"的重点工程之一。1998年，珠江绿化景观旅游带开工建设，首期工程为人民桥至南方面粉厂之间26km的景观带项目，拆除了大量违章建筑、窝棚和违建广告，对违章工地、露天垃圾场和卫生死角进行了整治，打捞江面垃圾，并初步推进污水截留。

1999年4月，广州市政府发布《关于整治珠江广州河段两岸市容市貌的通告》，珠江两岸景观工程正式动工建设。该工程的范围为珠江前航道白鹅潭至华南大桥约23km长的珠江沿岸，工程具体内容主要包括铺砌人行道、砌筑石栏杆、沿路植树绿化以及架设灯饰等，总投资2.5亿元。

珠江两岸景观工程的内容除了治违、治脏和实施绿化工程之外，还涉及沿江道路的疏通、沿江商铺业态升级等。后来，人民路高架沿江西路一段被拆除，滨江道路拓宽至4或6车道，著名的"人"字照片中，"人"的一捺从此消失。

4.5.2 "三年一中变",城市秩序获得重整

在"一年一小变"成功的基础上,为了整体性地提升城市形象,改变城市面貌,2000年5月19日,广州市委、市政府正式公布《广州市城市建设管理"三年一中变"规划》,确定了八大主要任务、79项"中变"形象工程项目,还结合城市发展的问题与瓶颈,从城市规划和城市设计、城市基础设施建设、城市环境综合治理、环境保护、园林绿化、城市环境艺术、居住小区整治与管理、依法治市和城市管理体制改革等多方面提出"三年一中变"的主要任务(表4-3)。

中变主要竣工市政工程一览　　　　　　表4-3

批次	项目名称
第一批	内环路景观工程, 广园东路一期、沙河立交, 丫髻沙大桥
第二批	内环路黄埔大道、增槎路、东晓南路3条放射线, 芳村大道、滨江西路、东风西路、广州大道北段、南洲立交、火车站分流工程, 珠江两岸景观工程、白云山绿化休闲带、珠江公园、麓湖半山公园、友谊商店前广场
第三批	广汕路扩建工程、体育中心配套工程, 麓湖截污工程、火车东站水景工程、芳村人行天桥工程、绿化广场南广场、江南大道大修工程、广园中路大修工程
第四批	广园东路二期工程、新机场高速公路、滨江东路延长线、芳村景观工程、体育馆人行天桥、芳村大道扩建工程、大金钟路扩建工程, 广从路人行天桥、车陂路扩建工程、广汕路人行天桥、英雄广场、华林寺停车场、解放路—人民路、机场路大修工程、流花路人行隧道、广花五路大修工程、"九运会"场馆必经主干道、永福路大修工程、桥梁涂装工程、体育中心广场、南泰路扩建工程、黄埔大道人行隧道工程、中山大道排水改造工程

(资料来源:林树森.广州城记[M].广州:广东人民出版社,2013.)

进入"三年一中变"阶段,广州市委、市政府更加注重规划的龙头和综合统筹作用,共制定了173项城市专题规划和城市设计,为"中变"的各项建设与整治提供了比较完整的规划蓝图和科学指导。具体工作从交通骨架建设、市容环境的综合整治和人居环境绿化美化三个方面推进,取得了良好的效果,在新世纪及"九运会"举办之际广获赞誉。

专栏4-9："三年一中变"规划总体目标

《广州市城市建设管理"三年一中变"规划》中提出的总体目标为：进一步加强城市规划和城市设计，确保城市建设、发展的科学性；进一步加快以道路、交通为重点的城市基础设施建设，构建完善的城市交通网络系统；实施城市环境综合治理，营造卫生整洁、安全文明、优美舒适的城市环境；加强以大气环境和水环境为重点的环境保护工作，加快实现"一控双达标"，加强生态资源保护和城市园林绿化建设，构筑凸现山水城市特色的花城风貌；推进城市标志性建筑和形象工程建设，塑造历史文化名城现代文明新形象；深化城市管理体制改革，提高依法治市和城市现代化管理水平；积极开展以文明社区建设为重点的群众性精神文明创建活动，努力改善城市生活环境和提高市民的现代文明素质，到2001年把广州建设成为全省文明城市。

4.5.2.1 "三年一中变"的主要成效

经过三年的艰苦努力，广州市如期实现了"三年一中变"的目标，工作重心由经济发展转向城市环境治理，城市规划、建设和管理水平迈上了新的台阶，城市建设形成了新思路，城市面貌发生了明显的变化，城市环境品质得到提升，获得了考察广州工作的来宾、广州市民以及2001年"九运会"参加者的充分肯定。

（1）为城市带来建设发展新思路和新成效

广州市通过"三年一中变"工作，既以集中解决"脏、乱、差"现象为突破口，改变了城市的环境面貌，同时也转变和更新了一些领导干部头脑中不适应现代化中心城市建设的旧思想、老观念。一是由注重经济效益，忽视社会效益和环境效益转变为谋求经济、社会、环境的协调发展。二是由只顾眼前利益的短期行为转变为谋求可持续发展和坚持科学发展。各级领导干部形成了发展经济不能急功近利、不能以牺牲环境为代价的思想共识。三是由重建设、轻管理的旧观念转变为以管理促建设、向管理要效益的新观念。

"中变"不但改变了广州整个城市的环境，同时也促进了广州的社会稳定，促进了广州经济的持续快速健康发展。在2000年国内生产总值实现增长13%的基础上，2001年，面对国内外十分严峻的经济形势，仍实现增长12.7%，GDP总量达2684.83亿元，在全国十大城市中列第三位；人均GDP达38007元，列第二位；城镇居民年人均可支配收入14694元，列第一位。广州以约占全国1/180的人口，缴纳了约占全国1/20的税收。经过"三年一中变"，广州的面貌焕然一新，中心城市的吸引力越来越强。广州这座拥有2000多年历史的名城，吸引着越来越多的国内外游客和投资者。以旅游为例，2001年广州全年接待国内外旅游者2511.68万人次，旅游营业收入455.23亿元。通过当时"广州一日游"的旅游新品牌，广州展现出"花城、商都、文化名城"的全新形象。生活和居住在广州的市民，自豪感进一步增强，建设美好广州的信心更加坚定。

（2）构筑城市交通主骨架，改善城市交通状况

"三年一中变"期间，广州市高标准、高水平地建设城市道路交通网络，构筑城市交通主骨架和网络体系，制定了《广州市交通发展战略规划》《广州市城市干道网络规划》和《广州轨道交通线网规划》，完成了87项交通设施重点工程。

一是构建快速道路交通系统。如期完成了一系列道路、交通重点工程，形成了以东南西环、北二环和新机场高速路为主的高速公路体系，以内环路、广园东路和华南快速干道为主的快速路体系。

二是通过对主干道扩宽、延长、打通的整治、改造，突破了一些交通"瓶颈"，解决了一些"断头"路，改善了区域道路的通行条件，提高了通行能力。

三是加快推进轨道交通建设。在提高地铁1号线运营效益的同时，加快推进地铁2号线建设，动工建设地铁3号线，并着手进行地铁4号线规划，抓紧构筑全长129.4km的城市轨道交通网络。

至2001年底，广州市道路总长达4209.74km，面积达5898.86万m^2，城市人均道路面积从1998年的$6.96m^2$提高到$10.22m^2$，增加了40.23%；城区机动车平均速度从原来的18km/h提高到33km/h，初步改变了城市交通拥堵、市民出行难的状况。

（3）深化城市环境综合整治，市容面貌明显改观

为从根本上改变广州市城市环境"脏、乱、差"的状况，树立广州市的城市新形象，"中变"期间，城市环境综合整治工作继续深化，在原来

> **专栏4-10：广园快速路**
>
> 广园快速路于2001年10月建成通车，全长32.8km，总投资33亿元，对确保"九运会"开幕式的顺利进行起到了很好的保障作用。广园快速路西起禺东西路，东至增城市新塘镇荔新路，是一条高标准的城市快速路，设计车速为60～80km/h，全线共有10座互通式立交和10座分离式立交。
>
> 沙河立交是广园快速路一期工程的配套工程，是当时广州市规模最大的立交。立交系统以高架为主，共3层，立交道路长7.46km，宽60m，高架单向长10.67km，宽16m，是内环路、外环路、广园路、广州大道、广汕路、沙太路、广从路等道路的交会点，总投资约18亿元。
>
> 广园快速路的建成对解决长期困扰广州市沙河地区及东北部出入口的交通堵塞问题，加快广州市东北部的经济发展，加强广州市与深圳、东莞、惠州、汕头、梅州、河源等城市的联系有着十分重要的作用。

10项专项整治的基础上增加了整治内容，扩大了整治范围，加大了整治力度。

改善城市环境的一个重要手段就是回收闲置土地。广州市政府首次公开明确：两年内未开发的闲置土地一律收回。"三年一中变"期间，广州市共收回用地通知书和注销用地红线涉及的土地共16.6km^2。收回闲置土地措施有效地控制了城市的无序蔓延，保护了老城区的风貌，调节了房地产市场的供需平衡，及时抢救了一批文物单位。

经过三年多不懈的建设与整治，广州市存在多年的"脏、乱、差"状况有了很大改变，整个城市的市容环境面貌焕然一新。首先，违法建设行为以及影响市容景观的现象得到了有效的遏制，"一区三边"（"一区"是指城市建成区，"三边"是指铁路边、高速公路边和国省干道边）、城市出入口、城乡接合部等重点区域的环境秩序明显好转。其次，广东奥林匹克体育中心、新广州体育馆等一批标志性建筑，新建的公园和绿化广场、珠江两岸的景观改造和一批旧楼宇的屋顶和外立面整饰等工程有效地改变了城市景观（图4-56、图4-57）。

（4）推进城市绿化景观建设，美化人居环境

在全力进行环境综合治理的同时，城市绿化建设从"见缝插绿"发展

到"清违复绿"，绿化规模和水平不断提高，多层次城市绿化体系开始形成。自"小变"至"中变"，全市新增绿地 2300 多公顷，植树 0.84 亿株，公园总数达 125 个，建成和在建森林公园 34 个，广州成为全国省会城市中拥有森林公园最多的城市。

经过"三年一中变"，广州市的污染治理和环境保护工作取得了初步成效，空气变得清新了，珠江水变清了，珠江河里重新出现了鱼虾，污染也减少了，整个城市的环境状况显著改善。城市公共绿地大量增加。至 2001 年底，广州市城市园林绿地面积达 99144hm^2，绿化覆盖率 34.59%，建成区人均公共绿地面积达到 8.05m^2。2001 年，空气质量优、良天数达到 353 天，出现蓝天白云天数为 191 天。在 2000 年全国 46 个重点城市环境综合整治定量考核评比中，除 11 个全国环保模范城市外，广州市在其他 35 个城市中的排名从 1999 年的第二十八位跃居第七位。根据广州市社情民意调查中心的调查结果，市民对城市环境的满意率 1999 年为 93.5%，2000 年上升为 95.9%。

图 4-56　陈家祠绿化工程
（图片来源：广州市城市建设档案馆提供）

图 4-57　麓湖整治工程
（图片来源：广州市档案局，等. 春色满园：广州改革开放三十年 [M]. 广州：广东人民出版社，2008：74.）

专栏 4-11：广州火车东站绿化广场

20 世纪 90 年代末，天河区的广州火车东站新站房基本建成，地铁 1 号线通达广州东站，中信广场落成。由于新城建设发展过快，功能复杂，项目与环境之间缺乏整体协调，天河区的北部门户地区未能体现应有的环境品质和城市形象。

为了完善天河火车站地区的城市空间形态，改善该地区的城市面貌，树立城市

"窗口地带"独特的城市形象,市政府决定收回原属于城建总公司的商旅六区的用地,并取消东站南面的香格里拉酒店1.6万 m^2 用地,扩大后的广场用地约116万 m^2。城市设计以中心绿化广场设计、交通规划和步行系统设计为重点。在中心绿化广场设计中,取消和迁移了原规划中的两组酒店建筑,形成大型绿化中心广场和人造瀑布景观(图4-58、图4-59),优化了地区用地结构,并突出了中信广场标志性建筑的景观效果。同时对东站地区周边道路使用功能进行分级分区组织,并提出二层步行系统设计方案。广州火车东站广场水景瀑布工程在2002年被广州市民选为"羊城新八景",命名为"天河飘绢",该项目获2002年度广州市优秀工程勘察设计一等奖。

图4-58　广州火车站水景工程效果图与实景图
(图片来源:广州市规划和自然资源局提供)

图4-59　火车东站南广场设计意向
(图片来源:广州市规划和自然资源局提供)

专栏4-12:公园"拆墙显绿"

"三年一中变"的重要成绩之一就是拆除了一些有形无形的围墙,建设了一批没有围墙的公园和开放空间,还绿于民,为广大人民群众创造优美、舒适、健康的人居环境。如位于广州市中心城区的人民公园(原称中央公园),是广州最早建立的综合性公园,原是一个以围墙封闭的收费公园。公园周围餐饮、娱乐设施林立,环境吵闹、杂乱。1999年,政府决定拆除公园搭建的10000多平方米的建筑和围墙,将其改建成一个开放式的供群众休憩、娱乐的公园,还公园于民。人民公园成为广州市首个拆除围墙的免费公园，至今仍为附近市民的休闲运动之地（图4-60）。此外，原只允许私家车进出的二沙岛，也在"三年一中变"期间建成为面向全体市民的文化休闲区，实现"还岛于民"。

图4-60 拆除围墙后的人民公园
（图片来源：伍家炯摄）

专栏4-13：白云山西侧绿化休闲带工程

白云山西侧绿化休闲带东接云台花园，西临新广从公路，南至下塘西路登峰小学路口，北至白云山风景区西山门，紧邻广州新体育馆，是当时的广州科技馆、东方乐园与城市建设区之间的一条过渡缓冲带，总长8.5km，规划面积93.6hm²，其中包括一个面积约6hm²的森林生态公园。首期工程为广州新体育馆对面地段30hm²、长855m的地块。

设计上采用"长线串珠"的手法，将带状绿地局部拓宽，沿线安排多个不同形式、风格、主题的小游园、广场。该项目分期实施，一期工程包括下塘西路、柯子岭和荷依岭地段，规划建成一个以植物景观为主、配套设施齐全的生态休闲公园。工程总投资约8000万元，2000年4月动工，同年底基本建成。

4.5.2.2 展现城市形象与环境实力的"九运会"

经过"三年一中变"，广州以往在人们心目中留下的一些不良印象彻底改变了。实现"中变"后，多位时任中央领导到广州考察，对广州的城市建设与环境治理给予了充分肯定。时任国务院总理到广州考察，对广州的变化给予了很高的评价。他说："有几件事情给我留下深刻印象。第一，广州这三年来变化很大，我一直对广州的印象不好，脏乱差，我说的这个话也是针对广州说的，农村不像农村，城市不像城市，农村又像城市，城市又像农村。这次来了以后,我感到广州整个基础设施建设、房子建设、市容市貌建设都有很大的变化。广州这样一个包袱沉重的老城市,城市建设能够做到今天这个程度真是不容易。""九运会"期间,各省、市运动员代表团也对广州的城市环境给予了认可。

2001年10月29日,在"三年一中变"工作现场办公会上,省委省政府对广州市的工作给予了高度评价,认为广州市通过"三年一中变"工作,城市建设及方方面面工作发生了很大的变化,全面完成了城市规划、建设、管理和整治的各项任务;实现了城市面貌的根本好转,彻底改变了长期以来广州在人们心目中"脏、乱、差"的形象,为即将召开的"九运会"创造了良好的环境,为进入新世纪加快发展奠定了基础;既为人民群众提供了良好的创业和生活环境,也为全省克服亚洲金融危机之后逐步进入良性循环的大好发展形势作出了积极贡献。此后,中央和省、市的媒体对广州市"三年一中变"工作所取得的成绩连续进行了报道。

2001年11月11日,第九届全国运动会开幕(图4-61)。"九运会"是21世纪我国第一个综合性体育盛会,共设30个大项、345个小项比赛,358块金牌,来自全国45个代表团的8608名运动员参会。"九运会"的举办提高了我国体育运动的水平,发现和培养了优秀的体育运动人才,也为2008年奥运会进行了练兵。共有24人35

图4-61 "九运会"开幕式
(图片来源:广州市国家档案馆提供)

次打破7项世界纪录,6人1队7次创6项亚洲纪录,28人41次打破9项亚洲纪录,32人4队52次创37项全国纪录。一批项目的成绩达到了世界领先水平,体操、射击、举重、羽毛球、乒乓球、跳水等既展现了高水平的竞争,更展现了后备人才的勃勃生机。

4.5.2.3 "三年一中变"行动中的一些遗憾

广州市通过实施"一年一小变""三年一中变"计划,改善了城市面貌,提升了城市形象,为未来发展为现代化大都市奠定了基础。但整治过程中,在进行大规模城市建设和拆除的同时,往往因过于重视新建工程而忽略了历史建筑、历史片区对城市的重要影响，造成了难以弥补的遗憾。

专栏 4-14：康王路选址的争议

2000年，为了缓解旧城的交通压力，广州市在原本保留有广州最为精华传统街巷的西关地区，硬生生开辟了一条南北笔直的城市主干道。康王路的建设贯穿了金华街、龙津街这两条有两百多年历史的西关历史内街。这里改造前一直保留着明清时期形成的完整传统城市格局，以及由石板巷、竹筒屋构成的宜人空间。

康王路规划线位的中央有一处市级文物保护单位锦纶会馆。锦纶会馆建成于1732年，是广州市丝织业行会会馆，被看作我国资本主义的萌芽之地。为了解决锦纶会馆的问题，经数次专家研讨、数次部门研究，归纳出四种解决问题的思路，即原址保留、整体迁移、分割打包、异地重建。最终，采取了整体迁移锦纶会馆的方案。2001年，这项被称作"筷子夹水豆腐"的锦纶会馆整体迁移工程开始动工，工程历经40多天。迁移后的锦纶会馆位于康王路西侧一处1400m²的地下停车场顶部，周边的历史环境自然都已不复存在。后来，广州在与泉州等其他城市筹备申报"海上丝绸之路"世界文化遗产的时候，锦纶会馆遗憾落选，原因就是不符合文物保护的原真性要求。

康王路的开通对于缓解荔湾区的南北向交通压力起到了积极的作用，但同时也割裂了旧城的整体格局，破坏了许多广州市最为精华的传统街区。广州市还在康王路沿线划出12个地块用于出让，以筹集康王路建设所需的各项经费。这些高层、高容积率的地块建设更进一步加大了对城市传统空间的破坏，并给原本紧张的旧城交通和基础运营带来更大的压力。

专栏 4-15：广州老体育馆的拆除

20世纪50年代，百废待兴的广州投入"一五计划"建设。当时的广州缺乏大型室内体育场馆，举办比赛不便，一旦刮风下雨，不少比赛无法进行。在这样的背景下,时任国家体委主任贺龙要求广州兴建一座大型室内体育场馆。1956年,广州决定在流花地区开建广州体育馆,由岭南建筑大师林克明进行设计。广州体育馆设置座位5600个,曾是华南地区最大的体育馆,是当时广东重大体育赛事举办的主要场地,"六运会"时,还承办了男子篮球比赛。广州体育馆建筑主体采用大跨度反梁薄板钢架结构体系,立面设计简洁明快,成为早期岭南现代建筑的代表性作品。

但进入新世纪后,体育馆由于设施陈旧,已无法承办大型体育赛事。2000年前后,广州地铁需要在该区域修建越秀公园站和通往广州火车站的区间隧道。为了不影响解放北路的交通并避开该地块的溶洞以及人工湖,广州作出了拆除旧广州体育馆,以腾出地块明挖地铁的施工安排(图4-62)。

图 4-62 广州体育馆爆破现场

(图片来源:石安海. 岭南近现代优秀建筑(1949—1990卷)[M]. 北京:中国建筑工业出版社, 2010: 107.)

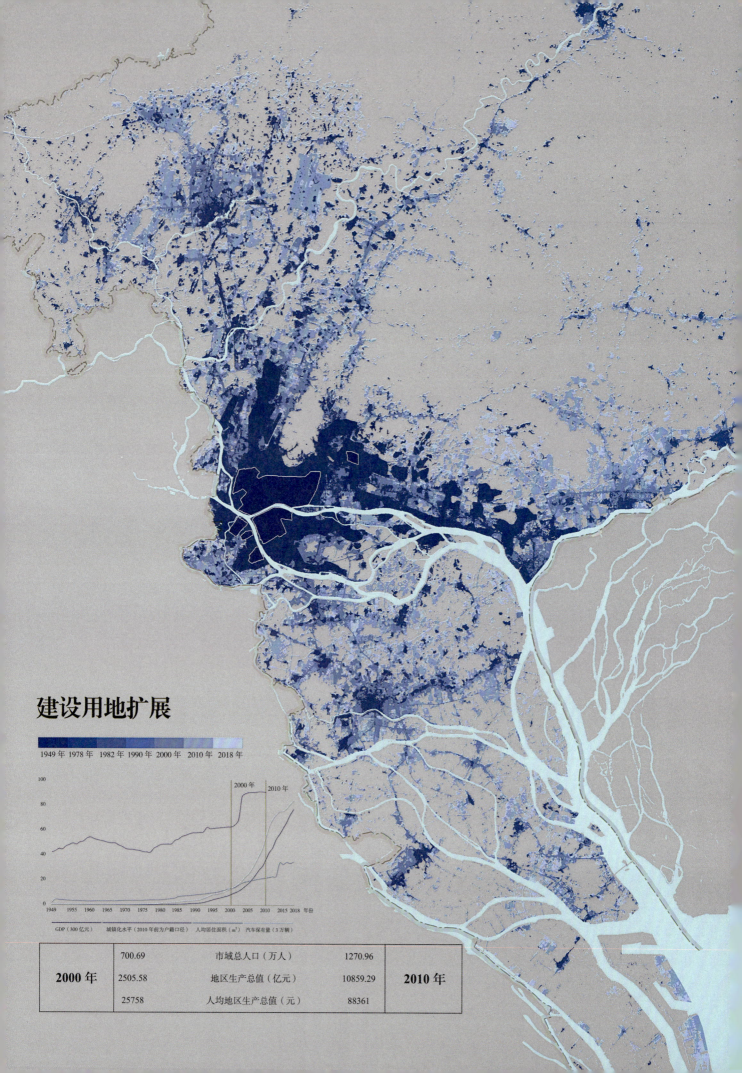

05
"战略规划"引领城市提质增效
2001—2010年

跨入21世纪，在知识经济兴起、全球化发展的大背景下，广州进入了一个全新的发展阶段，面临着新的机遇和挑战。2000年6月，番禺、花都撤市设区，使广州发展的地域空间发生了实质性的变化，成为广州城市规划建设创新发展的一次重大机遇。伴随着广州行政区划的调整，广州开始优化城市发展思路和路径，开国内大城市之先河开展了战略规划编制，主动思考城市发展问题并系统研究城市，开启了科学谋划城市规划建设的探索，谋定了"南拓、北优、东进、西联"的跨越式发展格局。

在战略规划的引领下，广州走出了多年来发展空间局限于旧城区的困境，逐步形成了沿珠江水系发展的多中心组团式网络型城市空间结构，再加上2010年"亚运会"筹办等大事件的催化作用，城市面貌焕然一新，国民经济保持快速增长，人民获得感和幸福感迅速提升。

同时，广州将新白云机场、南沙港和铁路枢纽与城市的拓展紧密结合在一起，以重大基础设施落子，稳定城市空间结构，激活空间战略。在拉开空间骨架的同时，广州秉承生态优先的理念，维育"山、城、田、海"空间格局，切实提高了生态环境质量。

"亚运会"与广州城市形象实现"大变"的目标在2010年这一时点汇集，这场盛会使广州焕发出勃勃生机，展现了崭新风采，也让世界重新认识了这座城市——一座古老和现代交汇、传统和创新共存的中国南方城市。

5.1 新世纪对南方大港城市的再认识

自秦汉以来，广州一直是因港而生、与港同兴的城市，经过"一年一小变""三年一中变"，20世纪90年代的飞速大发展态势得到了调整和巩固。但由于行政辖区的严重制约，广州着力推动寻找新的发展用地，于2000年完成番禺、花都撤市设区。为了把握发展的新机遇、拓展城市发展的战略思路、提高新蓝图谋划的科学性，广州市政府诚邀多方专家开展咨询讨论工作，开国内城市之先河，首次提出了战略规划的做法，在"云山珠水"的基础上建设"山、城、田、海"的山水型生态城市基本构架，将"南拓、北优、东进、西联"作为基本的空间格局，在规划与发展中进一步巩固了广州作为国家中心城市的地位。

5.1.1 战略规划的提出

在广州2000多年的历史长河中，港口兴则城市兴，当商贸、港口的优势无法发挥时，广州的城市地位就有所下降。正如第一章开篇部分谈到的，从秦汉到明清，广州的港口和商贸地位几起几落。

民国时期，特别是20世纪20-30年代，根据南方大港计划，广州积极发展工商业，在西村、河南开辟了两个工业区，广州市的范围也扩展到西村、河南地区。对全市交通系统进行了规划建设，包括港口、码头等。1933年2月，海珠桥建成通车，将市区和河南联成一片，并建成了一批重点工程建设项目，包括中山纪念堂、中山图书馆、市政府大楼、广州内港。新中国成立后，城市发展方针转向工业立市，虽然内港在黄埔地区有一定发展，但航线以内贸和对香港转口为主，比较局限。

在世纪之交，由于原下属县都已撤县设市，广州的城市发展有很大的局限性，再加上受自然环境制约，广州规划的空间形态只能变成L形，发展条件、城市面积不如北京、天津、上海、重庆、武汉、沈阳，甚至比不上湛江、厦门、烟台等城市。随着世界经济全球化，现代的港口向集装箱发展，广州内港的自然条件再一次限制了广州的发展，第五代以上的集装箱船无法进入。广州港扩展，只在与广州开发区紧邻的东莞麻涌镇建设了"飞地"型的新沙港区，但仍受水深条件制约，缺乏建立真正意义上南方大港的基础条件。

20世纪90年代末，时任国家交通部领导在与广州市委、市政府领导的一次谈话中指出："你们广州黄埔港啊，是个内河港，没有发展前途的，番禺的南沙比你们还有前途，广州如果不充分利用南沙比较优越的水深和岸线条件，迁出到海滨建深水港，就会重蹈历史上泉州港萎缩的覆辙。"

"港因城生，城因港兴"这句话，从一个侧面概括了广州的发展脉络和规律。当代区域经济快速发展，离不开生产要素和商品的快速、大批量流动，而空港和海港位置的先天不足，不能成为广州进一步发展的支撑，广州急切地呼唤真正意义的世界大港，去迎接新的世界经济浪潮。2000年的市区拓展，让广州拥有了南沙的深水岸线，如何对北至南岭余脉、南达南海之滨的广阔空间做好谋划和布局，成为跨世纪的广州首先要回答的一个重要问题。

5.1.2 行政区划与发展格局的再匹配

广州始于番禺城的2000多年历史中，除了汉代的100多年间属于交州之外，其余时间都是南海之滨的重要行政贸易中心。民国以前，广州管辖着围绕珠江口的数万平方公里范围。1921年，广州建立首个现代意义的市政厅，开始现代市政建设，市政厅的管辖范围从22平方公里起步，到20世纪30年代扩展到190多平方公里。新中国成立后到改革开放前，广州的市区和郊区范围进一步扩大。80年代确立了市辖县制度之后，广州的市区维持1400多平方公里，而下辖县几经更迭，最后稳定为番禺、花县、增城、从化，市域面积7434平方公里。

专栏5-1：历代广州区划历史沿革

秦始皇三十三年（前214年），任嚣平定岭南后，出任南海郡尉并在南海郡番禺县内建城作为郡治。番禺城城址在今广州市区仓边路一带，史称任嚣城。公元前204年，南海郡尉赵佗乘中原楚汉相争之机，派兵兼并了桂林郡和象郡，在岭南地区建立了南越国，定都番禺，自称南越武王。南越国包括今广东、广西大部分以及今越南北部。这是岭南地区第一次建立古都政权。汉元鼎六年（前111年），汉武帝灭南越国，把南越国土地划分为9郡。从此，岭南地区直接归中央政府统一管辖。东汉时岭南隶属交州管辖，州治设在广信。汉献帝建安十五年（210年），孙权任步骘为交州刺史，略定岭南，并于建安二十二年（217年）把交州州治由广信东迁于番禺。225年，交州拆分为交、广二州，广州治番禺，"广州"作为地名首次出现。其后交州和广州曾合并，到264年再分立广州，继续治番禺。此后的唐、宋、元、明、清历代，广州地区名称还有广州都督府、广州路、广州府等，管辖范围有3万~4万km²。到清代，广州城出现一城两县的情形，省、道、府、番禺县、南海县共处一城（图5-1）。康熙年间，将番禺、南海两县北部的区域析出建立花县（现花都区），广州府管辖北到清远县（现清远市清新区、

图5-1 清代广州府范围图
（图片来源：广州市城市建设档案馆提供）

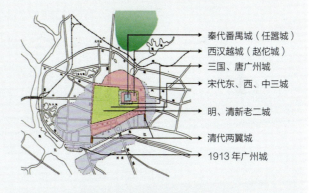

图5-2 广州历代城址变迁图
（图片来源：广州市规划和自然资源局提供）

清城区）、东到宝安县（现深圳市）、西到新宁县（现台山市），环珠江口地区。

民国初年，废除道、府一级行政架构，各县由直属省政府管辖。广州城继续作为省政府驻地。随后，到1949年新中国成立前，民国广东省政府又设立善后管

理委员会、绥靖公署、督察专员公署等分区机构管理各县（图5-2）。

1921年广州市政厅成立，从番禺县、南海县中划出捕属区及河南市区作为管辖范围，面积约22km²，市政厅直属省政府管辖。1928年广州市政厅公布新的市区范围，东到东圃车陂涌，南到黄埔，西到石围塘，北到白云山，水陆面积190多平方公里，1930年出版《广州市界志图》并竖立了广州市界碑46方。原广州城内的番禺县、南海县政府也相继迁出。

新中国成立后到1983年前，广州市一直作为省会，同时也行使对广州地区的管辖权。广州地区管理的县有多次调整，番禺县的北部、东部分数次划入广州市郊区和黄埔区，从化几经波折后于1961年重新划归广州市，增城也于1975年划归广州市管辖。1986年与1993年国务院先后批转了民政部《关于调整设市标准和市领导县条件报告》和《关于调整设市标准的报告》，推动了设市撤县的进程。在这样的政策背景下，广州下辖的花县、番禺、增城、从化均在20世纪90年代初完成了设市撤县，与广州市的关系由被其管辖改为了被其"代管"。

改革开放后到20世纪90年代的短短20年间，迅猛发展的经济动能迅速将城市骨架拉大到了当时的1400多平方公里市区全境。与此同时，广州下辖的各县经济也得到了长足进步，在国家培育中小城市发展和撤县设市政策下，广州市辖4县都于90年代初改市。在将广州发展为重要中心城市所需的战略性空间需求和保持县级市自主活力能动性之间，广州做出了历史的选择。

20世纪90年代初，广州市代管的4个县级市，比市辖区在规划建设上有更大的自主权。根据1997年实施的《广州市城市规划条例》，广州市的城市规划区在市辖区范围内，各县级市有权确定各自的城市规划区、编制市政府所在镇和省政府授权审批的镇总体规划、编制审批分区规划和控制性详细规划，仅在涉及广州城市总体规划重要控制区时，需报市政府审批。这样的制度安排，在很大程度上将广州市的市级规划和土地使用管理权限制在了市辖区的范围内，对广州市90年代的快速发展进程中的空间布局安排形成了制约。其中一个例子就是白云国际机场迁建选址，1984年广州城市总体规划预留了番禺化龙、石楼镇和白云花都交界等地，选址于番禺对服务整个珠三角地区的区位优势更为明显，但当时与广州市的协调渠道不畅也是后期未能选址于番禺的原因之一。

1998年，时任省委主要领导提出，广州要重新研究长远规划，充分利用珠江南北水道，建设一个好的环境。会上，广州市首次提出了调整行政区划、拉开城市骨架的构想。随后，经过两年多的时间，对当时番禺、花都的领导班子、干部、各界群众耐心地进行了大量说服工作以统一认识，经过严格的论证以及逐级上报审批程序，2000年5月21日，国务院批复同意广东撤销番禺市和花都市，设立广州市番禺区和花都区。

通过对两个县级市撤市设区，广州的市区面积从1400多平方公里扩展到3800多平方公里，广州得以在更大的空间、以更优的区位条件思考跨世纪的发展路径，为真正发展为辐射华南地区、在世界城市网络中占有一席之地的中心城市打下了基础。

5.1.3 开全国先河的广州战略规划

面对市区面积大幅扩展这一难得的历史机遇，广州市没有按部就班地重新编制全套法定规划的传统路径，而是既立足于迅速控制好拓展后市区土地的现实需要，又放眼长远，做好战略谋划。在积极探索市场经济和城市快速发展条件下城市规划编制和实施管理的方法与模式方面，广州在全国率先开展了广州市城市总体发展战略规划工作。战略规划强调高层次的战略研究，从而在宏观上真正实现对城市总体发展的引导和结构性控制，发挥城市规划在市场经济条件下的宏观调控作用，提高城市规划在社会经济快速发展中的适应性；同时也大大简化了传统城市总体规划的内容，缩短了规划编制、协调、审批的时间，提高了规划运作的时效性，以及时指导快速变化的市场下的资源配置和建设活动。战略规划的开创性实践得到了建设部领导以及城市规划界的高度评价，在全国引起较大反响，出现了全国"战略规划热"。

为了把规划方案做得更科学，广州市邀请吴良镛先生等业内专家为广州的发展和规划出谋划策。吴良镛先生在2010年10月接受《南方都市报》的采访时回忆说："当时，广州规划方向有点不对，东一榔头、西一棒槌，没有章法"，"我就说现在广州的问题，主要是要有一个战略思考。过去的规划中只有一种可能，不要受过去传统框框的束缚，规划要看到多种可能性。另外，要处理好战略与战术的关系，思路对头，技术上比较好解决。"吴良镛先生不单强调"战略",还强调"概念",他说"规划设计首先贵在思路,设计竞赛不是具体内容的竞赛,而是'概念'的竞赛,比大师意匠手笔,不要太急,宁愿多做些研究,通过概念规划明确思路后再考虑正式做传统的城市总体规划"。广州市政府根据吴良镛先生的建议,决定并于2000年6月组织开展了广州城市建设总体战略概念规划咨询。

广州市城市规划局邀请了清华大学、中国城市规划设计研究院、同济大学、中山大学和广州市城市规划勘测设计研究院5家规划设计单位,分析研究广州在城市发展中的经验教训,探讨并总结广州城市发展的客观规律,确定广州经济、社会、环境等的发展目标,提出多种未来广州空间结构的优化模式并进行论证。5家规划咨询单位为咨询贡献了各自富有创造性的概念与方案。广州市政府组织了专家进行了研讨和成果整合,于2001年4月通过了《广州市城市建设总体概念规划纲要》。

在广州首先进行了城市总体发展概念规划的尝试后,南京、杭州、江阴、嘉兴、台州、韶关、珠海、宁波、合肥、沈阳等城市也先后效仿,逐步建立和完善了战略规划的理论和方法。由广州首先积累下的这一实践经验,被写入2006年颁布实施的《城市规划编制办法》。2010年9月,在肯尼亚首都内罗毕举行国际城市与区域规划师学会第46届国际规划大会,广州战略规划由于其十年来在推进广州这一特大城市的可持续发展规划与管治实践中的创新与成效,荣获大会"国际杰出范例奖"(图5-3)。广州市城市规划编制研究中心代表广州市政府领取了此项荣誉。

在2010年答《南方都市报》记者问时,吴良镛先生点评说道:"广州2000年战略发展规划是空间规划模式的一个创举。""广州比较幸运,三年时间把架子大体立起来了,奠定了未来发展的基础。""广州当时的做法算国内首例。别的城市也可

图5-3 国际杰出范例奖证书
(图片来源:黄鼎曦摄)

专栏 5-2：广州城市建设总体发展概念规划咨询方案

清华大学提出了在知识经济时代打破行政区划的网络城市概念，认为广州未来的城市发展不但要在市域范围内对城市功能、中心城区人口、产业等进行有效疏解，还应与珠江三角洲其他城市协同考虑城市的整体疏解与聚集。

中国城市规划设计研究院认为，在快速城市化时期、广州经济社会高速发展，城市必须跨越式发展，所以规划在南部地区建立珠三角新的核心区，实施"北抑南拓、东移西调"的空间发展策略。

同济大学认为广州在当时应实行内聚式发展，通过内聚来增强城市的综合功能和实力，在基本完成内聚后再走向疏解和全市域均衡发展，即走向远期的外延式发展。

中山大学在充分分析广州发展历程、当时的发展特点的基础上，提出了基于当时城市规划理念及在信息技术影响下不同的城市空间结构模式与方案。

广州市城市规划勘测设计研究院基于生态思想提出了从"云山珠水"向"山城田海"演变的发展模式，在更大的空间尺度上寻求平衡发展，对城市的空间结构调整采取"分散的集中化战略"，并提出了"都市绿心"和"一江多岸"两个空间结构方案（图5-4）。

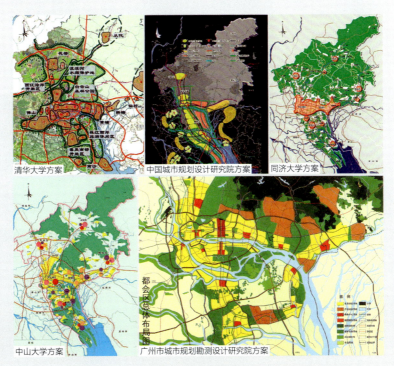

图 5-4　5家咨询单位方案

（图片来源：广州城市规划发展回顾编纂委员会. 广州城市规划发展回顾（1949—2005）[M]. 广州：广东科技出版社，2005：487-492.）

专栏5-3：创设编研中心，形成战略规划深化六点共识

为了更好地组织战略规划的编制，2000年6月，广州市政府决定成立广州市城市规划编制研究中心，它是全国第一个成立的代表市政府进行城市规划研究及编制组织的单位，隶属于广州市规划局。该中心的成立是广州市城乡规划机构建设的一项重大变革。

2000年9月3—4日，广州市城市规划编制研究中心组织开展广州总体发展战略规划研讨，邀请以同为中国科学院和中国工程院两院院士的吴良镛和周干峙先生为代表的13位全国知名专家开展研讨（图5-5）。专家们充分肯定了广州开展战略规划咨询的做法，并就5个方案以及广州整体的发展策略、思路等进行了深入探讨。

研讨会还达成了"六点共识"，提出应当将广州建设为现代化国际性区域中心城市，明确广州要加强区域分工与合作，在区域整体协同发展中再创新优势；同时，广州应协调发展传统产业、高新技术产业和服务业，强化教育产业的地位，实行科教兴市。明确了广州城市空间结构应从单中心向多中心转变，采取"南拓、北优、东进、西联"的发展战略。广州必须加强生态环境保护与建设，重视北部山区、南部珠江口地区的生态维护以及城市组团间绿化隔离带的建设，把广州建设成山水型生态城市。要优先发展公共交通，重视城市轨道交通建设，强化区域道路与轨道双快交通体系。

咨询和研讨之后，广州市城市规划编制研究中心整合5个咨询方案，按照"六点共识"分别开展了对城市土地利用、城市生态环境和城市综合交通"三个重点"的深化研究。

2001年4月30日广州市城市总体发展战略规划成果获广州市政府第76次常务会议通过，从战略规划酝酿到规划批准共计10个月时间。

图5-5 广州市总体发展战略规划研讨会现场
（图片来源：广州市规划和自然资源局提供）

以做，但是它们没有。或者它们有这个想法，但是没有实践。"

5.1.3.1 从"云山珠水"到"山城田海"

负山、通海、卧田是广州城市发展的最基本生态特征，"云山珠水"为广州两千多年来长盛不衰的发展提供了地理基底，创造了富有岭南特色的舒适的城市生活环境。战略规划深入研究了如何从珠江三角洲区域和生态环境系统整体的高度，实现城市发展与区域生态的协调，形成区域城乡生态的良性循环，建构与城市建设体系平衡的自然生态体系，促进城市与自然共生，并提出在"云山珠水"的基础上，从大区域出发建设"山、城、田、海"的山水型生态城市基本构架（图5-6）。战略规划中提出，基于区域与城市生态环境自然本底及其承载能力，在广佛都市圈外围，通过区域合作，建立以广州北部连绵的山体，东南部（番禺、东莞）的农田水网以及顺德境内的桑基鱼塘，北江流域的农田、绿化为基础的广州地区环状绿色生态屏障——生态环廊，从总体上形成"区域生态圈"。同时在广州市域内形成"三纵四横"7条生态主廊道，构成广州市域生态格局，进而打通汇集到珠江、沙湾水道、市桥水道等密布城乡地区的河网水系，形成网状的"蓝道"系统，加上城市基础设施廊道、防护林带、公园等线状和点块状的生态绿地，共同构成多层次、多功能的复合型网络式生态廊道体系，形成"山水

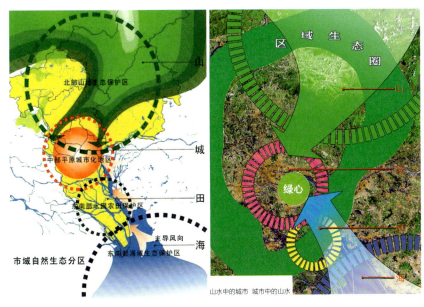

图5-6　广州山、城、田、海的城市格局
（图片来源：《广州城市总体发展概念规划咨询》成果）

中的城市，城市中的山水"的山水城一体化城乡生态格局。

5.1.3.2 八字方针，"南拓"为首

2000年战略规划将建立空间结构作为重点内容之一，提出采取有机疏散、开辟新区、拉开建设的措施，确定都会区空间布局的基本取向为"南拓、北优、东进、西联"，规划确定东、南部为都会区发展的主要方向（图5-7）。

（1）南拓——发展新型产业区和港口经济

"南拓"是战略规划确定的城市空间发展策略的核心，是广州由沿江城市转变为滨海城市的行动方略。南沙港快线、地铁4号线和京珠高速公路等大运量高快速路网的建设，串联了一系列为整个珠江三角洲城市群服务的功能区和一批基于知识经济和信息产业的新兴产业区，形成了一条强劲的南向拓展轴，琶洲会展中心、生物岛、大学城、亚运城、南沙经济技术开发区以及南沙新港等功能区相继开发建设，促进了城市南拓发展。

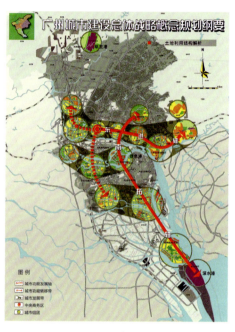

图5-7 "八字方针"图

（图片来源：《广州城市建设总体战略概念规划纲要》成果）

（2）北优——建设航空枢纽，保护生态屏障

中规院在战略咨询中，对北边提出的战略方向是"北抑"，主要原因是因为北部是水源涵养林，不能进行高强度开发，避免对水源造成污染。但一方面，北部区域广阔，仅仅出于水源和机场的缘故就限制整个区域的发展是不现实的；另一方面，从广东省的角度，粤北的发展还需要从广州北部进入广州，因此综合考虑之后，将"北抑"调整为了"北优"，即实事求是地寻求水源保护与发展的平衡。

（3）东进——建设广州现代化制造业基地

广州以新城市中轴线和珠江新城中央商务区的建设拉动城市发展重心向东拓展，形成了以天河体育中心周围和珠江新城为硬核，环市东路、东风路、琶洲为核缘的全市CBD中心，承担商务办公、金融贸易等服务功能。

同时将旧城区的传统产业向黄埔—新塘一线集中迁移，重整东翼产业组团。依托广州经济技术开发区、广州科学城和增城经济技术开发区等，整合东部各组团发展，完善生产生活配套建设，形成沿黄埔—增城—东莞方向拓展的发展带。以广州经济技术开发区、广州高新技术产业开发区、广州出口加工区、广州保税区四个国家级经济功能区为核心，在东部打造密集的产业发展带，增强产业的集聚与规模效益，建设广州现代化制造业基地。

（4）西联——推进广佛同城化建设

广州和佛山，地域上东西相连，人缘上同族同根，经济相融，文化相通。实际上，广州和佛山在空间上已经连绵成片，城市间的边界日渐模糊；在经济上也已经成为相互依存、相互联系的城市经济综合体。2000年战略规划提出的"西联"指的就是联合西部直接毗邻的佛山等城市，强调要加强同佛山的联系与协调发展。

5.1.4 国家中心城市区域地位的巩固

20世纪90年代以来，随着我国对外开放的程度不断加深，国内大中城市竞争加剧、国际化程度日益深化，包括广州在内的各大城市竞相将建设国际大都市作为战略目标。中央自90年代中期，逐渐对各城市的国际化都市建设热进行"降温"，在此过程中，广州所提的"国际大都市"建设愿景也逐渐淡化，城市建设定位开始修正为建设区域性中心城市。2001年，《广州市城市建设总体概念规划纲要》提出"将广州建设成为适宜创业发展、又适宜生活居住的国际性区域中心城市和山水型生态城市"的目标。在此后较长时间里，"国际性区域中心城市"成为广州市的发展定位。

2005年获批复的《广州市城市总体规划（2001—2010年）》将广州定位为：广东省省会，华南地区中心城市之一，国家历史文化名城。2006年"十一五"规划纲要也提出"把广州建设成为带动全省、辐射华南、影响东南亚的现代化大都市"，明确了建设"国际都会"的目标。

广州作为华南地区最大的经济中心城市，改革开放前30年，经济总量增长了40多倍，平均每年增幅高达14%左右，人均GDP更一直居于全国大城市的前列。2008年，按照常住人口计算，广州人均GDP已达到中等发达国家和地区水平。广州拥有可观的城市规模和人口规模，在经济、商业、金融、科教、文化、旅游、交通、信息等方面对珠江三角洲产生了较好的辐射效应，在部分领域与邻近城市已形成区域一体化市场，其中，与广州经济联系最为密切、互补性最强的是佛山；在产业的集聚效应和中心功能作用增强的带动下，广州与珠江三角洲各城市的经济联系与辐射能力也在逐年增强，作为全国性中心城市的作用早已重新显现。同时，广州市的外向型经济持续扩张，出口产品从资源型、低增加值的劳动密集型产业向机电产品、高新技术产业转变，出口市场从少数几个国家到遍及全世界五大洲绝大多数国家。显然，无论是对珠江三角洲内部中心城市功能的发挥，还是在外向型经济引领国际大都市建设方面，广州都取得了显著的成就和持续的进步。

2009年1月，国家发改委发布《珠江三角洲地区改革发展规划纲要（2008—2020年）》，将包括广州在内的珠三角地区改革发展提升到国家战略层面，从国家战略高度明确提出，广州要充分发挥省会城市的优势，增强高端要素集聚、科技创新、文化引领和综合服务功能，强化国家中心城市、综合性门户城市和区域文化教育中心的地位，"将广州建设成为广东宜居城乡的'首善之区'，建成面向世界、服务全国的国际大都市"，首次以中央的名义重启了广州建设"国际大都市"的征程，这一定位的提出基本上与广州市的发展形成呼应，城市发展方向进一步明确。2010年2月，住房和城乡建设部发布的《全国城镇体系规划（2010—2020年）》明确提出五大国家中心城市（北京、天津、上海、广州、重庆）的规划和定位，标志着广州作为国家中心城市的地位得到稳固。

2019年2月，中共中央、国务院印发《粤港澳大湾区发展规划纲要》，将广州的发展定位明确为"着力建设国际大都市"，这既是对20世纪90年代以来广州建设国际大都市的城市定位的再次确认，也是对20多年来广州国际大都市功能的高度认可，更是对广州下一阶段提升国际大都市功能、发挥中心城市作用的期许。

5.2 战略规划实施的时序与节奏

战略规划为广州谋定的"南拓、北优、东进、西联"新格局拉开了建设和实施的序幕,以南沙和琶洲为首要突破口,建设"一带一路"的重要对接点,广州迅速拉开了城市骨架;通过将大学城和国际生物岛打造为知识创新港,进一步引导城市空间和产业布局结构优化;肩负着满足"亚运"赛事需要,以及战略规划中确定的作为广州新城启动区的亚运城在莲花湾按规划迅速启动建设的重任;中心城区北部白云山和南部海珠湿地通过一系列工程,努力实现还"青山绿水"于民的目标。而代表着开发区新高度的萝岗中心区建设、上升至战略全局高度的"广佛同城"新型城市关系的构建,也紧锣密鼓地开展起来。这一时期,广州的城市建设和发展开创了全新的局面,大幕徐徐拉开,一幅幅崭新的图景在广州这片生机勃勃的土地上一一显现。

5.2.1 南沙和琶洲:"一带一路"的对接点

5.2.1.1 南沙开发区

20世纪90年代建立的南沙经济技术开发区,是响应并实施"南拓"方针的最前沿。2001年10月,广州市政府委托广州市城市规划局组织编制《南沙地区发展规划》,在经过专家论证和行政程序后,由市人大审定通过。规划目标是将南沙建设为产业布局合理、经济辐射力强、基础设施配套、服务功能完善、自然环境优美、最适宜创业发展的产业与流通基地,最适宜生活居住的充满创意与活力的现代化滨海新城。该规划是发展大南沙的纲领性文件,为南沙的可持续发展奠定了重要的规划基础。2002年,南沙规划建设处于关键阶段,省委、省政府4月在南沙召开现场会议,要求要进一步统一认识,从全局和战略的高度加快南沙的开发,并且要处理好以下三种关系:开发和环境保护的关系,发展新兴产业和发展基础产业、传统产业的关系,广州开发建设与整个珠三角的协调发展和产业整合的关系。

随后,只用了两年多时间,2004年9月,南沙港4个5万吨级码头就投入使用;2005年2月初,二期6个5万吨级码头获得国家发改委核准。2002—2005年四年间,南沙累计投入城市建设资金117.62亿元,建成道路桥梁项目95个共380km,如沙仔大桥、南沙港快速路、亭角立交、黄阁大道、进港大道、地铁4号线南沙段、凫洲大桥等;启动了总长10.14km的城市防洪工程和4.7km的海堤加固工程、建设蕉门河工程;还建设了南沙热电厂、污水处理厂等。

在"产业带动,项目起步"基本思路的指导下,若干市场投资项目陆续落户南沙:如丰田汽车基地落户南沙黄阁工业园;再如中船集团在龙穴岛投资45亿元建设的年产300万吨造船基地项目,广钢集团和日本JFE钢铁株式会社合资1.68亿美元在万顷沙开发的年产40万吨热镀锌钢板项目,百万千瓦等级核电站承压设备项目,具备世界一流技术水平、国内第一家适用软硬土开挖设备的生产企业——广州海瑞克隧道机械有限公司隧道挖掘机生产基地,以及南沙资讯科技园,等等(图5-8)。

图5-8 2004年广州南沙新区开发建设面貌
(图片来源:黄鼎曦摄)

2005年4月28日,南沙再次迎来转变的关键节点,国务院批准设立广州市南沙区。南沙区下辖万顷沙镇、黄阁镇、横沥镇、南沙街道、珠江管理区(2008年改为珠江街道),面积527.66km^2。2009年1月,国务院出台了《珠江三角洲地区发展改革规划纲要(2008—2020年)》,提出"南沙新区"等五个地区为粤港澳重点合作区域,联合粤港澳三地优势参与国际竞争,南沙作为五大重点合作区中广州的唯一抓手,不仅承担着引领区域转型发展的责任,还是广州建设国家中心城市的重要节点。

【采访】南沙开发区指挥部首批规划管理工作者

我是2000年战略规划确立了"南拓"战略以后,市政府要求成立南沙开发指挥部的时候,从市里抽调来到南沙的。2018年是改革开放40年,我就想梳理一下南沙改革开放以来的一些工作,梳理以后发现,南沙的起步可以说是从20世纪80年代底开始的,到如今大概有30年了,所以我们就开始整理《南沙规划30年》。回顾这30年的历史,整体来说南沙的发展从番禺开始,后来其定位提升为广州的副中心,成为"广州的南沙";2008年,珠三角发展规划纲要中提出南沙是珠三角西部的生产服务业中心,南沙成了"珠三角的南沙";如今,南沙被写入了粤港澳大湾区的发展纲要,是"粤港澳大湾区的南沙"。所以我们对南沙的未来也有一个畅想,希望它能成为"世界的南沙"。

30年来,我身边的同事也换了不少,但总体来说,在2000年战略规划指导下,从南沙制定总体规划至今,我们还是不忘初心地做了一些工作,当时谋定的空间格局我们基本都坚守着实施下来了,当时的愿景如今有很多都已经实现了。

2000年的战略规划对南沙意义重大,可以说,没有2000年的战略规划,就没有今天的南沙。"南拓"战略对广州的城市发展,对南沙的发展是有决定性作用的。"南拓"这颗棋子布下以后,通过开展南沙的发展战略规划、城市总体规划和城市设计等工作,同时通过一系列规章的出台,慢慢得到了国家的重视。之前很多领导都不清楚广州还有一个叫作南沙的宝地。通过"南拓"战略,广州有了一个可以代表国家去参与区域竞争的地方,这也是南沙的担当。

南沙在城市建设方面有以下特色:

第一,拥有持续的发展动力。早期南沙以制造业为核心,近年来我们坚持做创新产业,坚持下来还是比较正确的,去年南沙区的高新科技产值占比已经超过了 50%。目前，以中科院为首的创新科技产业陆续落地南沙，未来三大科学装置也将落地，生物医疗、精准医疗、新能源汽车、医养结合等也都在发展中，广州的产业特色已经有了很好的基础。

第二，交通基础设施的连通。南沙区境内规划的 200km 左右的轨道交通正在加紧建设中，深中通道、南沙枢纽也在建设中，整个南沙的交通网络已经初步稳定。

第三，南沙非常注重生态保护。南沙拥有很好的生态本底，我们拥有 3 万多平方米的湿地，都作为南沙的生态红线来控制和保护。

5.2.1.2 琶洲会展区

1997 年，随着"广交会"规模逐渐扩大，原流花地区的"广交会"展馆在交通、配套设施、展览环境等方面已不能满足现代会展业发展的需要。更为关键的是，中国开始进入 WTO 谈判阶段，中国入世将带来整个外贸形势的根本变化，因此"广交会"的易址扩建势在必行。

广州市经过城市规划层面的多方比较和论证，反复征求外经贸部意见，从全面提升交易会的国际化水平、保持交易会每年两届正常运作的连续性、促进广州市城市空间结构合理调整、有效运用建设资金并缩短建设周期等基本建设原则出发，最终决定在琶洲地区这个"南拓"的重要空间节点上建设新的会展中心。当时的琶洲由于远离市中心，还是一个以农业为主的区域，但是它也拥有优越的地理环境——三面环江，与珠江新城隔江相望。

1999 年 12 月，广州市规划局举办广州国际会展中心建筑设计方案国际邀请赛，最终选择了日本佐藤公司的方案，华南理工大学建筑设计研究院为中方合作设计单位共同参与设计。2002 年，广州市规划局开展广州国际会展中心周边地区城市设计方案的编制工作，由佐藤综合计画承编景观环境设计和城市设计部分，由广州市自动化中心城市规划设计所承编开发控制导则部分。其中，地块控制图则除对地块设计条件做基本的控制之外，还对地块的空间形态意向、建筑设计意向、平面设计意向、轴线与节点等方面做了设计导引。2001 年 4 月 6 日，会展中心工程正式动工；2002 年 12 月 28 日，会展中心首期工程全面竣工。同日，广州市政府和科技部、教育部、人事部联合主办的"第五届中国留学人员广州科技交流会"在新落成的会展中心举行。2003年10月,第94届秋季"广交会"正式进驻,提供了3000个展位,2004年会展中心正式作为"广交会"新馆并使用至今。以广州国际会展中心为核心,周边的酒店、高级写字楼、"广交会"博物馆、银行等也相继建设。

广州国际会展中心占地面积超过80万 m^2,展馆总建筑面积超过110万 m^2,室内展厅总面积34万 m^2,室外展场面积4.36万 m^2。它是当时亚洲设施最先进、功能最齐全的现代化展馆,也是当时亚洲最大的会展中心(图5-9)。

图5-9 位于琶洲的广州国际会展中心及周边实景
(图片来源:伍家烱摄)

5.2.2 大学城和生物岛:知识创新港

5.2.2.1 大学城

改革开放以后,经过连年扩招,广州市中心城区的用地已远远不能满足位于中心城区内高校的拓展要求。广州只有华南农业大学、华南理工大学、暨南大学用地规模达标,高校发展与用地紧张之间的矛盾十分突出。

为了化解高校发展空间的供需矛盾，使现有大学形成集约优势，巩固其文化教育中心的地位，广州必须谋求高校发展新空间。参照和借鉴国内外高校发展经验，建设大学城就是其中一个较为有效的措施。

根据广州市政府关于拟在广州兴建"广州新大学园区"的指示精神和工作部署，2000年8月起，广州市城市规划局对初选的场地进行调研，包括新造小谷围、化龙中部、化龙复甦、海鸥岛、沙湾凤山、榄核北部、狮岭的联星、花山镇的花城圩、神岗的湖田、神岗的莲塘、街口的井岗和罗岗村及龙水库等12处，通过实地勘察、座谈研讨，于2000年10月下旬完成《广州大学园区选址方案比较研究》并上报市政府。2000年12月底至2001年1月中旬，广州市城市规划局按照专家意见增加了对五山地区和石楼地区的调研和比选。综合研究后建议选址新造地区建设广州新大学园区，2001年3月2日，广州市委常委会通过了该选址方案。该选址位于"南拓"轴上，是"南拓"轴上的重要节点之一，对引导广州市城市空间及产业布局结构的优化都将产生重要作用。

2002年5月21日，广东省政府下发《关于同意建设广东省广州大学城的批复》，同意在番禺区新造镇小谷围岛及其南岸地区建设广州大学城，规划范围43.3km^2。2003年1月21日，省委、市委、市政府领导和工作人员摆渡到小谷围岛视察，提出"建成全国一流大学城"和"2004年9月开学招生"的建设目标，要求以一流的规划、一流的设计、一流的建设、一流的质量为保证，使大学城真正成为全国一流的大学城。

随后，广州市城市规划局邀请中国城市规划设计研究院、同济大学建筑城规学院、广东省高教建筑规划设计院、广州市城市规划勘测设计研究院4家单位参加广州大学城概念规划咨询工作。在4家的咨询方案的基础上，充分吸取研讨会和各大学的意见，广州市城市规划编制研究中心完成了《广州大学城发展规划》。规划将广州大学城定位为国家一流的大学城，华南地区高级人才培养、科学研究和交流的中心，学、研、产一体化发展的城市新区；面向21世纪，适应市场经济体制和广州国际性区域中心城市地位、生态化和信息化的大学城。

广州大学城的规划设计采用了"TOD"的发展理念、"组团生长"的结构理念、"网络组织"的功能理念、"生态优先"的设计理念和"数字化"的虚拟城市理念。规划以资源分级共享为原则，将空间结构划分为城—组团—校区，依托地铁站布局了城市级共享设施，由呈同心圆布局的内环

图 5-10　大学城实景
（图片来源：伍家炯摄）

路、中环路、外环路把各个组团串联起来，形成"轴线发展＋组团放射"的结构。

广州大学城采取政府统筹、大学配合和社会各界参与的开发建设模式。政府主要负责基础设施建设和统筹大学城建设规划，各高校配合大学城建设指挥部完成校区教学和科研设施的建设（图 5-10），企业和社会的其他组织负责服务体系的建设以及高科技产业的投资与开发等。2004 年 9 月，中山大学、广东外语外贸大学、华南理工大学、广州中医药大学、广东药学院、广东工业大学、广州美术学院、广州大学、华南师范大学和星海音乐学院 10 所高等院校迎来了大学城的第一批新生。

5.2.2.2　国际生物岛

广州国际生物岛原名"官洲岛"，是位于广州市东南端、沿珠江后航道发展带上的一个江心岛，占地面积约 1.83km²，南依广州大学城，北望琶洲国际会展中心，东面与长洲岛隔江相望，西面为广州果园生态保护区。2000 年，官洲岛获准立项建设国际性的生物技术研究及生产基地，并获正式命名——广州国际生物岛，其主要产业发展方向为生物新药创制、生物能源、生物信息、基因工程与蛋白质工程以及对海洋生物等方面的研发。2008 年，《珠江三角洲地区改革发展规划纲要》把广州生物岛项

图 5-11　生物岛实景照片
（图片来源：伍家炯摄）

目上升为国家战略。全岛空气清新，生态环境良好，紧临华南快速干线和环城高速公路，交通便利，十分适合建设生物技术研究开发基地。广州国际生物岛于 2011 年 7 月 8 日对外开放（图 5-11）。

5.2.3 亚运城：复合全面的新城启动区

筹备申办第 16 届"亚运会"时，亚运城的选址有个多个备选方案，最初的选址是在东圃奥林匹克体育中心附近的广氮社区。为了配合城市空间"南拓"的战略部署，同时依托轨道交通 4 号线与中心城区便捷的联系，最终确定亚运城选址于番禺区的广州新城规划控制区内。因此，亚运城的建设除了满足"亚运"赛事的需要之外，还承担着广州新城启动区的功能。基于对广州亚运城具体位置的充分考虑和对规划策略的全面实施，广州亚运城定位为赛时提供居住、比赛、娱乐和交流等功能，赛后成为集生活、商业、休闲娱乐功能于一体的综合发展区，采用复合的发展模式，按照适宜生活居住的现代化城区的目标高起点规划设计，引导广州城市空间结构向南拓展。因此，广州亚运城突破了历届"亚运会""亚运村"的概念，是"亚运会"历史上功能最复合、最完善、最全面的亚运城。

亚运城的规划采用了国际竞赛的方式进行方案征集，经过两轮竞赛

图 5-12　亚运城选址（上左）及建成后全景（上右、下）
（图片来源：上左，下：广州市城市建设档案馆提供；上右：何勇当摄）

评选，确定了 3 个优胜方案。经过广州市政府常务会议、市委常务会议讨论，最终选择了"莲花湾、亚运城"这一规划方案作为实施方案。亚运城用地面积约 2.73km^2，赛时总建筑面积达 148 万 m^2，由运动员村、媒体村、技术官员村、国际广播电视中心、主媒体中心等组成，可容纳 1.4 万名运动员和随从官员、1 万名媒体人、2800 名技术官员及 1.8 万名其他人员（图 5-12）。

亚运城的规划充分考虑了赛事和赛后利用问题。运动员村、媒体村、技术官员村、综合体育馆和服务区等，赛后转变为公共配套设施完善、能够容纳 10 万人居住的综合性生活社区；运动员村、记者村和技术官员村采用面积以 90m^2 为主的户型，赛后直接作为商品住宅出售。后勤服务区的志愿者居住区赛后则被改造为广州市的示范中小学。"亚运"期间配套的医院设施成功引进了广州医学院第四附属医院，成为拥有 500 个床位的三级甲等医院。亚运主媒体中心被改造为主题商城，成为亚运城的综合商业中心。亚运综合体育馆赛后被改造成了有 8000 座的篮球馆、台球馆和壁球馆，和周边的亚运博物馆、亚运公园一起构成了集体育、商业、休闲等多种功能于一体的文化体育综合体。同时，亚运城内建设的公共配套设施为周边其他功能组团的开发提供了重要的基础条件。目前亚运城已形成良好的居住氛围，各种配套也在不断完善。

亚运城是广州投入最多、规模最大的"亚运"直接工程。2009年12月22日，广州亚运城以255亿元的拍卖总价成交，这也是国内有史以来总价最高的土地出让项目。亚运城采取"政府主导、成片开发、完善配套、整体出让"的新模式，是广州拉开城市布局、促进赛后全面利用、建设大型社区、城建资金良性循环的一个建设范例。

5.2.4 白云山与海珠湿地：构建"北肺南肾"的生态格局

广州中心城区依山傍水而立，珠江自西向东穿城而过，中心城区北部有白云山氧源地作为城市"绿肺"，由此沿新城市中轴线向南延伸，南有珠江携海珠湿地、万亩果园形成缓解内涝、净化水质的城市"绿肾"，中心城区呈现"珠水为脉、山水融城、北肺南肾"生态格局。

5.2.4.1 白云山

白云山自古有"羊城第一秀"之称，是自然山水得以在城市环境中延续的重要空间节点。因其拥有丰富的自然和人文景观资源，且对城市生态环境有极好的调节作用，白云山风景名胜区于2002年5月被国务院审定批准为第四批国家重点风景名胜区，也是全国为数不多的位于市中心的国家级风景名胜区。

作为典型的城市型风景名胜区，白云山受城市干扰较大。20世纪末，白云山在快速城市化发展中面临被蚕食的风险。为了加强对白云山风景名胜区的保护，广州市人大于1995年颁布了《广州市白云山风景名胜区保护条例》，并成立广州市白云山风景名胜区管理局。1996年5月开始编制《白云山风景名胜区总体规划》，成果经市人大审议通过。后来，根据国家9个部委《关于贯彻落实〈国务院关于加强城乡规划监督管理的通知〉的通知》和2002年9月建设部召开的全国风景名胜区保护会议精神，广州市又组织对白云山风景名胜区总体规划进行重新调整修改。修改后的白云山总体规划于2009年10月获得国务院审批，也成为第一批国务院审批通过的风景名胜区总体规划。

白云山总体规划的颁布实施与《白云山保护条例》相辅相成，为白云山

图 5-13 从白云山远眺天河区
（图片来源：何勇当摄）

的保护管理等工作提供了法律依据和技术保障，也为在 20 多年的高速发展中能在城市中心区留出大型的公共绿地提供了有效的政策保障。在人口近 2000 万的大都市里，能有这么大的景区，在国内外都是罕见的。白云山成了广州市中心城区的氧源地，游客多为广州本地人，它既是广州市区唯一一家国家 AAAAA 级旅游景区，更是服务市民的"市民山"和"城中山"（图 5-13）。

5.2.4.2 海珠湿地

万亩果园地处广州新中轴线南段，距广州塔仅 3km。珠江前后河道流经此地，区域内大小水道密织，河涌纵横交错，到 20 世纪 70-80 年代，果树种植面积仍有数万亩，俗称"万亩果园"。随着广州城市化进程加快，80 年代，万亩果园慢慢被城市包围，果树产量和效益下降。同时，由于万亩果园的开发建设受到严格限制，当地村社不能靠引进工业等方式谋求发展，政府"保肾"和村民"保胃"矛盾凸显，果园面积从近 4 万亩（约 26.7km²）不断萎缩至 1 万多亩（约 6.7km²）。从 90 年代末开始，政府以及社会各界不断探索保护良方：1998 年探索建设瀛洲生态公园；2000 年广州市批准《广州万亩果园保护区规划》，建立绝对保护线；2007 年海珠区通过"租土地建公园"保护万亩果园……单纯靠果农自发保护、行政干预或者租地补贴建公园都难以根本化解保护与村社经济发展之间的矛盾，破解这个难题需要新思维，探索新政策支持。

2005年广州启动一系列"亚运"建设项目，其中与"万亩果园"紧密关联的是治水项目。海珠区的治水方案是通过开辟雨洪调蓄人工湖以带动周边河涌的水质改善。综合考虑区位、工程建设可行性等多种因素，人工湖选址在"万亩果园"内。2009年3月29日，海珠湖项目建设启动，并于2011年9月向市民开放，为稠密的老城区提供了大面积的开敞空间（图5-14）。

2011—2012年，在"万亩果园"征地的过程中，根据果园内的水网结构特征、果园保护的初始目标以及城市内部大量的游憩需求，经过多方案比较论证，初步决定将万亩果园以"湿地公园"的形式进行保护利用。2012年底，经原国家林业局批准，海珠湿地成为广州地区第一个国家湿地公园试点建设单位，并于2015年12月31日通过原国家林业局试点建设验收（图5-15）。

海珠湿地占地约11km²，是海珠区全区总面积的1/9，是纽约中央公园的3倍，也是全国超大城市中央最大的国家湿地公园，被誉为中国国家湿地公园"四颗明珠"之一。目前，海珠湿地已接待游客4000多万人，接待国内外宾客超过4000批次（其中国家领导人10批次），2016年获评中国人居环境范例奖。"海珠湿地保护建设"还成为2017年"中国改革开放40年地方改革创新40案例"的入围案例。海珠湿地的生态效应也在逐

图5-14 建设中的海珠湖
（图片来源：广州市国家档案馆提供）

图 5-15　海珠湿地实景照片

（图片来源：谢惠强摄）

渐转化为创新经济和高端人才的集聚效应，2016年以来，26家500强企业、大型央企，近30个意向落户项目在海珠湿地周边汇聚，已吸引了腾讯、阿里巴巴、小米等领军企业的一批核心业务。目前，广州正在对海珠湿地进行整体提升，以"海珠十里·城央湿地"为主题，努力打造具有国际示范引领力的高质量发展的最美城市中央湿地，实现生态效益、经济效益和社会效益和谐共赢。

5.2.5　萝岗中心区：开发区的新高度

21世纪初，广州开发区已经成为广州产业发展的重要板块。广州开发区累计实际利用外资逾50亿美元，兴办生产性企业800多家，工业总产值达3000多亿元，投资者遍及世界50多个国家和地区，当时的世界

500 强跨国公司有 74 家落户于此。作为实施"东进"战略的重要举措，广州市委、市政府做出了以广州经济技术开发区为龙头，有效整合东部各类经济功能区资源，形成东部制造业产业带的部署。2001 年 11 月，市政府决定将原白云区萝岗镇、黄陂农工商公司、岭头农工商公司和原天河区玉树村以及原黄埔区笔岗村委托给广州开发区管辖，使开发区的东区、永和经济区、科学城等组团连成一片，总面积达 214km²。

在管辖权交接之后，2003 年 6 月，广州市城市规划编制研究中心和广州开发区管委会联合组织了广州开发区城市建设总体发展规划及中心区城市设计国际竞赛，以重塑东部新城形象为主题，要求参赛单位重新确定开发区的发展定位与总体发展战略目标。来自美国（两家）、英国、新加坡以及我国香港地区的 5 家规划设计机构参赛，美国洛杉矶的约翰—费恩公司胜出。

2005 年成立了萝岗区，包括 2003 年广州开发区的管辖范围和原白云区钟落潭镇九佛管理区、原增城市中新镇镇龙管理区等范围，共计 390 多平方公里。在 2003 年国际竞赛的基础上，进一步开展了萝岗区战略总体规划研究。2006 年 2 月，市政府公布实施了《萝岗区区域发展规划》，将萝岗区定位为"华南现代制造业与高新科技产业基地、创新基地，保税加工与现代物流中心，发达的现代服务产业与适宜居住的城市居住生活区，现代高新农业研发与种植基地"。

这一规划，确定了建设新的萝岗中心区。萝岗中心区的选址确定在萝岗区中部、广州科学城东北、开创大道以北、东二环高速公路以西的约 412hm² 的区域内，当时规划的考虑是萝岗中心区与科学城组团、天麓湖组团共同形成萝岗中部地区崛起的核心。中心区位于萝岗区战略总体规划确定的"十"字形发展双轴的交会处，这里也是萝岗区的地理中心，有利于节省交通成本，同时也临近广州科学城，便于依托广州科学城的基础设施，共同承接广州城市"东进"辐射。

从 2007 年起，萝岗区开展了"十公里"地带的三年行动计划，2010 年建成了西起科学城、东至香雪公园，全长 10km 的综合服务功能带，包括萝岗区市民服务中心、创业者公园、影剧院、图书馆、体育馆、少年宫、中心医院、国际网球中心、星级酒店、会议中心等重点项目（图 5-16）。随着这些工程竣工，广州开发区初步实现了从产业功能区向综合性新城区的转变。萝岗中心区形成之后，不但辐射萝岗区，而且辐射整个广州东部地区，再加上广深城市走廊带优越的交通位置，可以充分利用广州与深圳之

图 5-16 萝岗中心区新建项目照片（2012 年）

（图片来源：广州市规划和自然资源局提供）

间的大规模要素流动，发展为重要的空间节点，参与大范围的空间竞争，承担起珠江东岸重要的区域性公共服务中心的职能。

5.2.6 广佛同城：构建新型城市关系

广州和佛山有着深厚的历史渊源和血脉联系，但因行政壁垒长期存在，两市间的资源要素流动受到一定程度的阻碍。2000年，广州提出"西联"空间战略，加强同佛山的联系与协调发展。2003年，佛山相应地明确了"东承"战略，提出要主动承接广州的辐射和带动，资源共享，错位发展，合作共赢。此后，两市之间联系日益紧密，同城化的新型城市关系不断推进。

2008年12月31日，国务院正式批复《珠江三角洲地区改革发展规划纲要（2008—2020）》，首次将"广佛同城"提高到战略全局的高度，强调"广佛同城"对实现珠三角一体化具有重要的先行先试的示范作用。随后，两市签订了一系列"同城化合作协议"，并从市领导、发改部门和专责小组三个层次建立合作机制，以重大基础设施的衔接为基础，从规划对接、交通设施对接、产业对接、联手治理珠江水系和大气污染四个方面着手，持续推进广佛同城化工作。2009年底，《广佛同城化发展规划》出台，将广佛都市圈定位为建设全国科学发展试验区。2010年，两市规划部门共同制定了《广佛同城化建设城市规划3年工作规划》，明确"区域同城、产业融合、交通一体、设施共享、环境齐治"的目标和行动安排。

经过十年的同城化发展，从市场自发到政府主导，广佛同城协同规划建设在交通设施互联、政务互通、跨界水道共治等方面成效显著，广佛也是全国最早实现交通一体化、轨道互联、政务互通的同城化发展城市。两市基础设施对接成网，18条高速公路建成投入使用，广佛地铁、广佛肇城际线等轨道交通项目先后完成，广佛通信一体化基本实现。区域生态环境不断优化，广佛跨界流域主干河涌全面消除黑臭。两市公交一体化先行，覆盖率高。33条广佛城巴、快巴连接两市主要客运枢纽，43条广佛公交线路覆盖两市各大出行组团，广佛出租客车在客流集中地段实现异地上客，实现车辆通行年票互认，公交卡通过升级"岭南通"实现区域内一卡通行。跨界地区公共服务和电信服务等融合覆盖。十多年的广佛同城化行动，促进了两市的人员通勤、资本流动，也强化了企业关联等。据手机信令数据分析，广佛跨市通勤人数约占两市通勤人数总数的5%，跨市通勤最频繁地区160万人次/天，广佛两市总部—分支关系企业超过3000家，企业联系紧密，两市相互投资额也较高。

2017年，广州、佛山两市市政府联合发布《广佛同城化"十三五"发展规划（2016—2020年）》，对广佛发展提出更高的定位要求，进一步凸显了广佛同城在全省经济发展中的引擎作用。2019年，中共中央、国务院印发实施的《粤港澳大湾区发展规划纲要》提出，下一步将推动广佛同城化迈向更高水平，探索共建广佛高质量发展融合实验区。随着各项规划和政策出台与实施，广佛同城化建设必将向更宽领域和更高水平推进。

5.3 三大枢纽的再布局

在战略规划指导下,广州空间发展东进握手深莞、西联广佛同城、南拓直通南海、北优面向南岭,其空、陆、海各线交通联系至关重要。这一次,广州将三大枢纽再布局与城市的内外发展紧密结合在一起。针对空、陆、海三线交通枢纽对广州空间发展的限制与现存问题,广州将新白云机场选址广州北部、广州南站布局番禺并在南沙深水岸线建设港口。在摆脱原有限制建设大型综合交通设施的同时,广州也在努力推动机场向空港城、车站向铁路枢纽、河口港湾向规模海港华丽转身。

5.3.1 从机场向空港城的转变

5.3.1.1 搬迁的契机

广州白云机场始建于1933年,曾为广州城市发展作出了巨大贡献。但由于布局没有预留足够的发展余地,机场设施不能满足经济发展和航空市场的增长需求,迁建一个具有国际先进水平的大型国际机场是唯一出路。

老白云机场离城市中心区只有6km,市域空间格局不断拓展及城市中心区范围不断扩大,对广州市城市发展影响逐步增大,出现了机场与城市发展相互制约等问题。白云机场各类型飞机起落航线穿越市区上空,对市区安全有一定威胁,引起了民众的广泛关注(图5-17)。

同时,老白云机场面临着国内门户机场与国际、周边地区竞争对手的内外夹击,经过多年来激烈的市场竞争,曾有7年连续全国客运量第一纪录的老白云机场从1993年开始逐渐跌至"三甲"末席。

图 5-17　搬迁前的旧白云机场及周边地区

(图片来源：黄亦民摄)

5.3.1.2 落子北部

新白云机场选址综合考虑国家民航发展、城市发展以及军民融合三者间的关系，从 1992 年开始，主要在花都（原花县）、从化、番禺三个场址中开展比选。

其中，花都（人和）场址的两端和两侧净空良好，基本上满足国际民航组织所规定的 4-E 级机场对净空的要求。地形较开阔，有发展余地，远期可建成 4 条跑道。地面交通运输条件较为优越。但占用农田较多，约需搬迁 9 个村庄。

从化（太平）场址基本上是丘陵山地，居民点不多，搬迁较少。但三面临山，地形不够开阔，两端净空和两侧净空超高的山峰处理难度较大。

番禺（郭岭）场址很少占用农田，拆迁少，地形开阔，两端和两侧净空基本良好，可满足国际民航组织所规定的 4-E 级机场对净空的要求。但与空军岑村机场跑道延长线交叉，存在飞行矛盾与冲突。

由于存在空军补偿、建设资金落实和珠三角机场重复建设三大问题，新机场一直未能立项，至 1997 年初，代表空军的广州空军和代表地方的广州市政府机场办经过了三四轮会谈，意见还是无法统一。1997 年 7 月，国务院、中央军委批准确定在白云区人和镇与花都市新华镇交界处附近建新机场，明确新机场可一次规划，分期建设。第一期工程建设规模按 4-E 级标准、航站区按满足 2005 年旅客吞吐量要求设计，总投资为 100 亿元左右。该选址解决了机场周边限高、噪声等对城市有影响的问题，既赢得了宝贵的空域资源，又与北优划定的生态保护区协调，与城市发展战略相契合，主要建设客流中心、物流中心、临空产业集聚区，带动空港经济区发展。

5.3.1.3 新白云机场的建设和成就

新白云国际机场航站区设计方案采用国际招标，1998 年民航总局正式批复美国 Parsons+URS Greiner 公司方案为中标方案。

新白云国际机场是国内第一个按照航空中枢机场理念设计建造的机场，采用集中处理、分散登机的流程，达到了当时国内机场设计的最高水平，同时也位居世界前列。航站楼旅客出港设计为两层式，从高速路来的旅客可以通过南北高架桥直接进入值机大厅，地下层地铁旅客可乘坐电梯从地下层直达办票大厅。

从 1996 年开始筹划至 2000 年新机场开工，政府主要解决了建设资金、征地拆迁安置问题，并有效组织了建设力量。2004 年 8 月 5 日新白云机场启用时，旅客吞吐量即突破 2000 万人次，到 2014 年已经突破 5400 万人次，超过了既有航站楼的容量，飞行区的保障能力也接近饱和。

第三跑道及相关配套工程于 2012 年 7 月经国家发展改革委批准，2012 年 8 月开工，2014 年 7 月完成全部工程。第三跑道投入使用后，东跑道高峰小时航班起降架次预计提升 15%。此外，第三跑道还将兼顾联邦快递转运中心的需求，当深夜客运航班减少时，联邦快递则可用第三跑道起降，提高跑道使用率。地侧容量的提升需要优化空侧扇区，要想提高第三跑道的使用效率，必须突破终端进场扇区的瓶颈。广州积极借鉴上海、北京管制单位的先进经验，2015 年 2 月进场双扇区运行，显著提高了运行效率，突破了流量瓶颈。

目前，白云机场作为国内三大国际枢纽机场之一，是南中国连接世界的航空枢纽，也是亚洲乃至世界最繁忙的机场之一，已建成两座航站楼、三条跑道，形成六大区域（飞行区、航站区、货运区、机务区、工作区和其他区域）。2018 年白云机场旅客吞吐量达 6974 万人次，位列全国第三，全球排名第十三位；货邮吞吐量达 189 万吨，位列全国第三，全球排名第十七位。

广州与国内、东南亚主要城市形成了"4小时航空交通圈",与全球主要城市形成了"12小时航空交通圈",形成了具有竞争力的国际中转航线网络格局,并带动了临空高新技术产业以及航材贸易、临空展贸等产业快速发展,推动了更高质量的国际航空枢纽与临空经济区的建设。

5.3.2 从车站向铁路枢纽的转变

5.3.2.1 我国进入高速铁路时代

1997年5月,原铁道部正式下达《关于广州铁路枢纽总图规划的批复》,提出形成"三主一副"客站布局,广州站设计接发列车能力60对,并实现到2020年跨越式发展,成为我国四大铁路枢纽之一。但作为广州铁路龙头的流花火车站已超负荷运作,且用地较为局限,不能适应新线引入枢纽。广州急需再建一个适应快速客运要求的大型铁路枢纽。

5.3.2.2 南移至西岸城市群的中心

广州南站的选址,主要考虑与"南拓"相适应,选址在番禺,不仅可以发挥区域中心的作用,也能打通高铁南北大动脉。最终,在市桥、大石、沥滘、石壁4个选址方案中,经过多轮专家论证及部门协调,于2003年9月选定石壁方案。

5.3.2.3 广州南站的建设和成就

2004年12月,广州南站动工兴建,采用"上进下出"、"东、西向+内部"多方向疏解的立体建筑结构形式,台线规模15台28线,站房建筑面积48.6万m^2。广州南站作为国内首批高铁站之一,2010年1月建成启用,先后成为武广高铁、南广高铁、贵广高铁、广深港高铁4条铁路线的始发站。车站由东、西两个广场及体现广东岭南文化特色、以芭蕉叶为造型的主站房组成,巨大的玻璃穹顶形似6片漂浮于空中的芭蕉叶,体现了广东音乐《步步高》的意境,其中部为64m大跨拱形结构。站房屋顶以一片片的芭蕉叶为基本单元,通过中央采光带的串联,呈现极具特色的建筑形态（图5-18）。

高铁效应推动广州南站实现跨越式发展。2013年广州南站的客运量超过广州东站；2014年超过广州火车站；2015年前8个月日均客运发送量已经达到13.4万人次，超过广州火车站和广州东站之和；2018年广州南站日均旅客发送量达22.6万人次，远远超过了广州火车站（6.8万人次）和广州东站（5.7万人次），占全市铁路旅客发送总量的63.2%。

图5-18　广州南站
（图片来源：广州市城市建设档案馆提供）

2016年，根据国务院批准的新版《中长期铁路网规划》，广州南站是国家"八横八纵"的京哈—京港澳、兰广、广昆三大干线通道的交会点，并连接深茂铁路与广汕高铁，是粤港澳大湾区、泛珠江三角洲地区的铁路核心车站，与珠三角主要城市之间可实现1小时内互通往来。

除了交通枢纽功能外，广州南站地区还承担了商务、商贸功能，已引入李锦记华南总部、佳宁娜集团、华南中璟、广州中车等项目。各类创新创业资源加速向南站周边地区集聚，为南站地区高端高质高新产业发展提供了重要支撑。该地区将继续培育发展一批具有较强国际竞争力的优势企业，形成若干个优势产业集群，提升现代服务业、战略性新兴产业发展水平，成为广州的新增长极和粤港澳大湾区枢纽经济发展的典范。

5.3.2.4　形成新的客运枢纽格局

目前，广州客运以武广客专、广深港客专、贵广客专、南广铁路、京广线、广深线、广茂线交会形成双"人"字形枢纽。至2017年，广州南站年客运规模达15641万人次，自启用以来年均增长7.8%，总体增长95.8%。广州站、广州东站、广州南站是客运主体，其客运发送量约占总客运规模的95%以上。其中，广州南站自2010年开通运营以来，日发送量保持迅猛发展态势，至2014年，全年日均客运发送量首次超过广州站，位居三大主枢纽站点之首。

【采访】广州南站乘客

问题 1：广州南站开通运营后，给你的生活带来了什么积极变化吗？

答：春运旅客：我是湖南娄底的，以前坐火车回去大概 12~14 小时，南站开通了武广线后，大大缩短了旅行时间，大概 3.5 小时就能到了，准点也舒适，可以网络购票，整个出行变得轻盈又方便。

问题 2：要跨市跨省外出，您更愿意选择高铁还是飞机？

答：香港人：以前是坐直通车或和谐号，现在高铁开通后到香港只需要 40 分钟左右，准点率高，候车时间更短，到了香港就在市区中心了，珠江新城到南站坐地铁也很方便，很适合商务出行。对于我来说，往来广州和香港，首选高铁！

广州人：周末和太太会有一些短途旅行，自从开通了高铁，我们可以在 4 小时左右的时间里到更远的地方，可以跨省，比如到武汉、长沙，方便了很多，比飞机准点，这种时候我们更愿意选择高铁。

贵州人：自从开通了贵广高铁之后，往来就没有坐飞机了。因为高铁站距离我家不远，到机场却要 1 个多小时。高铁准点，也不需要提前 1 小时办理手续，比较灵活。不过，如果高铁可以跟国外一样，简化安检程序，整个体验会更舒适。

5.3.3 从河口港向规模海港的转变

5.3.3.1 "南拓"的先锋

20 世纪 90 年代初，广州市通过逐渐疏深广州港航道，使广州港的吞吐能力不断提升。1999 年，广州港跨入亿吨大港行列。珠江三角洲地区经济的迅速发展，带来了巨大的货运需求，集装运输增长尤为突出，广州港急需扩大港口规模。但在当时，为了保证香港国际航运中心的地位，只允许香港人到盐田港以及内地其他地方搞集装箱港，而不想让广州建设深水泊位的集装箱码头。当时盐田港已初具规模，拥有 5 万吨级集装箱泊位 5 个，并预计到 2006 年完成三期工程，投资额超过 70 亿元人民币。在广东省召开的一次会议上，出现了认为广州已经是机场、铁路、公路的中心，港口不能再以广州为中心的意见。彼时的局面与发展态势，均不利于广州新建集装箱码头。

2001年，原交通部与广州市人民政府组织召开了南沙港区选址论证会，明确了开辟南沙港区的必要性，认为南沙地区位于珠江三角洲的几何中心，广州港在南沙的布局既是港口发展的必然选择，是广州"南拓"的重要支撑，也是全省和珠江三角洲经济社会发展的必然要求和客观选择。为了减少对香港的影响，三年来，经过多次会议讨论，南沙港区一期工程以建设"多用途码头"而不是"集装箱码头"申报并获得批准（图5-19）。

南沙港的开发使广州港的发展实现了重大突破，标志着广州港成功实现了从河口港向海港的飞跃。南沙港成为广州港四大港区的核心组成，以外贸集装箱运输等为主，发展保税、物流、商贸等业务，是广州港的外贸门户口岸。

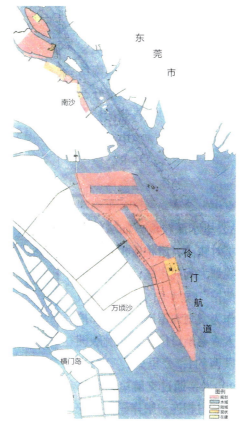

图5-19 广州港南沙港区规划图
（图片来源：《广州港总体规划》成果）

5.3.3.2 南沙港的建设和成就

2004年9月，南沙港区一期工程投产，拥有4个10万吨级泊位，是南沙港区第一个港口项目，航线主要为南北内贸班轮干线和华南支线，标志着广州港成功实现了从河口港向海港的飞跃。2007年9月，南沙港区二期工程投产，拥有6个10万吨级泊位，主要运营外贸班轮航线，可接卸当前世界最大的集装箱船舶，马士基、地中海、达飞、中远海运等全球前20的班轮公司均已进驻。2017年，南沙港区三期工程6个万吨级深水泊位和24个驳船泊位建成投产。至此，南沙港区一、二、三期工程连在一起，共有16个万吨级专业化集装箱深水泊位，形成规模化运作，可接卸世界上最大型的集装箱船，深水作业和远洋运输能力有了跨越式发展（图5-20）。

图 5-20　2010 年的广州港南沙集装箱码头
（图片来源：广州市城市建设档案馆提供）

随着南沙港不断发展壮大，广州港的运输规模和发展质量实现了新一轮快速发展。2004 年货物吞吐量突破 2 亿吨大关；两年后一举突破 3 亿吨大关；2010 年货物吞吐量达到 4.1 亿吨；2018 年货物吞吐量达到 6.13 亿吨，国内排名第四，世界排名第五。集装箱运输也得到迅猛发展，2004 年集装箱吞吐量达 330 万标箱；2008 年突破 1000 万标箱；2018 年集装箱吞吐量达 2192 万标箱，与货物吞吐量一样，国内排名第四，世界排名第五。

根据 2019 年出台的《粤港澳大湾区发展规划纲要》，将把南沙港区构建为广州港的规模化综合性港区和集装箱运输核心港区，并建设国际邮轮母港，发展航运总部经济和航运服务集聚区。

5.4 战略规划实施十年成果绽放

战略规划实施十年之际，广州城市形象实现"大变"与2010年"亚运会"于这一时间点汇集，"亚运会"成为广州城市发展建设的催化剂，这场盛会使广州焕发出勃勃生机和崭新风采，也让世界重新认识了一座城市，一座综合实力可跻身世界城市网络的城市，一座古老和现代交汇、传统和创新共存的中国南方城市。

5.4.1 "亚运盛会"展示国家中心城市崭新形象

在成功举办第九届全国运动会的基础上，借鉴北京成功申奥的经验，广州启动了"亚运会"的申办和亚运城市的规划建设准备工作。2004年7月1日，广州正式获得2010年第16届"亚运会"主办权，迎来了新世纪又一次宝贵的发展机遇。2010年广州"亚运会"是继2008年北京奥运会后，我国向世界各国展示实力、扩大影响力的新平台，同时也是广州在国际舞台上展现自我个性、向国际性现代化大都市迈进的重要机遇。

对广州而言，2010年不仅是"亚运会"的举办年，同时也是《广州城市总体规划（2001—2020）》实施、"城市建设管理2010年一大变"、"率先基本实现社会主义现代化"等城市发展多项目标实现的汇集时点。所以，2010年前广州并不仅仅在为举办"亚运会"做准备，更是将"亚运会"筹备与城市整体和长远发展相结合。围绕"亚运会"出台的《面向2010年亚运会的城市规划建设纲要》《广州2010年亚运会城市基础设施与建设管理大变工程建设实施计划》的相关内容和要求，将城市总体规划和2000年战略规划中的重要部署悉数纳入其中，并制定具体的行动计划，许多远期或原无具体期限的城市建设工程都被安排在2010年"亚运会"之前启动或完成，举办"亚运会"在客观上对广州这一阶段的城市建设和发展起到了加速和催化的作用。

广州坚持勤俭办"亚运"，注重利用现有场馆，尽可能对已有场馆进行改造利用，使其符合"亚运会"比赛要求，同时考虑长远发展和社会效益，考虑合理利用永久场馆和临时场馆，不为城市后续发展制造压力。亚运会组委会领导表示"我们建设的场馆必须满足'亚运会'需求，但也注重赛后利用，这也是一种节俭。我们不去搞铺张浪费，不去搞那些花架子或形象性的场馆。广州'亚运会'没有一些很壮观或者很宏大的场馆，我们觉得够用，满足'亚运会'的需求就行"。广州"亚运会"共设42个比赛项目，使用70个竞赛场馆，其中12个为新建场馆，58个为改扩建场馆。新建场馆大多坐落在城市的新发展区域或现状公共配套相对落后、需要重点发展的区域，将亚运场馆设施与场馆周边区域发展、公共服务配套完善紧密结合，推动战略规划的实施。改扩建场馆中，除较集中独立的场馆群所包含的改扩建场馆外，另外改扩建场馆22个，分布在全市不同区域，使每个行政区和县级市都有规模适度的体育场馆。赛后，这些场馆为

专栏5-4："亚运场"馆赛后利用

广东省奥林匹克体育中心为"亚运会"提供了8个竞赛场馆，其中棒球场为改扩建场馆，网球中心、游泳馆为新建场馆，承担了田径、射击等8个比赛项目。"亚运会"的举办提高了奥体中心周边区域的体育设施密度，补充了体育竞技功能，完善了周边道路交通等基础设施和生活配套设施，使奥体中心周边地区成为"东进"轴上的重要节点。大学城10所高校拥有20多个规模较大的体育场馆，"亚运会"筹备期间仅新建了广州自行车轮滑极限运动中心1个场馆，大学城的体育场馆承担了"亚运会"12个比赛项目、"亚残运会"10个比赛项目，大学城成为"亚运会"竞赛场馆和竞赛项目最为集中的区域。天河体育中心是广州"亚运会"最大的改造场馆，承担"亚运会"足球、羽毛球、游泳等7个比赛项目。其中，新闻服务区等功能房在赛后成为"亚残运会"博物馆，天河棒垒球中心在赛后成为全民体质监控中心和老人活动中心，游泳馆、羽毛球训练馆等在赛后成为市民日常运动培训的场所。

"亚运"场馆设施的建设和改造推动了广州群众体育和体育产业蓬勃发展。广州

人均体育场地面积达 2.38m²，大幅超过人均 1.8m² 的国家规划目标，2017 年全市体育场馆惠民 1000 多万人次。体育产业规模也不断攀升，2016 年广州市体育产业规模达 1748.41 亿元，体育产业实现增加值 376.29 亿元，占全市地区生产总值的 1.93%。

市民提供了一批体育运动设施，服务于全民健身，丰富了社区体育文化。

广州迎"亚运"的投资建设重点放在可以改善城市环境、提升城市形象的交通、基础设施、公共服务设施等方面。广州以"迎接亚运会、创造新生活"为主题，制定了《广州 2010 年亚运城市行动计划纲要》等系列行动规划，提出了"亚运场馆、交通顺畅、重点建设、人文景观、设施配套、青山绿水、碧水蓝天、市容改善"亚运城市建设"八大实施工程"行动计划，大规模开展城市基础设施建设和环境综合整治。

到"亚运会"前夕，广州已建成了超过 200km 的地铁线路，8 条地铁直通机场、火车站和高铁站，建设了"亚运"历史上首个集各项"亚运会"配套设施于一体的亚运城，其在比赛期间作为竞赛场馆和非竞赛场馆的使用区域，赛后转型为一个集居住、购物、医疗、教育功能于一体的高品质生活区域。城市中央商务区珠江新城基本建成，城市客厅花城广场建成开放，广州塔、西塔等一批新地标相继诞生，总长 12km 的新城市中轴线将火车东站、天河体育中心、珠江新城、海心沙岛以及广州塔等重要城市地标连接起来。举行开、闭幕式的海心沙岛与广州塔、广州博物馆、广州大剧院等建筑连成一线，组成广州新中轴线上最为璀璨夺目的城市新景观。同时，全市新建 1060km 绿道，新增 1300 万 m² 绿地，新建 50 多个开放式公园，整饰了 3 万多幢建筑物的立面，综合整治了 1512 个社区的环境。

广州亚运城市系列行动，提升了广州的国际知名度、城市美誉度、城市创新精神、城市管理能力等"软实力"，同时全面改善了城市基础设施、产业结构等"硬实力"。经历了 10 年的艰苦"大变"，广州在"亚运"年迎来了城市蝶变的全方位惊喜。

2010 年 11 月 12 日夜晚，珠江流光溢彩，巨轮形状的海心沙作为"亚运"开幕式会场，晶莹剔透，仿佛即将扬帆前行。这场以珠江水为舞台，以广州塔为背景，传统文艺形式与现代科技有机融合的开幕式，向亚洲乃至世界人民送上一台展示亚洲风采、弘扬华夏文化的精彩文化盛宴，集中

图 5-21　2010 年广州"亚运会"之夜的广州塔
（图片来源：黄桂全摄）

展示了广州作为国家中心城市的崭新形象。这次在珠江之上举办的"亚运会"开幕式，是"亚运会"历史上第一次将开幕式移至体育场场外，是一次创举，开启了一场举世瞩目的盛会（图 5-21）。

广州"亚运会"总共设置 42 个竞赛项目，有 45 个国家和地区的 12000 多名运动员参加比赛，赛事规模与北京奥运会相当，创历届"亚运会"之最。赛会期间祥和热烈的气氛、精彩纷呈的开闭幕式、运转顺畅有序的赛事以及周到细致的服务保障，赢得了亚奥理事会、亚残奥委会、参赛代表团、国内外媒体以及社会各界的赞誉。亚奥理事会主席盛赞"广州'亚运会'是历史上最好的一届'亚运会'"。广州"亚运会"的圆满成功，为亚洲体育运动发展树立了丰碑，也为广州这座历史悠久而又极富现代活力的城市留下了丰厚的精神和物质文化遗产。

5.4.2 城市综合实力的跨越

21 世纪的前 10 年，广州市利用城市发展空间的拓展与空间结构的调整，大力开拓产业发展空间，实现了生产力布局的战略性调整，促进了产业结构升级，国民经济持续、快速、健康增长。同时，经济发展促进了城市建设，又提高了城市对经济发展的承载力。2000 年广州 GDP 为 2505.6 亿元，到 2010 年突破 1 万亿元，十年翻了两番。广州的 GDP 在全国排名仅次于上海、北京，稳居前三，"北上广"成为一线城市代名词（表 5-1、表 5-2）。

2000—2018 年主要经济、人口和城市建设指标一览表　　表 5-1

主要年份 \ 主要指标	GDP/ 亿元	人口 / 万人	建成区面积 /km²
2000	2505.6	994.8	485
2005	5187.9	949.68	734.99
2010	10859.3	1270.96	952.03
2015	18313.8	1350.11	1237.25
2017	21503.1	1449.84	—
2018	22859.4	1490.44	—

（资料来源：广州市统计信息网广州统计年鉴）

2001 年、2011 年、2018 年广州城市建设主要指标情况一览表　表 5-2

指标	2001 年	2011 年	2018 年
常住人口规模 / 万人	712.6	1275.14	1490.44
常住人口密度 /（人 /km²）	958	1715	—
地区生产总值 / 亿元	2685.76	12423.44	22859.35
人均地区生产总值 / 元	40213	97588	155491
地均国内生产总值 /（万元 /km²）	3612.61	16708.5	—
建成区面积 /km²	259.1	1249.11	1300.01
机场旅客吞吐量 / 万人次	1383	4504	6974
机场货邮吞吐量 / 万 t	53.16	152.92	249
港口货物吞吐量 / 万 t	13539	44769.53	61313
港口集装箱吞吐量 / 万标箱	227.62	1442.11	—
铁路客运量 / 万人次	2708	10500	13355
城市（市区）道路面积 / 万 m²	5270	10032	18742.99
地铁营运线路长度 /km	18	236	—
自来水管道长度 /km	10825	16715	22801.68
公园个数 / 个	125	236	247
建成区绿化覆盖率 /%	31.44	40.30	45.13

（资料来源：广州市统计信息网，广州统计年鉴）

广州围绕"两个适宜"的城市发展目标，按照"南拓、北优、东进、西联"的空间发展战略，以大型项目为导向，每年以平均 200 亿元左右的大手笔投入市级公共服务设施和大型基础设施建设，促进多个新功能区快速崛起。由珠江新城中央商务区、琶洲国际会展商务区、新城市中轴线北段等组成的天河新城市中心，随着其集聚和承载高端服务功能的作用进一步强化，已成为支撑广州建设国家中心城市的重要地区；科学城、大学城、亚运城、广州南站已建成并投入使用，白云新城的建设全面铺开，南沙新城、空港经济区等的建设加快推进，多个城市空间拓展轴上的重要节点陆续建成，广州城市空间结构逐渐拉开框架，从沿白云山和珠江的"L"形发展到"八字方针"的"十"字形拓展，实现了跨越式发展，逐步形成与广州经济社会高速发展相适应的多中心组团式的大都市空间格局。以战略规划谋定的城市发展格局为指导，广州市抓住中国加入 WTO 和国际产业结构调整的机遇，促进产业结构优化。全球化与世界城市研究网络（Globalization and World Cities Study Group and Network，简称 GaWC）发布的 2016 年世界级城市名册显示，广州已进入全球一线城市并排名第 40 位；随后，被普华永道会计师事务所广州所列为中国"机遇之城"第一名，并荣获"中国可持续发展范例奖"等奖项，市民对城市环境的满意度也创新高。

5.4.3 四网融合夯实可持续发展根基

5.4.3.1 轨道交通，串起网络城市

广州轨道交通线网基本构架由交通疏导型和交通引导型两类线路构成，形成既向心又交织的轨道交通系统。地铁 1 号线、2 号线的建设主要着眼于旧城中心区交通疏散，属于交通疏导型。地铁 2 号线、3 号线拆解南延，将白云国际机场与广州南站连接起来，有效支撑了交通枢纽外拓；地铁 3 号线、4 号线和 5 号线则支撑了"东进南拓"战略实施；这个时期的地铁线路主要以交通引导型为主，支撑中心区向外拓展，在向外拓展的同时也在修补内部网络，修建了城区内的地铁 6 号线，推动了城市空间拓展与人口疏散；同时，修建地铁 8 号线，与多条轨道线换乘，完善轨道网络结构，拓展了城市发展空间。

专栏 5-5：轨道交通 4 号线与"交通引导城市发展"理念

轨道交通 4 号线是引导城市"南拓"、突出 TOD 发展模式的战略线路，位于城市发展的南拓轴上，沿线串起了多个基于知识经济和信息技术发展起来的新兴产业地区，从北到南依次有奥体中心、琶洲会展中心、广州生物岛、广州大学城、亚运城、南沙经济技术开发区、南沙新港区等。4 号线规划之初，这些地区基本都处于开发初期或待开发状态，根据规划，这些地区将成为广州市重要的新经济增长点，因此需要城市基础设施的支持和引导，4 号线正是基于"交通引导城市发展"这种理念而规划的。

4 号线首期建成时，沿线大部分地区仍然是"荒地"，客流量低，运营效益差。经过十几年的开发和客流培育，沿线地区开发初具规模，4 号线客流不断提升，至 2018 年，全线日均客运量达到 39 万人次，有效支撑了沿线各组团及南沙自贸区与中心城区间的交通联系。

为了实现城市轨道交通全域覆盖，强化外围城区与中心城区的快速直联，2010 年之后的规划线网总体结构为沿城市发展主轴布局的开放式"方格加放射"结构（图 5-22），形成贯穿市中心区的南北向大动脉，并加强与从化、增城、南沙等市郊地区的联系。地铁 14 号线于 2017 年 12 月开通运营，解决从化到广州中心组团的交通需求，兼顾引导白云区、从化区沿线组团的发展，开行快车模式，提高从化中心区与镇龙地区居民抵达市中心的出行效率。同期的地铁 21 号线缩短了增城与广州中心城区的时空距离，中心区至增城中心区（荔城）45 分钟可达，从此增城中部交通版图再添大"动脉"。另外，4 号线南延段、7 号线、9 号线主要覆盖外围城区，从交通公平的角度，实现区区通地铁。

截至 2018 年，广州共建成 14 条地铁线路，总长 478km，平均每年开通里程约 23km，线路里程居全国第三（表 5-3）。广州地铁年运送乘客 30.25 亿人次，日均客运量超过 829 万人次，全网客运强度 2.19 万人次/（日·公里），是全国最繁忙的地铁之一（图 5-23）。20 多年以来，地铁在广州公共交通体系中承担了越来越重要的角色，根据居民出行调查数据，广州居民地铁出行比例从 2005 年的 1.9% 提升至 2017 年的 10.7%，2017 年广州市中心城区地铁及常规公交出行比例达到 61%，成功创建了

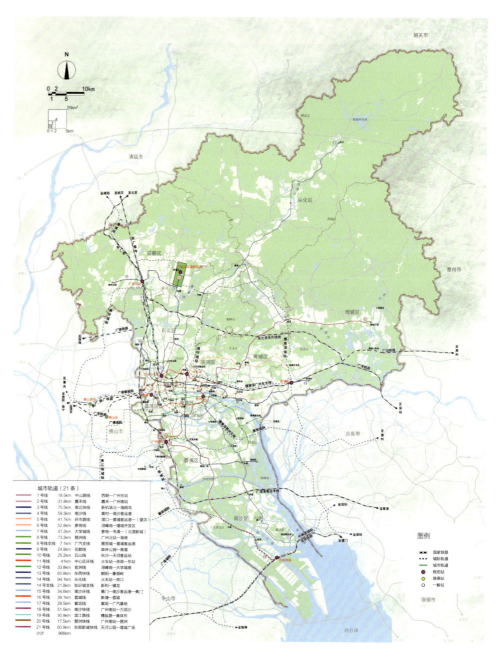

图 5-22 2011年"环+放射"的轨道交通线网规划方案
(图片来源:《广州市城市总体规划(2011—2020年)》成果)

"公交都市"。到2023年,将形成有18条线路、总长超过800km的轨道交通网络,中心城区线网密度将更高,中心区与外围联系将更快,轨道覆盖范围将更广,与国家铁路网、城际轨道网对接更强。

5.4.3.2 绿色空间网络的建设与强化

2000年以来,广州通过战略规划引领城市绿化建设,以大工程带动

2018年底已开通轨道线路情况　　　　　表5-3

线路		起点站	终点站	车站数量	里程/km	首段通车时间
市区地铁线路						
广州地铁1号线		西塱站	广州东站	16	18.5	1997年6月28日
广州地铁2号线		广州南站	嘉禾望岗站	24	31.8	2002年12月29日
广州地铁3号线	主线	天河客运站	番禺广场站	17	65.3	2005年12月26日
	北延段	机场北站	体育西路站	13		
广州地铁4号线		黄村站	南沙客运港站	23	56.25	2005年12月26日
广州地铁5号线		滘口站	文冲站	24	31.9	2009年12月28日
广州地铁6号线		浔峰岗站	香雪站	31	42	2013年12月28日
广州地铁7号线		广州南站	大学城南站	9	21.1	2016年12月28日
广州地铁8号线		万胜围站	凤凰新村站	13	15	2002年12月29日
广州地铁9号线		飞鹅岭站	高增站	11	20.1	2017年12月28日
广州地铁13号线		鱼珠站	新沙站	11	27	2017年12月28日
广州地铁14号线	知识城支线	新和站	镇龙站	10	21.9	2017年12月28日
	主线	嘉禾望岗站	东风站	13	54.4	2018年12月28日
广州地铁21号线		镇龙西站	增城广场站	9	26.2	2018年12月28日
旅客自动输送系统线路						
广州地铁APM线		广州塔站	林和西站	9	4.0	2010年11月8日
城际地铁线路						
广佛地铁		新城东站	沥滘站	25	39.83	2010年11月3日

（资料来源：广州市交通规划研究院提供）

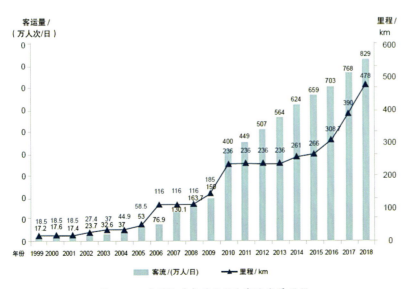

图5-23　广州轨道交通里程和客流发展历程

（图片来源：广州市交通规划研究院提供）

大发展，先后实施青山绿地、"亚运"绿化美化、新一轮绿化广州大行动、花城花景建设等大型生态工程，城市绿化建设不断迈上新台阶。城乡绿化由增绿量到增品质、绿化管理由面上向精细化、城市面貌由绿城到花城转变，基本形成了"森林围城、绿道穿城、绿意满城、四季花城"的城市景观。

为了改善城市环境，引导城市组团发展，2000年出台的战略规划以山、城、田、海自然特征为基础，将广州市域划分为生态保护区、生态控制区和生态协调区三类生态政策区，并提出在市域形成"三纵四横"7条生态主廊道，形成广州市域生态格局。为落实战略规划确定的生态廊道体系，广州市持续推动了以公园、绿道、景观绿化、生态景观林带为特色的绿色生态游憩网络建设工作，打造了大沙河、东濠涌、荔枝湾涌、石榴岗河、赤岗涌等一批生态廊道亮点示范工程，有天河大观湿地、南沙蕉门河滨水绿地、荔湾大沙河、增江画廊等多个成功建设案例（图5-24）。

绿道网规划建设是广东省深入贯彻落实科学发展观的实际举措，是实施区域一体化和宜居城乡发展战略的具体行动，也是广州迎接"亚运会"的重要工程。广州市于2009年11月成立绿道网规划工作组，正式开展《广州市绿道网建设规划》的编制工作。2010年5月完成《广州市绿道网建设规划方案》并报市政府审批同意。截至2010年9月30日，全市

图5-24 主要生态节点实施效果

（图片来源：《生态廊道实施评估报告》成果）

绿道已建成1060km。至2017年，广州绿道建设里程达3500多公里，遍布11个区，覆盖全市面积7000多平方公里，串联起500多个景点，服务人口超过1000万，是广东省线路最长、覆盖面最广、服务人口最多的绿道网络（图5-25、图5-26），先后获得国际"可持续交通奖""中国人居环境范例奖"，以及"国家健身步道示范工程"等荣誉称号。

公园是城市绿色空间网络的重要节点，从2010年初开始，在全市范围内对公园绿地实施拆墙透绿，进行围栏及景观改造，使公园绿地与城市环境融为一体。2010年4月，市林业和园林局以烈士陵园为试点，逐步拆除部分市属公园四周封闭的围墙，使公园绿化景观显山露水，增加城市公共绿地的空间感和亲和感。同年，白云仙馆、珠江公园、流花湖公园、麓湖公园等9个公园完成了绿地改造（图5-27），拆除公园围墙约5100m，改造绿化面积约12万m^2（表5-4）。通过打开公园、拆围透绿，公园景观和城市景观互相渗透，实现"推窗见绿、出门见绿、四季见花"，受到了广大市民的欢迎。

图5-25　绿道建设效果

（图片来源：广州市规划和自然资源局提供）

图5-26　北部生态屏障

（图片来源：广州市规划和自然资源局提供）

图5-27　东湖公园、流花湖公园改造后实景

（图片来源：广州市规划和自然资源局提供）

2000—2010年广州公园绿地主要数据统计表　　　　　表5-4

统计项目/年度	2000	2001	2002	2003	2004	2005	2006	2007	2008	2009	2010
公园数量/个	72	125	144	156	173	191	191	199	211	217	232
公园面积/hm²	1883	2797	2883	2980	3033	3230	3953	4257	4307	4472	4562
人均公园绿地面积/m²	7.87	8.05	8.59	9.44	10.34	11.32	12.02	12.62	13.01	13.76	15.01
建成区绿地覆盖率/%	31.60	31.44	32.64	34.19	35.03	36.38	36.79	37.14	37.46	38.21	40.15

（资料来源：广州市统计局统计年鉴）

5.4.3.3 构建畅达快捷的骨干路网

第4章已经提到，21世纪初，广州在世界银行的指导下，完成了对缓解旧城中心区交通拥堵起到关键作用的内环路的建设。2000年后建设的内环路的7条放射线（图5-28），是广州市快速路网的组成部分，它们对道路网交通流合理地进行了再分配，减小了城市主次干道上的交通压力，放射线道路在其所经过区域还起着主干道的作用。全市城市道路总长2053km，道路面积2805万m²，人均拥有道路面积8.16m²，分别为1990年的2.2倍、2.6倍和2.2倍；全市桥梁685座，立交桥101座，其中跨越珠江前后航道的大桥13座，分别为1990年的2.6倍、4倍和2.2倍。全市交通基本形成了由高快速路、主次干道构成的层次分明、功能明确、高效便捷、四通八达的城市立体交通网络。

随着机动车拥有量和公路运输发展需求的迅速增长，广州市也加大了在高等级道路和公路建设上的投入力度，至2006年底，高速公路东西二环建成通车后，广州高快速路网已形成"三环十一射"骨架体系，基本形成了比较完善的高等级道路网络和区域交通系统，初步构建了以环城高速公路、二环高速公路为环，以京珠高速公路、广清高速公路、广惠高速公路、广深高速公路、广佛高速公路等为放射线路的环形放射道路体系。配合城市发展与战略规划，以构建双快交通体系为重点，同时拉开城市布局，加强对周边区域的辐射。

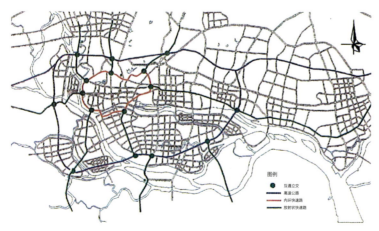

图5-28　内、外环及七条放射线

（图片来源：广州市交通规划研究院提供）

专栏 5-6：中山大道 BRT 的争议

2005 年起，广州市建设部门就展开快速公交概念研究，采用"专用走廊+灵活线路"的运营模式，以实现地面公交快速化并逐步与社会车辆隔离。2007 年 3 月，广州 2007 年度城建工程调度会议召开，宣布年底前基本建成中山大道 BRT 试验线，围绕这条线路的环境评测、工程招标工作随即展开。消息公布后，引来了各方的质疑和争论：在地面交通如此繁忙的主干道上占用大量地面资源建设 BRT 试验线是否合适？修建地铁是否更加合适？BRT 运行效果如何？其他车辆的道路资源如何保障？很多市民因此抵制项目的建设。

事实上，中山大道 BRT 规划之初的目标就是建立与地铁系统相辅相成、互为补充的大容量、快速客运系统。其中有两个重要的规划原则：一是充分配合地铁网络的原则。BRT 由于建设周期较短、资金需求较少，可以"插空补缺"，用于轨道交通网络未覆盖的地区，暂时替代轨道交通网络远期规划线路。二是有助于改善地面交通的原则。在现状交通问题严重且公交线路多的走廊上，将多条线路整合成一条 BRT，从而减少交通量，改善混合交通所带来的影响。在中山大道上规划建设 BRT，完全遵循这两个原则。

资料来源：广州市市政工程设计研究院《广州市快速公交系统 (BRT) 总体规划》

5.4.3.4 碧水回归六脉复清

广州是一个坐落在珠江水系上的城市，珠江水系顺应南岭山脊之势，以流溪河、增江、白坭河为支干，自北部屏山秀峰之间汇流而下，于南部低岭平原形成交织水网，顺流而入伶仃洋。密如蛛网的珠江支流河涌遍布市域范围，构成城市水系的骨干脉络，与城北的白云山一起，形成了广州著名的"六脉皆通海、青山半入城"的山水城市格局。广州城市因水而生，因水而兴。

无论是历史沿革、景观格局，还是从开敞空间或人文景点上来讲，珠江都是广州城市空间的拓展轴线和景观窗口。21 世纪初，随着道路的建设和小汽车的大量使用，人们的出行不再主要依靠珠江水系。在快速城市化和马路经济发展的大环境下，珠江两岸的环境不断恶化，珠江逐渐被广州市民淡忘，因此城市建设亟待回归母亲河畔，重塑广州滨江城市形象。

作为广州"中变、大变"的主要工程，珠江两岸的整治也被摆到了空前的高度。2012年编制的《广州市水系岸线总体规划》则从城市发展需求出发，进一步划分生产性岸线、生活性岸线，中心城区段还岸线于民（图5-29）。

在"三年一中变"珠江景观工程的基础上，2005年珠江两岸景观工程的范围拓展到西至广州南站、鹤洞大桥，东至琶洲大桥21km范围的"一江两岸"沿岸地区。系列景观整治与建设推动了珠江两岸贯通及滨江岸线转型，珠江成为联系广

图5-29 珠江两岸整治前（上）后（下）实景
（图片来源：广州市城市建设档案馆提供）

州城市发展的过去、现在与未来的城市公共开敞空间和重要标志性景观，与此同时，"珠江夜游"成为广州旅游的一张名片。

2015年，为全面对接"一带一路"倡议和"自贸区"等国家战略，广州市开展了珠江沿岸优化提升工作，提出构建"一江两岸三带"空间结构，以珠江为纽带，把沿岸的优势资源、创新要素串珠成链，构筑两岸经济带、创新带和景观带。沿珠江自西向东打造"三个十公里"、11个重点区段和白鹅潭三江口、长堤两岸、海珠广场两岸等9个节点。目前正在推进"一江两岸三带"的建设（图5-30）。

图5-30 珠江二沙岛段景观
（图片来源：伍家炯摄）

广州市中心城区水网纵横，有231条主要河涌，总长913km。历史上，这些河涌与人们的日常生活息息相关，肩负着城市防洪排涝、纳潮、灌溉与航运的任务，又是居民生活的后巷。城市河涌滨水景观不仅是"一湾溪水绿、两岸荔枝红"的自然景观，也是轻舟秀水、笙歌缭绕的人文景观，两千多年来与广府街巷一起塑造了具有岭南风情的城市空间格局。20世纪90年代开始，经济高速增长带来了人口激增，各类违章建设导致河涌污染加速，昔日水清岸绿的河涌景观不复存在。

2003年，广州启动了"青山绿地、蓝天碧水"工程，其中城市水环境的综合整治以建设"水清、水满、水活、岸绿、岸美、路顺"河涌两岸优美环境为目标，2005年选取赤岗涌、新河浦涌等位于闹市区、广大市民接触较多的河涌作为样板，开展了河涌综合整治试点工作。2006年开展对沙河涌、车陂涌、猎德涌等7条河涌的综合整治，完成了司马涌等一批河涌截污工程和污水管网改造工程，建成了以广州开发区乌涌、荔湾区大沙河、海珠区赤岗涌等为代表的一批"自然、生态、亲水"的样板工程。截至2006年底，截污河涌27条，实现了珠江前航道全面截污。城市水安全、水环境、水生态得到巩固。

2008年开始，广州以迎"亚运会"为契机，持续加大对黑臭水体整治的投入，至2010年6月全部完成整治工程，其中荔枝湾涌揭盖复涌、东濠涌改造是环境综合整治和旧城更新的典型代表。同时系统推进生态水城建设，注重生态环境品质的建设提升，陆续新建了海珠湖、花都湖、白云湖和挂绿湖等湖泊湿地和水景观节点。海珠湖公园湖心区面积约94.8hm^2，其中水面面积53hm^2，由内湖和外湖组成。外湖实际上是由6条河涌相连组成的"玉环"，环抱着圆形的内湖，十分优美。因此，海珠湖被形象地比喻为"金镶玉"。公园自2011年10月1日起免费对市民开放，成为市民休闲娱乐、体验湿地、亲近自然的一个好去处。2015年，位于城市中心的海珠湿地公园晋升为"广东广州海珠国家湿地公园"。

2017年，广州市全面推行河长制，印发了《广州市治水三年行动计划》，陆续拆除位于黑臭河涌范围内的违建100.87万m^2，专项整治水污染重点行业，开展违法排水专项治理行动，严格控制污染源。截至2019年2月3日，首批报入国家黑臭水体整治监管平台的35条黑臭河涌基本实现长治久清，对第二批报入平台的112条黑臭河涌中的104条的整治已初见成效。广州成功入选国家黑臭水体治理示范城市。

2019年8月，为贯彻落实广东省委关于建设万里碧道的决策部署，广州市按照"一年试点建设、三年大见成效、七年全面建成"的目标要求，因地制宜开展碧道建设，力争2022年底前建设广州碧道1000km以上，打造广州碧水清流的生态廊道、江河安澜的行洪通道、诗情画意的休闲绿道、浓郁乡愁的文化驿道和生态活力的滨水经济带。

5.4.4 花城广场激发城市极核腾飞

在"亚运会"开幕之夜，广州塔和珠江新城向全球精彩亮相。成为迈向全球前列城市的广州，自20世纪90年代提出建设国际化大都市的"新城"中心，经过近20年的努力，终于收获了丰硕成果。花城广场的建设，为激发城市中轴线的活力提供了成功案例。花城广场不仅成为广州旅游的重要目的地、广州塔最佳观赏地，也为珠江新城的商务办公提供了良好的环境和氛围。正是花城广场的建成，为珠江新城从"新城"向"城市极核"跃升提供了助力。

5.4.4.1 珠江新城的制高点——三塔天际线

珠江两岸，三塔鼎立。广州塔、西塔和东塔形成了三塔辉映的天际线和三塔锁江的空间格局，共同构筑了广州城市新中轴线最为显著的地标群建筑。

（1）广州塔领衔的山水新格局

若要成为城市地标，有一个最基本的条件，那就是占据城市之要。而一个城市地标最终能否打造成功，通常与城市某时期发生的事件有关联。珠江新城的建设便成了广州打造地标的机遇。

早在20世纪90年代，《广州市新城市中轴线珠江新城段城市设计》方案首次提出在中轴线珠江南岸设计一处塔式构筑物，以宣示广州市建设现代化大都市、迈入21世纪的宏伟理想，并以其独特的造型、特殊的内涵和区位条件成为广州城市形象的另一新标志。2003年12月15日，市政府常务会议通过《关于加快广州文化基础设施建设的意见》，明确建设新广州电视中心，以此为契机在新中轴线上寻找一个最高的观光点。

2004年7月,广州市开展了广州电视观光塔建筑设计方案国际邀请竞赛,将收集到的方案在广州市建委网站和广州交易会9号馆同时展示并由市民投票,共有13家机构(或联合体)递交了设计成果(图5-31)。在广州电视塔设计方案的市民投票结果中,交易会馆现场投票前三名分别为13号方案、1号方案和2号方案,网站投票前三名分别为1号方案、5号方案和6号方案。随后,邀请了国际评委对方案进行评审,并由中国工程院首批院士之一张锦秋女士领衔评委会进行投票评审。评委会经过激

图5-31　广州电视观光塔竞赛方案
(图片来源:《广州新城市中轴线观光塔建筑设计国际竞赛》成果)

烈的三轮投票后，从13家国内外设计单位提交的方案中评选出荷兰IBA建筑师事务所+奥雅纳工程顾问公司联合体设计的方案为实施方案，而此前民众呼声最高的1号方案1000m高塔则被否决。

广州塔方案的主创人员是来自荷兰IBA事务所的马克·海默尔夫妇，马克·海默尔夫妇当时年仅30多岁。马克在伦敦建筑联盟学院负责本科教学工作，他们的荷兰IBA事务所相当于一个夫妻档。与其合作投标的英国ARUP顾问公司是央视大楼、"鸟巢"的中标者。当广州塔的实施方案公开后，有人将广州塔的方案与日本神户港口塔进行对比，认为两个方案类似。经研究，认为：首先，日本神户港口塔高度只有108m，属于高层建筑；而广州塔设计高度为600m，属于超高层建筑。其次，日本神户港口塔标准层规整，而广州塔每一层建筑平面均不相同，两个塔是存在本质不同的。选择广州塔方案需要开阔的眼界和专业的判断，两者缺一不可。

广州塔实施方案的创意灵感，有说来自一张人体髋关节的切面图，也有说来自两个椭圆形的木盘，但根据后来与主创人合作的时任广州市设计院副总建筑师向《广州日报》记者所做的介绍，其实广州塔的创意就像一把长筷子，一手握住中间靠上的位置，一手顺时针扭动。

2005年11月25日，新电视塔动工建设。建设占地面积17万m^2，建筑面积12.9万m^2。主塔地下2层，地上37层，总高600m，其中主塔塔体高454m、天线桅杆高156m。顶端观光广场高450m。新电视塔塔身为椭圆形的渐变网格结构，上下各有一个定位的椭圆形，一个在基础-10m平面上，一个在假想的450m高的平面上，各自旋转45°，在腰部收缩变细。"扭腰"选型，意寓滚滚珠江水能量的"运转"。在建造新电视塔的过程中，遇到了诸多难题。塔体超高，造型独特，结构呈三维倾斜，万余构件无一相同，给施工带来了极大难度。高塔的减震设计一直都是最重要的，为此新电视塔的抗震设计由周福霖院士挂帅，经过无数次实验，创新设计出领先世界的TDM两级主被动复合调谐减振控制系统，使新电视塔即使遇到百年一遇的大风和8级地震都可安然无恙。另外，科技工作者通过大量实验和分析，在施工中创新和采取了一系列监测和控制手段，创造了混凝土泵送高度达448m的广东省建筑新纪录。同时，全天候监测系统研究成果于2009年4月获第37届瑞士日内瓦国际发明及创新技术与产品展览金奖和大会特别奖。

2009年9月，新电视塔建成（图5-32）。9月，广州市启动"广州新地标名字请您定"全球征名活动，收到18余万个提名。2010年9月28日，广州市城投集团举行新闻发布会，正式公布了广州新电视塔的名字为"广州塔"，10月1日开放迎客，广州塔成为广州新地标。与此同时，源自《本事诗·事感》的白居易的名句"樱桃樊素口，杨柳小蛮腰"，被网民与广州塔联系在一起，"小蛮腰"作为广州塔的网络代名词在全球传播。

2011年11月，广州新电视塔工程获中国建设工程鲁班奖（国家优质工程）。2013年6月，广州塔荣获第十一届中国土木工程詹天佑奖。

图5-32　广州塔建设过程
（图片来源：罗景尧摄）

（2）西塔和东塔

从平面图上看，新轴线两侧基本呈轴对称。最初的研究结果是将北面最高建筑物中信广场大厦和南面最好的观光塔连线为主轴，在连线三分之一处靠观光塔侧，珠江北岸两座最高的建筑物东塔、西塔完全对称，加上东站绿化广场，宝瓶状绿地和中信广场，各物质要素按轴对称布置，形成有序和谐的视觉秩序，其他的建筑物则多样统一，"乱中有序"。

2004年，广州市土地开发中心、广州市规划局、广州市城市规划编制研究中心联合举办了广州市"双塔"（西塔）建筑设计国际邀请竞赛。本次竞赛面向全球，共收到12家设计单位（联合体）的设计成果，通过专家评审，最终选定了"孪生"方案。为了凸显"孪生"性，该方案东西双塔的设计尽量一致，从各个方向均能直接通过群楼观望到本建筑群。建筑外表光滑通透，形体纤细，犹如两块细长水晶体沿中央广场中轴线升起，连接了北面的商业贸易中心和南面的珠江（图5-33）。

2005年8月，经过公开竞标，确定了"西塔"的项目开发商，在原来的设计中，"西塔"是全幕墙结构，采用双层呼吸式幕墙系统，有通

图 5-33 孪生方案图
(图片来源:《广州市珠江新城西塔建筑设计方案国际竞赛》成果)

透的效果,当初的设计立意为"江畔水晶"。后来经国内专家讨论,认为在南方地区使用双层幕墙对节能只能发挥有限的作用,同时昂贵的造价也会造成资源的浪费。双层幕墙的中空部分无法使用,浪费面积;也容易埋下消防隐患,一旦发生火情,烟火很容易沿幕墙中空部分蔓延。通过对玻璃形式进行深入研究,西塔主塔采用了双银 Low-E 玻璃,它是当时国内最大规模采用这种新型玻璃的案例,该做法在一定程度上减少了建筑的空调损耗;但与此同时也削弱了建筑整体的通透效果。

在 12 个设计方案中,有 7 个方案是双塔为完全相同的对称结构,4 个方案按"基本相同"处理,只有 1 个方案按"可不必相同"来设计。

竞赛最终采用的方案名为"孪生",顾名思义,即完全对称的设计,且西塔最难能可贵的是首先招标到业主并在"亚运会"前建成。可当时没有估计到 2006 年以后房地产价格飞涨,东塔地块没有及时进行招拍挂,错失了最好的实施"孪生"方案的机会。而在后来对东塔具体设计方案的讨论中,是否需要完全对称的议题又被提出来。2009 年 5 月 25 日,广州市城市规划编制研究中心组织召开广州市新城市中轴线重要建筑方案专家论证会,提出东塔设计使用和西塔相同的 1:6.9 的高宽比例,整体体量协调；建筑标准层平面从原来的三角形调整为正方形，但四角做了抹圆角，使建筑外形也与西塔协调；高度上也较原400m有所突破。专家经过研究，一致认为东塔、西塔、电视塔建筑体型应体现差异化，东塔尤应强化标志性和提升品质，该地区城市设计也要体现多样性和适应性，并可研究提高东塔建筑高度的可行性。

如今，东塔和西塔静静矗立在珠江岸边，与广州塔交相辉映，尽情摇曳着各自的婀娜，静看珠江水奔流不尽，坐观广州城继续腾飞（图5-34）。

图5-34　西塔、东塔实景

（图片来源：广州市天河中央商务区管理委员会提供）

专栏5-7：珠江新城西塔及东塔

广州国际金融中心（西塔）：总占地面积3.1万 m^2，总建筑面积45.6万 m^2，主塔楼高449.2m（含停机坪），地上103层，地下4层。广州国际金融中心方案设计单位为威尔金森·艾尔建筑事务所，2007年正式动工建设，2012年全面开业使用。

广州周大福金融中心（东塔）：总占地面积2.6万 m^2，建筑面积50万 m^2。总高度530m，111层。周大福金融中心方案设计单位为KPF建筑事务所（Kohn Pedersen Fox Associates），2016年10月正式对外开放。

5.4.4.2 以人为本、绿色智慧的花城广场

广州新中轴的核心绿轴从提出概念规划到"亚运会"前建成,前后历经20余年。它的成功建成,最重要的是得益于历届市委、市政府这20余年来一直秉承"以人为本"的理念,始终坚持将CBD核心区最宝贵的、大面积的土地提供给市民作为公共休闲空间,规划一直没有大的改变,而且按照省委、省政府对广州提出的转变城市发展模式、提升人居环境的要求,在规划、设计、建设方面不断加以完善。

（1）地面公共空间——广州的城市客厅

花城广场地面景观北起黄埔大道,南临第16届"亚运会"开闭幕式的举办地海心沙岛,珠江东路、珠江西路在两翼协行,整个广场景观带南北长约1800m,东西最宽处约340m,总占地面积约60hm^2,犹如一个巨大的宝瓶,婉约美丽（图5-35）。这是当时国内在城市中央商务区建成的规模最大的开敞式公园与地下空间综合开发项目。

广场由北至南共分为5个景观带,将岭南园林精髓与都市时尚元素有机结合。广场内修建木栈道形式的园林小径,让市民能深入绿地之中,与花草树木更加亲近;结合绿化环境,广场植入喷雾降温系统,游人行走其间仿若置身如画的仙境,并在炎炎夏日感受到清凉和惬意;大量种植开花乔木,体现花城特色,让游人置身于花的海洋中。规划建设的大型市民休闲广场和高档商业中心全天24小时为中央商务区注入活力,营造了具有岭南特色、富有活力、以人为本的"城市客厅"。

（2）交通组织

为避免花城广场出现东西向和南北向车流交织的情况,过境

图5-35 珠江新城花城广场及亚运公园实施方案
(图片来源:《广州珠江新城核心区地下空间规划设计竞赛》成果)

交通采取了下沉隧道辅以局部高架的形式。穿过核心区的东西向道路金穗路、花城大道、临江大道均设计为下沉式隧道，以连接广州大道及珠江新城以东的城市道路，从而保证区内珠江大道东和珠江大道西的连续性。

轨道交通方面，花城广场地区集中了地铁3号线与5号线两条地铁线，还设置了专为解决中轴线交通问题"度身而做"的地下集运系统（APM），以连接北起体育中心、南至广州塔的重要公共设施。建设APM前轨道站点500m覆盖率为36%（3个地铁站点），APM建成后70%的地区每300m就有地铁站。针对此线路APM线路短、站间距小、高峰客流量大的特征，车辆系统选用了无人驾驶的自动旅客输送系统，该系统具有运量适中、全自动运行、灵活、安全、适应性强、舒适、噪声小等优势，与珠江新城CBD地区的整体功能和交通需求特征相匹配。

花城广场地区按照人车分离原则，构筑由地下、地面和二层组成的立体步行系统，并使地面、二层步行系统、地铁轻轨有效衔接，以提供人性、便捷、舒适的步行环境（图5-36）。二层主要为快速通过人流而设，在珠江新城花城广场两侧的高层建筑间，搭起二层空中人行走廊，将各大建筑南北方向连为一体，同时兼顾部分建筑的行人过街要求。地面层沿中轴线宝瓶状开敞绿地形成休闲观光主流线。地下层以地铁3号线、5号线枢纽站以及花城大道地下步行街为东西向主轴，以中央广场为南北向主轴，以双塔、南部文化广场为基点，组织地下步行系统，并在双塔地下空间中建立步行通廊连接地铁站，建立

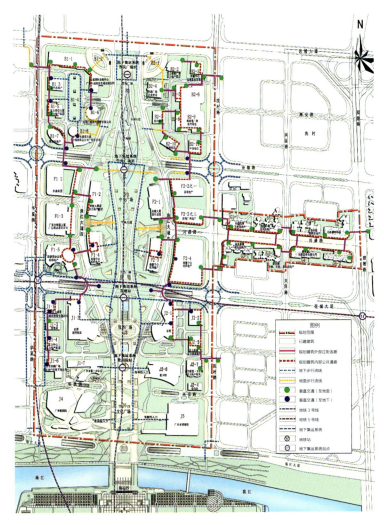

图 5-36 珠江新城核心区二层步行系统图
（图片来源：《广州珠江新城花城广场设计》成果）

图 5-37　珠江新城核心区地下空间剖面图
(图片来源:《广州珠江新城核心区地下空间规划设计竞赛》成果)

珠江新城地铁站与区域轨道线的换乘通道,同时满足购物人流的需要。

(3)地下空间

沿花城大道建立与两侧人行隧道连接的地下发展轴,并以此为骨架,向北拓展中央地下城,延伸连接兴盛路商业步行街,向南拓展到双塔地下城,延伸连接珠江新城文化广场,从而构成一个完整的地下综合空间体系。将周边39栋商业办公楼、公共文化建筑的地下空间资源全部连通并整合到一起。其地下一层为地下商业城和公交旅游大巴站,地下二层为公共停车场,地下三层是针对CBD地区高密度人流的交通特征规划建设的APM(图5-37)。

地下空间以地下公共服务配套为主,主要包括地下综合商业设施和部分设备用房,与地下公共人行通道、集运系统轻轨站厅以及周边地块地下建筑层整合建设、统筹考虑,构成具有以地下步行系统连通城市公交枢纽与轨道交通枢纽的交通功能的城市地下综合体(图5-38),该部分建筑的主要功能在于构建人车立体分流的地下步行系统,以人流的集聚点为核心,充分利用地下空间资源建设地下步行道以疏散人流,使疏导交通与商业发展双赢。

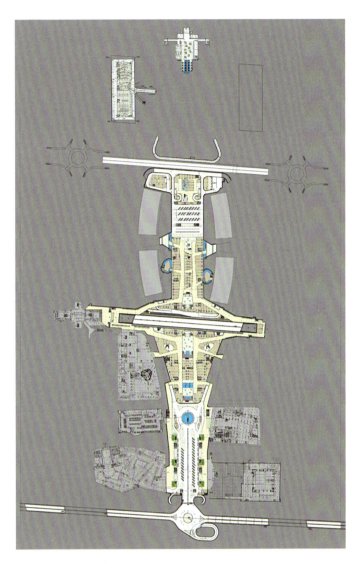

图5-38 珠江新城核心区地下一层规划图
（图片来源：《广州珠江新城花城广场设计》成果）

（4）市政基础设施

为缓解城市中心区的环境污染，建设绿色节能环保示范区域，广州市政府在珠江新城区域设立了集中供冷项目。该项目的总体规划建设规模为6万冷吨，建成后可满足约200万m^2建筑物面积的空调用冷，供冷服务范围覆盖整个珠江新城核心区，并将逐步扩展到整个珠江新城区域。珠江新城核心区作为广州未来的城市客厅，将随着集中供冷的广泛应用而成为国内最具绿色环保特点的城市中心区。

区域集中供冷技术（district cooling system，简称DCS）是分布式能源中心的一种具体表现形式，是国际上公认的高密度建设地区节能减排先进技术路径之一。珠江新城核心区内在 1.4km² 的范围内聚集了 39 栋超高层建筑（总建筑面积约 460 万 m²），不同建筑物之间的空调负荷特性差异较大，非常适合采用区域集中供冷。借助区域集中供冷的集约化效应，总体上可减少 20%～25% 核心区内建筑物空调所消耗的土地、水电资源，以及制冷系统投资和运行费用。

根据国内冰蓄冷技术的发展形势，项目建设单位在项目建设和运营过程中积极开展与冰蓄冷控制技术相关的研究与开发工作，填补了国内相关技术领域的空白，推动了国内冰蓄冷控制技术提升。该项目一期工程中心冷站作为国内第一个投入使用的全地下花园式供冷中心，2009 年底完工，承担起为第 16 届"亚运会"开闭幕式活动场馆供冷的重任。

2006 年 2 月，花城广场地下空间动工建设，至 2010 年"亚运会"开幕前，花城广场地面工程完工并向市民开放（图 5-39）。

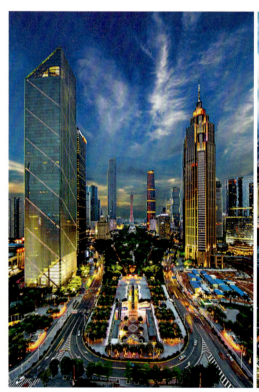

图 5-39　花城广场实景

（图片来源：左图：广州市天河中央商务区管理委员会提供；右图：广州市规划和自然资源局提供）

5.4.4.3 博采众长的公共文化建筑群

（1）广州大剧院

广州大剧院原名"广州歌剧院"。2002年7—11月，市规划局组织开展了广州歌剧院国际邀请建筑设计竞赛，经专家论证、评选、方案修正和多次商务谈判后，2003年10月，市政府选定了英国扎哈·哈迪德建筑师事务所"圆润双砾"的方案——引珠江河畔流水冲来两块石头，这两块原始的、非几何形体的建筑物就像砾石一般置于开敞的场地中，极富后现代的形体寓意。

扎哈·哈迪德是伊拉克裔英国女建筑师，凭借其前卫的设计风格，被称为建筑界的"时尚女魔头"和"曲线女王"，她2004年获得建筑界最高奖项普利兹克奖，这也是该奖项第一次授予女建筑师。广州歌剧院是扎哈·哈迪德在中国的第一个作品，后来的北京SOHO建筑群、南京青奥中心、香港理工大学建筑楼和北京大兴国际机场等也都出自她手。

2005年1月18日，广州歌剧院工程奠基，8月正式动工。2010年3月30日，广州歌剧院竣工，成为继北京国家大剧院和上海歌剧院后的中国第三大歌剧院。由于广州歌剧院是中国华南地区最大的综合性表演艺术中心，同年5月，剧院正式定名为"广州大剧院"（图5-40）。5月6日，广州大剧院正式投入运营，揭幕演出剧目为大型歌剧《图兰朵》。

（2）广州图书馆新馆

2004年，广州开展了广州图书馆新馆的建筑设计国际竞赛，最终选定株式会社日建设计和广州设计院的联合体方案为实施方案。方案以古诗"书山有路勤为径，学海无涯苦作舟"中的"书山、学海"为设计立意，动态曲线造型的"学海"与静态直线造型的"书山"形成强烈对比。"书山"采用双层半透明U型玻璃作为墙体材料，而"学海"则采用金属面板，结合遮阳百叶和穿空金属板材，形成个性化的独特外观。在共享大厅设置的楼梯可由底层直达顶部，读者在此拾级而上，一步步攀登"书山"、周游"学海"，成为图书馆的另一个鲜明特色。在总体布局上，"书山"以长方体与其西边的儿童活动中心的长方体以及南边的省博物馆的正方体形成对话关联，其曲面体的"学海"造型则与其西南面的歌剧院的有机体造型形成呼应关系（图5-41）。

广州图书馆新馆设计藏书总量约400万册，座位6110座，配置信息点2520个。总占地面积2.1万 m^2，总建筑面积9.8万 m^2，建筑高度50m。

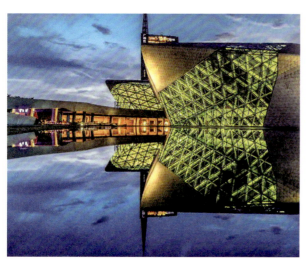
图 5-40　广州大剧院实景
（图片来源：广州市规划和自然资源局提供）

图 5-41　广州图书馆新馆实景
（图片来源：广州市设计院提供）

2006 年 2 月奠基开工，2013 年 6 月全面开放使用。

广州市图书馆新馆建成时是世界上规模最大的单体城市公共图书馆，也是全国第一家使用自动分拣系统的城市公共图书馆。2018 年，广州图书馆及其分馆、24 小时图书馆等全年接待访问量达 932.9 万人次，日均接待公众近 3 万人次，外借文献 3.6 万册次，举办活动 12 场次，创造了我国公共图书馆的服务纪录。其中，2018 年 8 月 5 日入馆读者 51774 人次，创下国内城市公共图书馆单日入馆人次的最高纪录。

（3）广东省博物馆新馆

2003 年，广州市开展了广东省博物馆新馆建筑方案设计国际邀请赛，香港许李严建筑有限公司的建筑设计方案——"绿色飘带上盛满珍宝的容器"在竞赛中胜出。博物馆被建筑师构思为一个物体、一件宏大的艺术品，如古代精雕细琢的容器——漆盒、象牙球、玉碗或铜鼎，它们各自盛着当代的珍宝，成为独特的文化标记，承载着人们对展品的回忆（图 5-42）。

广东省博物馆新馆总占地面积 4.94 万 m^2，总建筑面积 $66980m^2$，建筑总高度 44.5m。工程于 2004 年 12 月 12 日奠基。2010 年 5 月 18 日，在市第 34 个"国际博物馆日"，广东省博物馆新馆开馆。2011 年，广东省博物馆获"全国优秀工程勘察设计行业奖"建筑工程一等奖。2018 年广东省博物馆累计接待游客 7117 万人次。

（4）广州市第二少年宫

为促进社会主义精神文明建设，为广州市少年儿童提供更多的学习和

图 5-42 广东省博物馆
（图片来源：陈展荣摄）

图 5-43 广州市第二少年宫落成实景
（图片来源：广州市城建档案馆提供）

活动场所，广州市政府决定在珠江新城建设广州市第二少年宫。广州市第二少年宫以竞赛形式征集方案，最终，美国 SBA 国际设计集团的方案被选为优胜方案。该方案的总体构思为"一座探索和发现的宝殿"，总平面采用弧形体量与板形体量，通过圆形节点相接的方式进行布局，意在最大限度地获得自然采光和通风，并布置清晰的功能和交通分区以及大面积的室外活动场地。板形体量内组织了教室、办公室等空间，成为北面高层建筑与少年宫之间的过渡；弧形体量内承担了表演、交流和互动功能，它面向珠江，展现出欢迎和包容的风采；圆形节点为贯通 7 层的入口共享大厅，同时兼顾了展示和主要的疏散交通功能。总占地面积 1.7 万 m^2，总建筑面积 4.6 万 m^2，高 35m。2004 年 3 月动工，2005 年 7 月完工（图 5-43）。

5.4.4.4 "科学、活力、和谐"的广州中央商务区——珠江新城

正如第 4 章提到的，珠江新城规划始于 20 世纪 90 年代，但起步并不顺利，真正进行大规模规划建设已经到了 2000 年之后。2003 年的《珠江新城规划检讨》在保证规划延续性、保障既定利益平衡的前提下，进一步突出珠江新城作为中央商务区的定位，并对局部地块的功能进行了调整；明确了市级文化中心具体包括歌剧院、博物馆、图书馆和青少年宫等；改变了小地块开发"楼看楼"模式，将原控规约 440 个小开发地块整合为 269 个综合地块开发单元，采用建筑周边围合的布局方式，将楼群间的绿化集中布置，争取最大的街坊公共花园；丰富了交通系统的多样性，将"东风路"式的交通干道和"上下九"式的骑楼式步行街进行合理组合，并提出了由高架步行道、地下人行隧道、步行街构成的立体化步行系统；同时强调必须通过举办设计竞赛才能确定地标性的建筑方案，用制度保证

创造出有艺术特色的城市形象。

截至2018年，天河中央商务区（简称天河CBD，包括珠江新城与中轴线北段）有总部企业108家，142个世界500强企业设立的201个项目（机构）。天河CBD汇聚了以普华永道、德勤、毕马威、安永这全球四大会计师事务所为龙头的广州1/3的会计师事务所，以仲量联行、戴德梁行、第一太平戴维斯、高力国际、世邦魏理仕世界五大国际地产行业为龙头的广州1/5的地产中介公司，以光耀国际、万宝盛华等为代表的广州70%的人才中介公司，以及全市1/3的律师事务所。另外，天河CBD集中了全市70%的金融机构、70%的外资金融机构、90%的外资银行总资产，是广州金融结构最密集、金融服务业最发达的区域。根据2019年6月广州市金融局公布的金融白皮书，天河CBD共有各类金融机构204家，占广州市的70%。其中，银行类机构73家、证券类机构57家、保险类机构74家。2018年，天河CBD金融服务业增加值977.75亿元，占天河CBD总GDP的31.72%（表5-5）。

目前，天河CBD拥有甲级写字楼120栋，总建筑面积约1300万m²，每万平方米GDP为2.4亿元。其中，100~200m高的楼宇有70栋，200~300m高的楼宇有12栋，300m以上的楼宇有8栋；纳税超1亿元的楼宇有71栋，纳税超10亿元的楼宇有17栋（图5-44）。

国内外7个城市CBD建筑功能比例　　　　　表5-5

城市CBD	上海陆家嘴CBD		北京朝阳CBD		广州珠江新城		深圳CBD		杭州钱江新城		巴黎德方斯CBD		东京临海副都心	
分类	面积	比例/%	面积	比例/%	面积	比例/%	面积	比例/%	面积	比例/%	面积	比例/%	面积	比例/%
用地面积/km²	1.7	—	4.02	—	6.19	—	4.13	—	4.02	—	1.6	—	4.48	—
总建筑面积/万m²	400	—	1072	—	1300	—	780	—	720	—	350	—	400	—
办公/万m²	264	66	519	48	400	31	380	49	350	49	250	71	250	36
商业、旅游、娱乐/万m²	62	15	200	19	550	42	100	13	120	17	40	11	130	19
市政、交通、文化/万m²	43	11	55	5			100	13	75	10	6	2	115	16
住宅、公寓/万m²	50	8	297	28	350	27	200	25	175	25	54	16	205	29

（资料来源：陈一新. 中央商务区（CBD）城市规划设计与实践[M]. 北京：中国建筑工业出版社，2006.）

图 5-44　广州新城市中轴线

（图片来源：广州市天河中央商务区管理委员会提供）

2019 年 9 月，首都经济贸易大学发布《中央商务区蓝皮书：中央商务区发展报告（2019）》。报告对中国 13 个 CBD 的综合发展情况进行了指数分析。按综合发展情况排名，由于广州天河 CBD 的科技创新能力得到提升，且区域辐射能力较强，因此从 2016 年开始，广州天河 CBD 超过了深圳福田 CBD，排在北京和上海之后，位居第三（表 5-6）。

一线城市 4 个 CBD 综合发展指数情况　　　　表 5-6

CBD 所在城区	综合发展指数					综合发展指数排名				
	2013 年	2014 年	2015 年	2016 年	2017 年	2013 年	2014 年	2015 年	2016 年	2017 年
北京朝阳区	44.097	44.167	44.527	44.728	44.864	1	1	1	1	1
上海浦东新区	43.334	42.768	42.868	43.374	43.751	2	2	2	2	2
广州天河区	40.062	40.060	40.657	41.620	43.414	4	4	4	3	3
深圳福田区	41.872	41.446	40.781	40.292	42.235	3	3	3	4	4

（资料来源：蒋三庚，张惠，等. 中央商务区蓝皮书：中央商务区产生发展报告（2019）：以高水平开放推动区域发展. 北京：社会科学文献出版社，2019.）

珠江新城既是广州的中心商务区，也汇聚了岭南人文景观和自然景观，既是城市客厅，也是广州的城市开放空间。每天，络绎不绝的白领、精英、游客、市民徜徉其中，彰显着广州新时代的新形象。登上广州塔，北望是高楼林立、车水马龙的CBD，这座华南大都市的繁华让人惊叹；南眺则是一片郁郁葱葱、连绵不绝的芳草地，这座岭南水乡城市的生机勃勃又令人赞叹。

5.4.5 "亚运会"推动重点城区品质进一步提升

借助"亚运"的机遇，广州迎来了迈向国际化、提升城市竞争力的空前机遇。"亚运会"的筹备和举办适逢《广州总体发展战略规划》和《广州市城市总体规划（2001—2010）》的重要实施期，一方面，各项"亚运"相关规划建设必须按照战略规划和总体规划的要求予以落实；另一方面，广州应以亚运为契机，以战略规划、总体规划为统领，不断拓展与优化城市空间结构，提升城市功能，全面提升城市人居环境质量。这一时期，广州市政府配合"中调"战略提出重点规划建设"新城市中轴线南段、白鹅潭地区、白云新城地区、琶洲—员村地区"四大地区，作为亚运城市规划的主要实践区，开展一系列国际竞赛，以重点地区规划为抓手，着力将重点地区打造为展示亚运城市形象的窗口，引领亚运城市建设和城市形象整体提升。

5.4.5.1 广州新城市中轴线规划

1992年，就《广州新城市中心——珠江新城规划》开展了国际竞赛，当时胜出的美国托马斯规划服务公司明确提出了将自燕岭公园（瘦狗岭）经天河火车站、体育中心、中央大道、海心沙岛到赤岗岛作为广州城市发展的新的景观轴线；并且提出沿一条南北向绿化景观轴线布局商务区，住宅区围绕珠江公园布置，结构十分清晰。其实在此之前，广州实际上已经建成了一条从瘦狗岭、广州火车东站、中信大厦到天河体育中心的小轴线，但是到当时的"六运"住宅小区就断了。当时决定跨过住宅小区将轴线继续延伸到珠江边的海心沙，是一个有远见的战略性抉择，为后来城市新中轴线继续南延打下了基础。

1999年4月,广州市政府委托同济大学进行广州市新城市中轴线规划研究。本项研究在总结国内外相关经验的基础上,分析了新城市中轴线与广州城市空间结构的关系,确定了城市轴线的整体结构和局部区段、节点的规划设计原则。根据该研究成果,市政府决定建设以珠江新城为核心的新城市中轴线,广州城市新中轴线的建设拉开了序幕。同时,广州市规划局开展广州市新城市中轴线珠江新城段城市设计,对原珠江新城规划的地块划分和建设功能进行了适当调整,确立了中央广场"宝瓶状"的平面形态(图5-45)。

图5-45　广州新城市中轴线北段城市设计总平面(左)、渲染图(右上)和实景(右下)

(图片来源:《广州市新城市中轴线珠江新城段城市设计》成果)

2008年秋季，根据广州市政府的工作部署，广州市开展广州新城市中轴线北段核心地区整体城市设计与燕岭公园—珠江新城—电视塔南广场段重要节点修建性详细规划，将广州市新城市中轴线北段核心地区作为2010年"亚运会"展示广州新的城市形象与风貌的重要地区，以积极推动中轴线整体空间建设的可持续发展。规划将现存邻里与正在开发的项目结合，通过建立一条连接城市公园、步行桥、城市广场、体育公园和水中岛屿的绿色轴线，展现一个崭新的宜居生态的新广州，使城市获得新的活力。

2009年广州市组织开展了广州新城市中轴线南段及珠江后航道沿岸地区城市设计竞赛，最终美国赫勒·曼纳斯建筑事务所的"岭南家园花城绿轴宜居社区"方案被评选为第一名。2009年9月，在第一名方案的基础上开展了中轴线南段地区城市设计的深化工作，并将"万亩果园"等地区纳入规划范围。2010年2月完成城市设计深化方案并在市政府第107次常务会议上原则上通过（图5-46）。

方案提出集聚城市核心功能，强化区域服务腹地；营造绿色生态轴线，建设和谐宜居城区；坚持以人为本，大力推广公共交通；彰显岭南特色，构建岭南风格新中轴；坚持可持续发展，创造绿色低碳生活；秉承精明增长原则，突显TOD规划理念的设计策略，将该地区建设为新的城市

图5-46 新中轴线南段城市设计总平面
（图片来源：《广州新城市中轴线南段地区城市设计》成果）

核心功能区,打造具有岭南特色的行政中心,为广大市民提供绿色休闲的旅游好去处,同时塑造富有活力的滨水空间,使新城市中轴线成为引领城市空间布局的导向线(图5-47、图5-48)。

图5-47 新中轴线南段整体鸟瞰图
(图片来源《广州新城市中轴线南段地区城市设计》成果)

图5-48 新中轴线南段城市设计效果图
(图片来源《广州新城市中轴线南段地区城市设计》成果)

往昔缱绻影未散，覆上新妆添荣光。如果说传统中轴线的千年繁盛，浓缩了老城广州的记忆乡愁，那么生机勃勃的城市新中轴则见证了广州进入国际大都市之列的豪迈步伐。

5.4.5.2 琶洲—员村地区城市设计

琶洲—员村地区是广州新城市中心区的组成部分，是广州市实施"中调"和"东进"战略的重要地区，与珠江新城共同组成广州市参与国际竞争的代表区域。2007年12月，广州市政府提出积极推进中调战略实施，要求"完善以会展经济为核心的琶洲地区及作为珠江新城延伸区的员村地区的规划和建设"。

2008年3—6月，广州市规划局联合广州市土地开发中心、广州市城市规划编制研究中心组织开展了广州市琶洲—员村地区城市设计竞赛。竞赛邀请了6家设计单位参加，最终评选出名为"CBR——中央商务带"和"新广州、新珠江"的两个优胜方案（图5-49）。

两个优胜方案都提出要打破一江一岸的单边发展模式，以珠江新城为新的起点，缝合一江两岸城市整体景观，通过两岸错落有致的景观，塑造具有广州特色的山水城市和地区性国际城市的滨水中心区形象。

2008年7月起，优胜方案单位对城市设计进行深化，并于2009年6月1日经市政府常务会审议通过。深化方案将琶洲—员村地区规划功能定位为：会展、金融、商贸三大引擎合力推动的国际城市中央商务核心区，实力、活力、魅力三位一体的复合型新城市滨水中心区（图5-50）。

深化设计还在员村地区及琶洲岛西端地区分别构筑功能相呼应的新的

图5-49 "CBR——中央商务带"（左）、"新广州、新珠江"（右）方案总平面

（图片来源：《广州市琶洲—员村地区城市设计竞赛》成果）

图 5-50 琶洲—员村地区土地利用规划图
（图片来源：《广州市琶洲—员村地区城市设计深化》成果）

商务核心区，共同构成两岸三核的泛CBD城市新核心；依托珠江发展轴与新城市中轴线，建立新的发展秩序，并结合滨江环境，以步行为尺度将多种功能进行平面和竖向的混合，创造充满活力的复合滨水中心区（图5-51）。

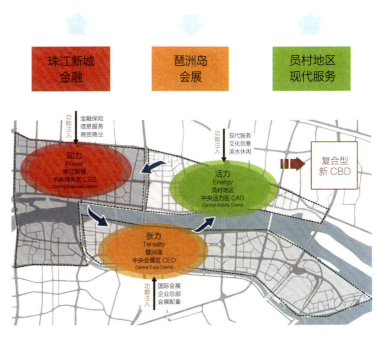

图 5-51 一江两岸复合型 CBD 结构图
（图片来源：《广州市琶洲—员村地区城市设计深化》成果）

5.4.5.3 白鹅潭地区城市设计

白鹅潭地区是广州实施"西联"战略的桥头堡，也是推动实现广佛同城化的重要节点地区。除了重要的战略地位外，该地区既拥有两江三岸的滨江岸线资源和水秀花香的自然环境，又是广州近代工业的发祥地。随着中心城区产业升级，该地区的工业面临"退二进三"的转型，工业遗产的保护与利用也是一项新的课题。

2008年3—7月，广州市城市规划局以国际竞赛的形式对白鹅潭地区城市设计方案进行咨询，选取6家单位参与竞赛，最终评选出"生态·中央智城"和"广佛新天地"两个优胜方案（图5-52）。

2008年12月，广州市政府邀请美国SOM公司为白鹅潭地区城市设计进行顾问咨询，并统筹深化设计，提出"广佛之心、国际商业中心、水秀花香的宜居城区"三个目标定位，打造面向广佛的商务办公、商业休闲、文化娱乐核心区。并根据聚集高端服务职能，延续自然环境特色，传承岭南文化精髓，倡导小街区开发模式，坚持以人为本和公交优先，完善服务设施，充分利用工业遗产资源等策略与原则，实现建设广佛之心和国际商业中心、水秀花香的宜居新区、积极的街道空间、便捷舒适的城市环

图5-52 "生态·中央智城"（左）、"广佛新天地"（右）方案总平面图
（图片来源：《广州市白鹅潭地区城市设计竞赛》成果）

境、具有岭南特色的现代化滨水区、宜居宜业的新城区、文化创意廊道、低碳绿色新城区等目标（图5-53）。

白鹅潭地区的城市设计还创新地在成果中增加了地块城市设计导引的内容（图5-54），使城市设计技术成果转化为具体的规划控制要求，与控规一起成为规划管理文件，提高城市设计在规划管理中的可操作性。城市设计导则中明确了用地与建筑布局、公共空间（景观视廊、街道界面、节点、空间分割等）、地块内外交通组织、市政公用设施布局、三维空间效果等，并提出关于建筑功能、形式、材质、色彩和特征的城市设计指引（图5-55）。

图5-53　白鹅潭地区城市设计总平面
（图片来源：《白鹅潭城市设计总体规划》成果）

图5-54　城市设计导则控制图
（图片来源：《白鹅潭城市设计总体规划》成果）

图5-55　白鹅潭地区城市设计效果图
（图片来源：《白鹅潭城市设计总体规划》成果）

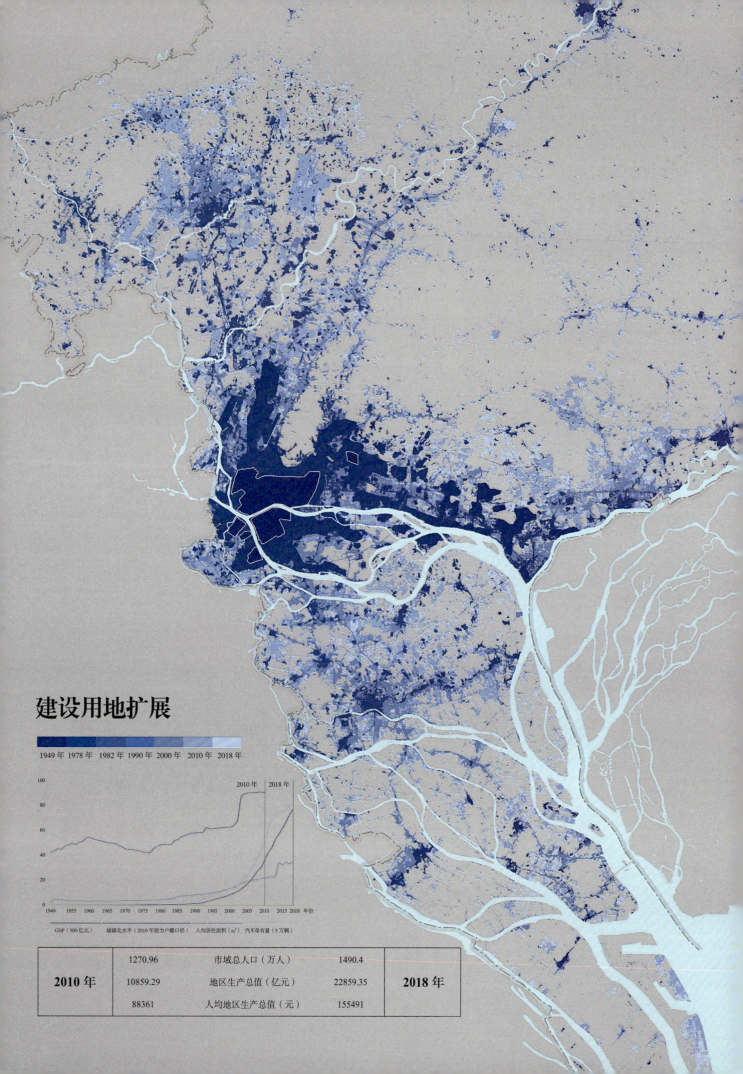

06
"老城市 新活力"聚焦高质量发展
2011—2018年

2015年12月，时隔37年后，中央城市工作会议再次召开。广州市委市政府为深入贯彻落实中央、广东省关于进一步加强城市规划建设管理工作的意见精神出台相关文件，提出坚持城市工作"五个统筹"，重申以人为核心的城市发展理念，强调提升城市品质和国际竞争力，培育新动力，为城市创新发展提供支撑空间，以绿色发展谋划城市未来。2018年10月，习近平总书记视察广东期间对广州提出了"老城市新活力"的时代课题，要求广州实现"四个出新出彩"。

"亚运会"以来，广州坚持生态保护、文化传承、区域协调和人文关怀等理念，推进城市品质化提升。一方面，以珠江为脉络，传承广州营城文化，秉承传统山水格局，加强历史城区传统风貌保护，塑造依山、沿江、滨海特色鲜明的城市风貌，以绣花功夫激发老城区的新活力，在住区环境、山水意向、人居品质等方面不断出新出彩，打造富有岭南特色的魅力花城；另一方面，深度参与区域协同、全球竞争与国际分工，进一步巩固广州在粤港澳大湾区的地位与角色，通过规划引领集聚高端要素，高水平规划建设珠江新城、广州国际金融城、琶洲互联网创新集聚区融合发展的黄金三角区，积极推动广佛同城和广清一体化工作，更加聚焦珠江口水域南沙新区和自贸区建设，打造南沙、黄埔、琶洲等多个创新载体，使其成为推动周边建设区域协同发展的引擎。

广州坚持人民城市为人民，以人的发展为核心，传承包容共享的精神，在面向两个100年的发展目标时，对未来的城市建设也提出了"老城市新活力"的主体目标，以对人的关心和务实创新的态度，从多个方面建设未来的城市。

6.1 传承岭南文脉塑文化名城

"五岭北来峰在地,九州南尽水浮天",得天独厚的区位条件造就了广州依山傍水、通江达海的气势和格局。时至今日,在7434km²的市域范围内,依托"山水城田海"的自然资源格局,形成了北部依山、中部沿江、南部滨海的山水城市特色风貌。岭南的自然环境对广州城市的影响还体现在广府传统建筑、街巷的建设上,也延续至现代岭南建筑设计当中。

6.1.1 可以"品山""品水"的城市

广州位于珠江三角洲三江交汇的中心,往北控扼五岭,通过南粤水陆古驿道系统融入中原文明,往南汇流入海,面向广阔的南海诸国,在中国的空间版图上拥有独特的战略区位和纵深格局。山、城、田、海为广州市域内最具特色的空间格局,地理形态自北向南由连绵的山谷逐渐转为平坦的沙田,白云山、莲花山等山体山脉和以珠江为主体的江河湖涌水系以及田园环境是其城乡聚落群发展的基础。自秦开始建城,唐宋以后逐步在依山、滨水、沿海区域形成一系列富有鲜明岭南特色的聚落文化景观,包括北部枕山面水的广府和客家传统民居聚落、沿江河等水路交通分布的城镇群、交织于水网田间的岭南水乡特色村落、南部靠海逐步形成的沙田聚落。

广州历史上的城市建设充分利用自然优势,在城市营建中修建莲花塔、琶洲塔、赤岗塔,它们与珠江上游的浮丘石、海珠石、海印石共同形成"白云越秀翠城邑,三塔三关锁珠江"的大空间格局。明清时期,"三塔三关"成为广州古城的限定标志,扩大了广州的空间领域,而不是使其局限于城墙内有限的空间。

时至今日,珠江依然是城市空间拓展的轴线,珠江新城、国际会展中心、国际金融城、大学城、生物岛、明珠湾等城市发展的重点区域，沿珠江向水而生，汇入大海。

广州的山水环境与城市生活息息相关。新中国成立后，广州结合排涝治理在老城外围修建的5个嵌湖的城市公园——荔湾湖公园、流花湖公园、越秀山公园、烈士陵园、东山湖公园，与珠江共同构成一个环绕老城的"绿环"，为用地紧张的老城区提供了广受市民欢迎的活动空间。东濠涌、荔枝湾涌整治工程恢复了城市内部的历史水系，成为市民茶余饭后的休闲之地和外来游客的网红打卡地。作为城市正立面的珠江30km"黄金岸线"则是广州最为重要的公共空间。

近年来，绿道、云道、碧道的建设又进一步拉近了山水环境与城市生活的关系。在城市绿道网络的基础上，2020年建成的"空中云道"是广州落成的又一个"品山"景观项目，白云山、花果山、越秀山的体验路径全部贯通（图6-1）。按照规划，这条"空中云道"将白云山、麓湖、花果山、越秀山几个地区的8km路径连通，市民可从中山纪念堂一路漫步直上白云山。碧道建设以水为主线，统筹山水林田湖草各种生态要素，打造"清水绿岸、鱼翔浅底、水草丰美、白鹭成群"的生态廊道，成为百姓体验美好生活的好去处。在新时代生态文明思想指导下，未来广州将进一步实施白云山还绿于民整治行动、海珠湿地生态区域提升工程等，精心打造可以供人品味的山水城市。

图6-1　空中云道
（图片来源：广州市城市建设档案馆提供）

6.1.2 尊重自然的南国花城

"因天时就地利",尊重自然是自古以来深植在广州"营城"理念中的朴素价值观,造就了广州"六脉皆通海,青山半入城"的山水生态城市格局。20世纪以来,虽城镇化进程不断提速、生态环境问题日趋严峻,但广州在城市发展战略中始终坚持"绿水青山就是金山银山"的理念,维育生态本底,在城市空间构建"蓝网绿脉"生态网络,使"山水城田海"自然景观格局更加开阔,更以"花木四时春"的城市绿化收获"花城"这一家喻户晓的美名。

森林是广州生态城市的本底。广州通过实施"森林围城、森林进城"战略和"青山绿地""蓝天碧水"等城市森林生态建设工程,拉开了城市森林建设新格局,取得了可喜的成绩,森林覆盖率达到42.6%。从化区马岭、增城区邓村、花都区雁鹰湖、黄埔区甘竹山等91个森林公园在广州的山里林间星罗棋布,流溪河国家森林公园成为珠三角地区徒步登高和森林漫步胜地,石门国家森林公园被评为"森林体验国家重点建设基地","石门红叶""流溪香雪"等多个森林旅游品牌更是深入人心。

广州因水而生、依水而居,湿地是打造广州岭南水乡景观的重要载体。多年来,广州大力加强湿地公园和绿色生态水网建设,建设多种类型、多种功能的湿地公园,已累计建成23个湿地公园,在湿地公园建设和保护中,结合湿地资源禀赋和历史文化,树立标杆,着力打造湿地公园品牌亮点。例如,海珠湿地中的垛基鱼塘是岭南数千年农耕智慧的缩影,是人与自然和谐共生的典范。南沙湿地已成为珠江口海岸线上的一道生态屏障,成为鸟类尤其是水禽的重要栖息地。

广州的亚热带气候最适合花木生长,经过持续不断的花景建设,"人在花中行,车在花中游"的花城赏花新格局基本形成。广州已建成赏花景点100处,形成了"百"花争艳的盛景,以番禺大道、汉溪大道、越秀公园、白云机场等为代表的木棉赏花点,以大学城、大夫山森林公园、天源路等为代表的宫粉紫荆赏花点,以海珠湿地、从化莲麻村、增城林场等为代表的黄花风铃木赏花点,"长年花不谢,四季绿苍葱"。花文化品牌效应也不断得到提升,"花语·广州"花事活动、迎春花市活动、国际花卉艺术展等成为提升花城文化软实力的重要载体。

随着城市建设密集增长，城市中可用于绿化的空间资源逐步趋紧，广州开始将绿化向天空延伸，并采用"拆违建绿""见缝插绿"等方式为城市增绿。

绿化天桥与高架桥是广州一道亮丽的风景线。从2003年起，广州大规模对全市符合条件的天桥实施绿化整饰，使道路绿化从地面向空中延伸。经过多年持续不断的努力，349km绿化美化的天桥成为全国最长的城市空中花廊，《人行天桥、立交桥悬挂绿化种植养护技术规范》成为行业标准。

2015年以来，通过对街道、社区等周边的低效、闲置地块进行新建、改造，充分发挥其休闲游憩功能，增加市民群众身边的休憩、活动绿化空间，口袋公园开始在广州城中"生长"，共建成社区绿地、街心花园63个，荔湾区欧式风情口袋公园已成为网红打卡点。

6.1.3 代代相传的绣花功夫

6.1.3.1 适应岭南气候特点的内庭外院

广州城市建筑自唐宋之后才开始普遍使用砖瓦等永久性建筑材料，城市跨越了里坊制发展阶段，直接进入了街巷模式。虽然培育了竹筒屋等一些具有地方特征的建筑，但是受亚热带地域气候的影响和自然环境的制约，单体建筑的特征往往被淹没在繁华的大街和宁静的小巷之中。

正是由于没有历史的包袱和传统形式的束缚，当现代建筑思潮席卷而来，岭南建筑师表现得更为务实、开放和进取，他们设计的建筑时代特征鲜明。真正让广州在众多现代城市中脱颖而出的是广派建筑风格，也就是现代派建筑风格的广州版。岭南湿热、多雨的气候特点使室内也变得炎热、潮湿，所以岭南人更喜爱在户外活动，而建筑与环境融为一体是对广州现代派建筑的基本要求，因此拥有简洁的造型、丰富的庭院、流淌的空间便成为广州现代派建筑的特征。后来，人们把这种没有过多装饰但室内外空间变化多样的建筑统称为"广派"建筑。"内庭外院"是对广派建筑风格的直观陈述。

1951年华南土特产展览交流大会的建筑群算是广派建筑的最早案例，它是新一代岭南建筑设计师进行的一次大胆的创新尝试。华南土特产展览交流会建筑群设计是自由、开放，不与他者雷同的，尤其重视环境，与东方古典建筑风格和西方古典建筑风格相去甚远。这个建筑群在当年显得异常前卫和新颖。

除华南土特产展览交流大会建筑群，其他广派建筑，如华南植物园冰室、北园酒家等早期岭南现代建筑规模比较小，影响力有限。20世纪60年代以后，自以双溪别墅为代表的一批公共建筑出现，广派建筑才逐渐显现出其特有的魅力。双溪别墅是莫伯治先生1963年的作品。建筑依山而建，和自然环境有机融合，是一处隐于山林、融于山野的"世外桃源"。双溪别墅因原址有两条溪涧流过而得名。建筑物建造在两处陡峭的山石之上，与山体的关系十分密切。通过循山而上的连廊，建筑与山、水、庭院的空间关系层叠错动，建筑体量轻巧灵动，若隐若现于层林间，绿意葱葱，水流潺潺，若移步换景，则别有趣味；若凭栏而憩，则静逸悠远。

1965年，广州市政府决心打造流花湖商圈，选择在人民北路建设友谊剧院。在友谊剧院的创作过程中，设计大师佘峻南先生曾提出剧院应采用开敞式平面的观点，认为应将"室内建筑空间同室外绿化结合起来，互相渗透，融为一体"。剧院的平面布局采用了非对称手法，在剧场一侧组织了"富有岭南特色的庭园建筑空间，为观众创造良好的环境"。室外庭院尺度宜人，并通过楼梯将室内外空间连成整体。友谊剧院在国内一度享有"庭院式剧院"的美誉，被誉为当时国内最完善、档次最高的一流大剧院，是国内剧院建筑的范例，这个美誉来自于建筑、庭院、园林的有机融合。

1983年建成的白天鹅宾馆曾经享誉海内外，为广派建筑增添了亮丽的一笔，也为广派建筑风格画上了句号。白天鹅宾馆之所以将本来属于室外的故乡水庭园移植到室内，是为满足五星级宾馆对空调的要求。后来的建筑设计都需要将室内空间与室外庭院严格分离，以保证冷气的供应。根植于岭南地域气候的广派建筑风格就此淡出世人的视野。

毋庸置疑，广派建筑风格与广州人喜爱户外活动密切相关。今天的广州居住区园林景观营造继承了内庭外院的处理手法，营造出居民喜闻乐见的室外休闲和交往空间，这是对早期岭南建筑师广派建筑思想的传承和发扬。

6.1.3.2 从冷巷到底层架空的住区品质提升

广州地处亚热带，全年湿热，在进入电气化时代之前，通风防热是本地居民的主要需求，这反映在建筑上，体现为要求总体布局和个体平面做到开敞通透，并在建筑内部植入天井、冷巷、架空空间等，以达到通风降温、改善建筑环境微气候、提高居住品质的目的。在适应环境的过程中，逐渐发展出如梳式布局、"三间两廊"、竹筒屋、骑楼等具有广府特色的建筑形式。

梳式布局是广州传统村落的典型布局形式。广州夏季盛行东南季风，村落主要巷道与夏季主导风向平行，穿越水塘的凉风就可顺着梳式巷道通达村落内部，巷道起到了"冷巷"的作用。同时，户内多设天井，夏季屋面与天井受太阳照射，温度高，巷道多在阴影面，温度低，巷道与天井可形成热压通风系统，村落建筑即有了舒适的通风环境。

"三间两廊"是典型的广府民居形式，即三开间主座建筑带两廊和天井，南北朝向，有舒适的通风采光环境。传统西关大屋在纵深方向两侧设置 1～2m 宽的青云巷与邻居隔离，起到了冷巷的通风作用。民居天井中多布置盆景等小景观，在紧凑的城市用地中提供难得的活动场所。

受舶来文化的影响，近现代广州城市还发展出了骑楼建筑，"以廊道以蔽风雨"的建筑特点使之成为一种适应亚热带气候的广府经典临街民居形式。沿街联排建筑的首层架空，形成开间约 4m，进深约 4m 的连续架空通道，柱廊沿马路布置，营造了可遮风挡雨、夏季凉爽舒适的步行环境。广州 20 世纪 30 年代建造的骑楼商业街，利用架空骑楼提供步行购物空间，至今仍极具代表性。

现代岭南建筑延续传统岭南建筑通透开敞的特征，在设计中融合冷巷、底层架空的建筑空间，如白云宾馆、矿泉旅舍等一批 20 世纪 50—70 年代的经典建筑作品，结合开敞中庭、架空水景，对传统民居中的架空空间、天井空间、冷巷与园林景观元素进行现代转译。

2004 年，广州提出了延续老城的文脉和肌理的老城改造方式，在解放中路旧城改造一期项目中尝试打通开放空间系统，保留传统街巷结构，重新梳理人行车行系统。新建体量联排布置，两排建筑间的长形广场作为开放的人行街道，每栋建筑间的开敞楼梯作为通风的冷巷，前通后透，有效调节居住区微气候。在建筑底层，复原新建建筑与保留建筑之间贯通的骑楼步行系统（图 6-2）。商业建筑与居住建筑分层叠加，商业裙房位于骑楼的一层和二层，贯通的商业空间把城市活力引入其中，使改造区成为一处舒适宜人、活力开放的城市广场。

图 6-2　北京路骑楼

（图片来源：广州市城市建设档案馆提供）

时至今日，传统的建筑层面上的气候适应智慧在城市空间中得到了传承，并融合现代生活需求与建筑特征，发展出建筑中庭、室内园林、立体架空园林等具有岭南特色的现代建筑空间，为广州增添了岭南城市特色。在城市规划与建设中，重视城市设计，在城市空间形成贯通的通风廊道，降低建筑能耗，营造舒适宜人的步行、商业系统，激发城市活力，传统技术与现代城市有机融合，提升了城市品质。

6.1.3.3　持续传承的绣花传统

竹筒屋、西关大屋和骑楼是广州传统城市街道空间的主体，通过精细化管理、精耕细作，广州孕育了传统城市空间以小为主的营造智慧。与竹筒屋最接近的一种民居形式是西关大屋，也可以说西关大屋是一种改良后的竹筒屋，它的建筑构成法则没有太大的变化。竹筒屋在近代还演化出了一种新的建筑类型，就是人们常说的骑楼。广州骑楼的原型是最早出现在1888—1889年张之洞提出的"修筑珠江提案"中的"铺廊"建筑。后来广州拓宽街道、重建道路时，借鉴了南洋建骑楼的经验。原先的竹筒屋较为狭长，所以把建筑的表层拆掉，建有顶盖的游廊，这就是广州早期的骑楼了。随着引入西方现代城市管理方式，骑楼建设方面精细化管理的规定日益完善。1912年，广州国民政府公布了《取缔建筑章程及试行细则》，规定可于自置私地内建骑楼，留出人行道。在政策的推动下，广州开始了大规模的骑楼建设，形成了以老城为主，以西关、河南为辅的骑楼街道布局。

新中国成立后，广州城市空间营造继承了这种小中见大的"绣花功夫"。1976年落成的白云宾馆是中国第一个超高层建筑，也是广州现代商贸活动发展轨迹上的一个重要里程碑。宾馆塔楼与主干道之间保留了一个小山丘，自然形成了隔离城市喧嚣的屏障，既减少了外界的干扰，又增加了宾馆入口的层次感。宾馆大堂东侧通过廊桥引入大小两个庭园，庭园中保留了原有的古树，通过收放、过渡、借景、对景等手法，丰富了空间序列。通过庭院景门步入首层餐厅，餐厅有悬梯与二层相连，空间向上延伸，再直达三层屋面花园，凉亭、绿篱映入眼帘。

2015年，广州市创造性地提出"微改造"的城市更新方式，在传承历史文脉的基础上实现人居环境改善、产业功能提升，促进街区活化复兴，增强城市魅力。在维持建设现状格局、不做大的改变的前提下，对不适应现代生活及社会经济活动需求的街区做必要改善的建设，包括保留修缮或局部拆建、完善基础设施、功能置换、环境整治、建筑节能改造等。广州西关的永庆坊，就是以微改造的方式推动历史文化街区活化的典型案例（图6-3）。2018年10月24日，习近平总书记视察广州永庆坊时强调，"城市规划和建设要高度重视历史文化保护，不急功近利，不大拆大建。要突出地方特色，注重人居环境改善，更多采用微改造这种'绣花'功夫，注重文明传承、文化延续，让城市留下记忆，让人们记住乡愁"。

图6-3　永庆坊微改造后实景
（图片来源：广州市城市建设档案馆提供）

6.2 焕新老城，造活力之都

广州是 1982 年首批国家历史文化名城之一，至今走过了四十年历程。广州一直非常重视历史文化保护与传承。从 1983 年名城与城市景观保护规划、1984 年版城市总体规划到 2014 版名城保护规划，保护方式从点状文物保护单位保护逐步向历史片区保护和城市整体保护转变。近年来，随着保护理念的不断发展，广州尝试通过重构广州古城结构、重现历史水系、活化历史地段等方式，在历史文化遗产的保护、利用和传承方面做出了积极的探索。

6.2.1 绿色永续发展范本的营造

广州依江而生，自秦代建城至今已有 2300 多年，其间，城址和城市原点一直未有根本的转移，城市中心一直没有大的迁移，至今仍在中山路和北京路一带。"千年城址不变"的发展模式在世界城市发展史上也是少见的，这种模式在形成广州城市特色的同时，也为广州的发展带来一定的挑战。

2014 年通过审批的《广州历史文化名城保护规划》划定了 20.39km² 的历史城区范围，包含了广州历史上的古城、西关、河南三大文化版图，东山文化片区紧邻历史城区东部。历史城区是广州历史文化资源最为丰富的区域，是历史上区域文化交流的重要门户，是千年不变的岭南文化中心，保存了活态传承的市井网络（图 6-4）。

图 6-4　广州四大文化版图及重要历史文化遗产分布
（图片来源：广州市城市规划勘测设计研究院提供）

保护历史城区的空间结构、历史轴线、城垣城门、历史地标等是开展历史城区结构性保护的主要工作。未来广州主要通过打造城墙景观环和骑楼景观带、重现历史水系，构建历史城区保护的骨架。

6.2.1.1 打造城墙景观环和骑楼景观带

广州建城以来，两千多年城址一直未变，拥有许多价值极高的历史资源。城廓格局形成于明清时期，但现在仅余越秀山上长 1000 多米的古城墙和镇海楼（图 6-5），古城轮廓淹没在车水马龙之中。由于城市发展建设，古城意象不甚明晰，缺乏体现古城整体格局的线索。

重塑城墙环是以越秀公园为起点，通过连续的慢行线路将盘福路、人民北路、人民中路、大德路、大南路、文明路、越秀中路、越秀北路、人民南路、一德路、泰康路、万福路、越秀南路等原城墙所在的道路连接起来，并结合东濠涌绿道，串联沿线 8 片历史文化街区和众多历史遗存（图 6-6）。在城廓文化景观环沿线建立标识引导系统，并结合文化旅游，设置服务设

图 6-5　古城墙遗址
（图片来源：广州市城市建设档案馆提供）

图 6-6　城墙环与城墙恢复意向
（图片来源：广州市城市规划勘测设计研究院提供）

施，形成广州历史文化慢行游线。同时对周边道路和社区进行了微改造，以提升街道景观，提高古城历史的认知度。在对史料、考古发现进行研究和对周边环境进行可建设性论证的基础上，对于有条件恢复意象的城门所在地，结合周边地块的更新改造，以历史研究为根本，采用合适的手法恢复意象；对于没有恢复条件的城门，对其所在道路、街角、公共空间进行微改造，以景观标识等形式展示城门历史，打造广州城廓体系的重要地标。

图 6-7 骑楼景观带

（图片来源：作者自绘）

骑楼是在广州历史城区普遍存在的具有岭南特色的建筑形式，现存的骑楼街总计有 36 条，长度达 20 多公里，集中分布在历史城区范围内。

目前西起龙津西路，沿恩宁路、第十甫路、上下九路、大德路、大南路、文明路，向东延续到新河浦是广州最为连续的骑楼街，也是骑楼街保存状况最好的片区。通过保护、修缮、活化、更新骑楼街，打造全长 5.35km 的骑楼景观环，途经荔枝湾、永庆坊、上下九、北京路、新河浦等文化景观，串联 8 个历史文化街区、1 处国保、3 处省保、14 处市保、53 处历史建筑，沿线丰富的历史资源使之成为广州传统商贸文化的典型地区。

骑楼文化景观带与珠江文化带、城墙景观环、传统中轴线以及中山路一同，构成了结构性保护和展示广州历史城区的空间骨架（图 6-7）。

6.2.1.2 历史水系的重现

"六脉皆通海，青山半入城"是对广州古城山水环境的总结。广州古城的营建一直与水系的改造和利用紧密相关。唐宋以前，三湖鼎立，宋代修建六脉渠，营造东西濠，明清多次修复疏浚，形成了江海—涌—渠三重水网，建立了浑然一体的城池防御系统和城市防洪、排涝、蓄水、交通系统（图 6-8）。新中国成立以后，结合城市建设，逐步对六脉渠进行改造，最后改为暗渠，纳入城市排水系统。

来自山地丘陵的冲积物经河水冲击，在河口形成古城以西的西关片区，随着珠江不断南移，形成陆地。明末，在城墙西侧依水兴建了18个商业街圩，形成十八甫商业区。再往西则是城郊水乡荔枝湾、上下西关涌、驷马涌等水系，构成了西关水网格局（图6-9）。

随着广州城市的发展，很多历史水系在城市建设中逐步被填埋或转为地下暗渠，不再可见。到2010年左右，广州以荔枝湾和东濠涌为示范，开始进行历史水系揭盖复涌和整治，以逐步恢复历史水系格局。

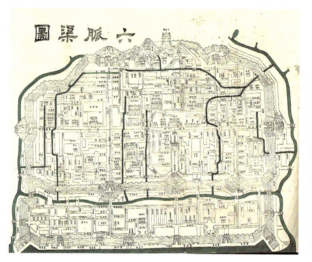

图6-8 清代六脉渠图
（图片来源：广州市城市建设档案馆提供）

图6-9 西关珠江河岸变迁示意图
（图片来源：广州市城市建设档案馆提供）

专栏6-1：荔枝湾涌揭盖复涌

荔枝湾，自古为广州城郊水乡，素有"一湾溪水绿，两岸荔枝红"的美誉。自秦汉起，即为官家荔园，至明清、民国，更成为私家园林和达官别墅聚集之地，园林楼阁荟萃，西关民居连片，水乡风情浓厚，美景深烙民心。自20世纪80年代起，在城市化的席卷下，城区历史河道污染严重。1992年，政府以石板覆盖了原本露天的荔枝湾涌，并在上面铺了水泥路，形成了荔枝湾路。而"黄梅时节，红荔枝头"的"岭南第一景"，也从此与老一代广州人的童年记忆一起，埋进了深深的地下。

2010年，借承办亚洲最大体育盛事的契机，市、区政府决定将封闭多年的荔枝湾路段盖面揭开,将马路恢复为河涌,以改善自然和人文景观。在政府、规划者、设计者和建设者的努力下,经过半年多的封路、绿化迁移、临铺拆迁、揭盖、清淤净化、截污、调水补水、搭建桥梁、营造河堤景观及建设绿化设施等步骤,终于恢复了老荔枝湾的原貌(图6-10)。

涓涓荔湾水脉,如玉带打通城市肌理,原河涌周边被旧房遮掩的文物景点都得以展现并连通。历代名园、名人故所以及千年名胜等文化元素,均按修旧如故的原则进行了原貌修复,乘坐花艇游河,可将碧溪五渡、仁威庙、文塔、小画舫斋、海山仙馆、陈廉伯公馆、陈廉仲公馆、蒋光鼐故居、梁家祠以及西关大屋历史街区等岭南特色建筑群收入眼底(图6-11)。

开放后的荔枝湾涌吸引了众多参观者,每天接纳游客超过5万人,成为广州"亚运"环境整治亮点工程之一,并被誉为"新羊城八景"之一,同时体现了近年来广州保护、更新开发旧城,整治水环境,以及改善人居环境的决心与成果。

图6-10 揭盖复涌后的荔枝湾涌
(图片来源:广州市城市规划勘测设计研究院提供)

图6-11 对荔枝湾涌与周边历史文化遗产的活化利用
(图片来源:广州市城市规划勘测设计研究院提供)

专栏6-2:东濠涌揭盖复涌

东濠涌在广州这个水路密布的城市中虽不是最长的河涌,却因处在老城的越秀区且本身蕴涵着悠久丰富的历史而备受关注。今日的东濠涌源于白云山南麓麓湖,自小北花圈始,接横坑(旧文溪,在今北园酒家附近),沿越秀北路东侧南流,到大沙头客运站附近注入珠江。其自北而南贯穿城区,全长约4.5km。历史上东濠涌是广州古城的东护城河，是古城水源，也是港口商船的避风港，新中国成立后，东濠涌水质逐渐受到影响，上游也转为暗渠。到90年代时，东濠涌上部建成高架桥，虽然解决了城市交通问题，但东濠涌水域至此景观不复存在，水体污染严重，且沿线景观环境更加恶劣。

为了再现东濠涌的历史风貌，恢复其作为水域廊道的生态功能并重塑文化景观，广州在2009年初启动了大规模的东濠涌综合治理工程。对东濠涌南段1.9km明涌主要进行截污清淤、引水补水和景观重塑，保留和恢复历史上曾有的竺横沙桥、小东门桥、东华路桥及越秀桥等13处文化景观，最终形成一个承载岭南水乡文化、桥历史和深厚广府文化的生态之涌（图6-12）。中北段暗涌也于之后逐步复涌。

图6-12　东濠涌改造后
（图片来源：伍家炯摄）

6.2.2 城市活力的再激发

历史地段是对传统风貌和历史文脉的集中留存。广州目前有26片历史文化街区和19片历史风貌区，其中包括代表广州古代传统中轴的北京路历史文化街区，代表广州商贸文化的上下九—第十甫历史文化街区，代表西关文化的恩宁路历史文化街区，代表东山民国文化和红色文化的新河浦历史文化街区。随着城市发展，老城区的历史文化街区不断面临房屋衰败、人口迁出、批发产业占据居住空间等问题，如何提升历史地段是广州老城区面临的一大挑战。

2010年后，广州逐渐对历史地段进行更新提升，主要采取了"小规模、渐进式"的保护更新方式，树立了恩宁路永庆坊、新河浦等一批典型。

专栏6-3：恩宁路永庆坊

永庆坊位于广州市荔湾区的西关片区，属于恩宁路历史文化街区，周围有西关培正小学、粤剧艺术博物馆、恩宁路、上下九步行街，是荔湾区历史文化最丰富的片区之一。

恩宁路片区的更新改造经历了十几年，理念也不断变化（图6-13）。2006年2月，《恩宁路地块广州市危破房试点改革方案》的公布标志着恩宁路地块更新项目启动。方案提出了"原地回迁式改造"的方法，规定拆除片区内的几乎所有建筑。2008年，启动动迁工作，计划至2012年完成拆迁任务。至2010年"两会"召开，恩宁路片区的更新问题再次引起关注。广州市政协委员陈德发和吴名高分别呼吁保护伶人故居群、建议立刻停止拆迁工作并要求引起重视，请求专家对片区重新进行研究评判，保存历史片区的肌理。项目改造工作至2014年终止。然而，几年的时间已经拆除了大量的老建筑并迁走了当中的居民，人走楼空，恩宁路人气锐减，与邻近热闹的上下九形成鲜明的对比。

2012年，在永庆坊北侧启动粤剧博物馆项目，至2016年建成对外开放。同年3月25日，荔湾区城市更新局发布《永庆片区微改造建设导则》。项目按照"政府主导、企业承办、居民参与"的形式实施修缮维护，同时，荔湾区制采用BOT模

图6-13 2006、2012、2018年永庆坊片区肌理对比
（图片来源：作者自绘）

式，通过公开招商引入万科集团建设运营此项目，并给予其15年经营权，期满后交回给区政府。修缮内容主要包括三方面：一是保留原有街巷肌理，传统建筑修旧如旧，建筑立面主要采用去污清洗方式重现原貌，增加以结构加固为主的实用性现代建筑元素；二是增加现代化配套设施，改善原有部分建筑功能，完善社区卫生、排水、消防等配套设施；三是产业更

新活化，导入创客空间、文化创意、教育等产业，配套无明火餐饮、青年公寓、文化展览等功能。

永庆片区微改造项目实施后，取得了"环境提升，文脉传承，功能转变，老城新生"的效果，为广州市历史文化街区活化树立了典范（图6-14）。

图6-14 永庆坊改造前后对比
（图片来源：广州市城市规划勘测设计研究院提供）

专栏6-4：新河浦活化

广州人旧有"有钱住西关，有权住东山"的说法。民国时期，新河浦地区是华侨、富商和政要的聚居地，这里的住宅楼房为西洋式花园别墅格局。广州市现存最大规模的中西结合的低层院落式近代建筑群就位于此处，和城西（西关）的西关大屋一样，是广州两处典型的传统民居，在2006年4月16日被正式划归市级历史文化保护区，2014年在名城保护规划中被确定为历史文化街区。

东山新河浦地区是广州近现代史的重要载体，有490多栋百年小洋楼，其中有不少是名人故居，中国近现代的一些著名事件都在这里发生。这里有五大名园，体现着华侨文化；这里有中共"三大"会址等建筑，是红色文化的代表；这里还有七中、培正百年名校，体现着教育文化。

永庆坊属于小范围的微改造提升，新河浦片区则是在更大范围内进行综合整治。十多年间，越秀区政府完成了新河浦社区综合整治工程（共三期），以"活态保护，多规合一；文旅融合，有机更新；产业集聚，街区共享"为原则进行新河浦历史街区保护和活化（图6-15）。2019年11月29日，"广州东山新河浦历史文化街区复兴工程"项目荣获"2019亚洲都市景观奖"。奖项评委会对项目给予了高度评价："广州市越秀区围绕新河浦历史文化街区，通过历史建筑保护、人居环境提升、文化艺术植入、社区共享共治等方式进行持续的复兴，体现了与环境的和谐共生，尊重区域历史与文化，安全方便，具有可持续性及高度艺术性，并对街区发展作出巨大贡献，为中国和亚洲地区的城市更新和保护提供了宝贵的经验与实践案例！"

图6-15　新河浦改造后街景
（图片来源：广州市城市建设档案馆提供）

6.2.3　历史地段与遗产的新生和活化

广州是我国近代工业的发源地，自清末至改革开放，沿珠江两岸一直是广州重要的工业带，留下了大量的工业建筑遗迹。广州很早就开始重视对工业遗产的保护和再利用，出台了一系列政策，探索保护与活化的方式。目前，针对工业遗产广州已经形成了三种保护利用模式：商业运营商主导，如信义会馆、TIT等；艺术公司自发经营，如红专厂；政府主导的市场化整体开发，如广钢新城；政企合作的模式，如四航局船厂。

不同实施主体会因自身特点选择不同的管理模式：商业运营商往往从商业开发和运营的角度，通过统筹改造对工业遗产的整体保护利用；自发经营的艺术公司往往拥有专业的设计和艺术背景，以专业顾问的角色为进驻的使用者提供咨询服务和适度的改造设计空间；政府主导的模式往往通过政策工具制定规则，并将工业遗产转化为公共产品来提升城市及其土地的综合价值。

专栏 6-5：T.I.T 创意园

广州 T.I.T 创意园前身为创建于 20 世纪 50 年代初期的"广州纺织机械厂"，园区占地面积约为 9.34 万 m^2，总建筑面积约 5 万 m^2。建设总投资 2.2 亿元人民币。2008 年根据市政府"腾笼换鸟""转型升级"的产业调整政策要求，按照"三旧"政策启动了 T.I.T 创意园建设，对旧厂房进行"修旧如旧，建新如故"改造。

在对园区的改造过程中，在保留城市发展记忆的同时对园区各部分物业的使用功能进行了重新规划，最大限度保留园区老工业厂区有价值的原始建筑体貌特征及原生态环境，园区内绿树环绕、郁郁葱葱，建筑多为五六十年代工业厂房，是广州市旧工业厂区的典型代表，同时结合互联网企业的创新思维，以企业设计、园区把关为导向，以符合园区的功能定位和发展需要。

在园区改造建设及运营过程中，一直按照政府导向，进行园区产业结构的优化升级，经过几年的定位调整，最终确定改造后园区的主题为"时尚、创意、科技"，以服装时尚产业为基调，以创新创意等新兴业态为加速动力，以科技互联网为主导产业。通过融合传统行业与互联网思维，打造充满活力、可持续发展的产业集群生态圈。2010 年广州 T.I.T 创意园正式开园，2018 年总产值超过 150 亿元，税收 6 亿元，就业人数多达 4000，入驻企业 129 家（图 6-16）。

图 6-16　T.I.T 创意园活动中心改造前和改造后
（图片来源：TIT 创意园提供）

专栏 6-6：羊城创意产业园

羊城创意产业园原为广州化学纤维厂，是羊城晚报报业集团于 2007 年创建的大型文化创意产业园，经过将旧厂房重新设计包装，引入一批广州原创的文化设计品牌企业，整体升级改造成适应当今创意产业链的新空间。现有羊城晚报报业中心、华多科技、酷狗音乐等 100 多家文化传媒、信息科技、艺术设计企业入驻。2014 年产值达到 70 亿元（图 6-17）。

图 6-17　羊城创意产业园改造后
（图片来源：伍家炯摄）

6.2.4 老旧社区的人居环境改善

广州调查入册的老旧小区有779个，建筑面积达5000多万平方米，居住人口超过260万，占全市常住人口的18%。这些小区普遍存在建筑功能老化、公共空间匮乏、公共配套缺失、社区文化丧失等问题，已经成为高质量发展的短板和痛点。

广州市是全国最早开始系统推进老旧小区微改造的城市。2016年8月，广州市委十届九次全会明确提出"改善社区人居环境，推动老旧社区更新"工作部署。2016年12月，广州市印发《广州市老旧小区微改造实施方案》，提出了老旧小区微改造的总体要求、主要任务、建设标准、职责分工和实施工作指引，并梳理出包括60项内容的"改造任务清单"，包括基础设施升级、拆违、整饰等49个基础完善类项目和加装电梯、绿化节能等11个优化提升类项目。2017年，印发实施《广州市老旧小区微改造三年行动计划（2018-2020年）》，明确779个老旧小区改造任务安排。与此同时，制定出台《广州市老旧小区品质化改造规划指引》《广州市老旧小区微改造设计导则》《广州市老旧小区微改造"三线"整治实施方案和技术指引（试行）》等技术指引，明确重点工作技术规范。2018年5月，广州市被住房和城乡建设部列为全国老旧小区改造试点城市，探索完善老旧小区改造相关政策，健全系统有机更新的长效机制，形成可复制可推广的改造试点经验。经过三年多的探索和实践，广州老旧小区改造在完善设施、提升空间品质、促进社区治理、保护传统历史文脉等方面积累了经验，形成了具有广州特色的模式。

首先，坚持先民生后提升，打造"有完善设施"的老旧小区。广州市在老旧小区改造中优先改造水、电、气、化粪池等"保基本"项目，重点解决公共区域雨污分流、三线三管、环境卫生等基础设施方面的突出问题。推广楼道改造和适老化设施改造，增设消防设施和视频监控设施，消除安全隐患。增设休闲广场、社区"口袋公园"等公共配套设施。在老旧小区改造过程中大力推动电梯加装工作，在全国率先出台《广州市既有住宅增设电梯办法》《广州市既有住宅增设电梯规程》及《加快推进广州市老旧小区住宅加装电梯三年行动方案（2018-2020年）》。另外，积极探索智能垃圾分类。将垃圾分类硬件建设纳入改造内容，投入1300万元推进10个老旧小区垃圾分类试点。

其次，整治小微公共空间，推动连片提升，打造"有品质活力"的老旧小区。老旧小区改造与市本级项目品质建设相融合，重点解决环境"脏、乱、差"问题，完善路灯和景观设施，打造开敞透亮的公共空间。推动城市环境品质向背街小巷延伸，统筹考虑城市环境、营商环境及景观形象等，努力打造活力开放的品质城市示范街区。

围绕老旧小区公共空间及公共设施节点"精准施策"，优先开展口袋公园、公共厕所、菜市场、中小学及幼儿园、社区停车场等"社区支点"的环境品质提升工作，呈现街区人居活力。

同时，完善公众参与机制，打造"有群众满意度"的老旧小区。从政府"一条腿"走路变为居民、企业、专家等多方共同参与、共同缔造，推动营造共建共治共享的社会治理格局。比如泮塘五约小区成立"共同缔造"工作坊，邀请规划、文化领域专家、居民代表、业主代表、媒体代表组成公众咨询委员会，深入参与改造。积极引导社会力量广泛参与。连续两年举办老旧小区改造规划设计方案竞赛，面向社会广泛征集作品。组建社区规划师等专业志愿者队伍，提升改造专业水平。另外，鼓励多方资金投入。坚持居民、市场、政府多方共同出资原则，建立健全可持续资金筹措机制。改造内容中的基础完善类项目以市财政补助为主，优化提升类项目由区统筹，鼓励个人和社会出资，基本形成了多元化的改造资金投入机制。

6.3 "大美珠江"展现城市品质魅力

构建"一江两岸三带",是以珠江为纽带,把沿岸的优势资源、创新要素串珠成链。总体布局上,聚焦珠江、流溪河、增江和东江水道沿岸一定范围,实施珠江沿岸整体规划。统筹珠江沿岸开发建设,推动产业升级、城市更新、水系治理、景观优化、园林绿化、历史人文有机结合。发挥珠江新城、国际金融城、琶洲互联网创新集聚区"黄金三角区"辐射带动作用,建设以国际金融城—黄埔临港经济区为核心的第二中央商务区,推动白鹅潭中心商务区等重要节点建设,构筑独具特色的经济带、创新带和景观带。

6.3.1 体系化雕饰三个"十公里"珠水沿线显特色

广州境内的珠江景观带总长约373km,分北、中、南、东四个区段,流经南沙注入南海。以珠江水系为脉,紧扣"一江两岸三带",对标国内外一流城市,构建云山珠水相望的景观视廊,彰显珠江文化魅力,打造"大美珠江",塑造花城如诗、珠水如画的世界级滨水区,实现精品珠江三十公里大开放(图6-18)。珠江有三个"十公里",西十公里形成中西合璧、展现城市变迁的花园式滨水长廊;中十公里形成现代多元、凸显大都市文化魅力和创新集聚特色的岭南水岸;东十公里形成生态低碳、展现活力与开放的现代化港城。

三个"十公里"品质提升工作从公共空间、滨江街区、文化遗产、滨江形象、水系统、自然系统、道路可达性、滨江活动八个方面开展专项设计,形成22条景观详细规划导则,指导项目的详细设计。

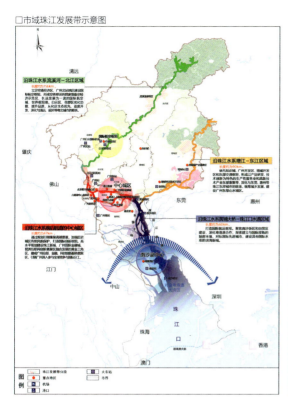

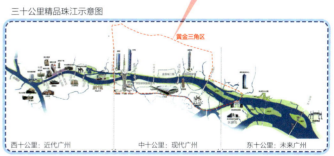

图 6-17 "一江两岸三带"规划

(图片来源:广州市城市规划勘测设计研究院提供)

专栏 6-7:三个"十公里"品质提升工作

珠江三个"十公里"品质提升工作:一是建设开放绿色多元的品质珠江,增加珠江两岸的公共空间,注重通江廊道的通视性和可达性,创造丰富多元的活力堤岸,提升滨江绿地活力与品质,打造精致有活力的公共空间。二是塑造拥有全球城市形象的魅力珠江,自西向东展现从传统到现代的建筑风貌,打造前低后高的滨江建筑天际线,突出"一桥一景"的特色景观,打造赏心悦目的城市夜景。三是传承广州历史底蕴的文化珠江,精雕细琢延续近现代沿江建筑文脉,重塑具有历史记忆的特色场所。四是营造创新集聚的繁荣珠江,打造沿江创新产业集聚区。五是打造安全干净的清澈珠江,贯彻海绵城市、生态修复的建设理念,形成适应气候变化的安全堤岸。六是优化水绿交融的健康珠江,增加滨江绿化覆盖率,保护珠江的生态环境。七是倡导多模式出行的畅通珠江,贯通两岸慢行通道,优化过江步行联系,提升街道精细化设计,塑造具有滨江特色的景观道路。八是汇聚最能代表广州生活方式的活力珠江,展现地区主题文化,普及推广公共艺术(图 6-19)。

图 6-19 珠江三个十公里整体鸟瞰示意图
（图片来源：广州市城市规划勘测设计研究院提供）

三个"十公里"品质提升工作微观系列精细化品质化行动重点关注城市空间微改造。精细化品质化行动以塑轴（城市轴线与珠江景观带系列）、强心（城市设计示范区系列）、筑点（城市公共空间系列）、理脉（特色路径系列）四大系列为主要抓手，持续推动城市微空间微改造，使工程变成工程文化，再变成城市文化，全面提升城市空间品质。精雕细刻一年，提升改造后的海珠广场及沿江路段被塑造为广州花园式湿水长廊，沙面—白鹅潭建设成为国家级文化记忆、文化对话展示区、国家级文化文艺名人名家孵化区。

6.3.2 精细化建设城市客厅焕新颜

挖掘城市特色、品味广州味道，从市民最关心的公共空间着手，以"蚂蚁的视角"去感受城市和修补空间，如花城广场周边、石室圣心教堂广场、英雄广场周边等城市客厅，通过微改造、微整治的方式，充分挖掘文化特色和场所精神内涵，展示广州的历史感与文化魅力。

专栏6-8：沙面—西堤品质提升计划

沙面是西方文明介入广州古老城市的窗口，是构成广州历史、文化和生活特色的一个重要场所。在国内多个城市的租界中，只有广州沙面租界保留有清晰的边界和完整的格局，整个社区经统一完整的规划，有着独特的自然景观和人文景观。1990年沙面租界建筑群被列为第一批全国近代优秀建筑单位，1996年被公布为全国重点文物保护单位。

广州市将沙面建筑群划定为历史文化街区，先后制定了《广州沙面建筑群保护规划》以及《沙面历史文化保护区保护规划（详细规划）》，明确了保护范围、保护要求及保护目标等，提出在维护旧城传统风貌特色的前提下，改善人居环境和优化社区功能。结合亚运人居环境综合整治等重点工程，广州市政府先后投入2.6亿元，带动街区内各单位自筹资金1.13亿元，全面开展建筑外立面整饰、道路雨污分流、三线下地、公共绿化维护等保护性建设项目；打造无车慢岛，重塑人车关系；打开围墙绿化，提升步行空间；塑造经典场景，促进街道复兴；还原邻里生活，建设口袋公园；修缮历史建筑，打造全景街区，形成全社会共同参与的良好局面（图6-20）。

广州沿江西路周边分布的南方大厦等著名商业载体，曾经在20世纪80年代在全国独领风骚。但近年来，沿江西路商圈日渐衰落，周边成为各种电子产品批发市场的聚集地。珠江文化带西堤街区人居环境改善工程以南方大厦为起点，迁移数码卖场、零售快餐等地段产业、释放建筑空间和潜力用地，引入精品酒店、博物展览、高档餐厅或零售业、商务金融等产业，综合提升业态功能、提高土地价值、丰富区域活力。通过人居环境改善倒逼产业升级，将沙面—西堤历史风貌景观带塑造为广州"城市会客厅"（图6-21）。

图6-20 沙面改造前后实景
（图片来源：广州市城市规划勘测设计研究院提供）

图6-21 西堤路改造前后实景
（图片来源：广州市城市规划勘测设计研究院提供）

6.3.3 品质化提升街道设计更人本

从"面向车"转变为"面向人",通过"品质化微改造",营造宜人的街道空间。近年来,广州在街道改造工作中推广"小转弯半径"的人性化街道设计理念,在以生活性功能为主的交叉路口,在保证车辆最小转弯半径和正常通行的条件下,均采用较小的转弯半径,以缩短行人过街距离,提升行人过街安全水平,增加街角公共空间。品质化街区改造以人为本,满足城市居民美好生活新需要。

专栏6-9:环市东传统商圈品质示范街区

一直以来,环市东商圈勇立潮头,创造了多个第一。改革开放初,全国第一家超级市场友谊商店,广州第一高楼63层、第一家洋快餐麦当劳、第一家星巴克等"第一"都诞生在广州环市东商圈。环市东商圈不仅浓缩了广州"千年商都"的历史轨迹,更体现出广东奋勇争先的进取精神。

环市东商圈品质示范街区提升工作以人为核心、以体验为标准,实现了环市路从"侧重通过"到"侧重活力"的转变。通过一条路径、打造五大网红街区、打通"背街经济",重塑环市东商业氛围,具体建成项目为友谊商店前广场,通过品质提升工程,将公共空间由"低效的观赏绿化"改为"舒适的公共空间",集聚街区人气和商业活力。

同时,环市东商圈还利用5G建设智慧商圈,不断融入新型商业元素,提供品质化消费,满足消费者对美好生活的需要。环市东商圈作为"夜广州"消费地标之一,通过合理规划提升灯光效果,全力打造夜间经济氛围,借力"夜经济"加强跨界融合,推进业态提升,绘出文化和商务互动的商圈发展新蓝图,为老城市注入新活力,推动社会消费市场稳定发展。

近年来,环市东商圈全面提升工作以营造"老广味·国际范"为目标,着重打造"粤味新环东、越秀中央商务区核心区"两个重点片区,通过功能植入、空间改造、整体形象提升,建设复合型智慧产业社区,复兴广州首个中央商务区(图6-22)。

图 6-22　环市东商圈改造前后实景

（图片来源：广州市城市规划勘测设计研究院提供）

6.4 新区建设引领创新时代

新区建设是广州实现产业转型升级、提升城市竞争力的主要抓手，是广州市实现创新驱动、高质量发展的主要载体。在珠江新城 CBD 的基础上，整合广州国际金融城、琶洲互联网创新集聚区，形成融合发展的"黄金三角区"，重点发展总部、金融、科技创新服务功能。集聚多重政策优势的南沙新区，不仅是广州市副中心城区，更是粤港澳大湾区的创新核心之一。20 世纪末启动建设的科学城以及中新广州知识城，汇集高新技术企业，集聚高端要素，体现了广州在打造国际一流科技创新中心上的不懈努力。

6.4.1 黄金三角区：广州经济发展的动力

2016 年，广州市委十届八次全会提出广州未来发展的一项主要目标是主动参与全球竞争与国际分工，其中的关键在于打造三大战略枢纽和"黄金三角区"。"黄金三角区"即珠江新城、琶洲互联网创新集聚区和国际金融城。当时，珠江新城已经基本建成，成为传统 CBD 的典范；琶洲互联网创新集聚区已进入大规模开发阶段，在已有的良好会展商贸经济基础上，抓住了"互联网+"的经济转型战略，专注发展"互联网+会展"的创新产业；国际金融城则尚处于起步建设阶段，未来将专注发展金融，是 CBD 的核心产业，可弥补珠江新城的不足。"黄金三角区"重点发展总部经济、现代服务业、科技型服务经济，由珠江新城、琶洲互联网创新集聚区和国际金融城共同组成的广州大 CBD 地区，将成为南中国经济最活跃、总量最大的地区之一，亦将成为广州最具活力、动力和魅力的经济引擎。

珠江新城是广州天河 CBD 的主要组成部分，东起华南快速干线，西至广州大道,南临珠江,北达天河北商务区,总用地面积 6.44km²,核心地区约 1km²,商建面积约 450 万 m²。

珠江新城于 1997 年破土动工,建设发展至今,拥有 118 座甲级写字楼,总建筑面积达 1250 万 m²,是广东省最庞大的商务建筑群。"世界看广州,财富看珠城",优异的营商成本以及强大的综合体配套格局,吸引了全球领头企业来此设立总部,已集聚广汽集团、广州银行等总部型企业 260 家、跨国公司总部 13 家,宝洁、GE、IBM 等 138 家世界 500 强企业均在此设立机构。雄厚的总部经济使仅占广州总面积 2‰的珠江新城贡献了全市 1/8 的 GDP,为广州建设了一个经济与现代服务业的中心,因此珠江新城也被誉为"广州经济发动机"(图 6-23)。

"十三五"以来,琶洲的配套日渐完善,产业入驻也快马加鞭,腾讯科技、阿里巴巴、小米科技、复星、唯品会、科大讯飞、国美、TCL 等一批人工智能与数字经济领军企业相继落户。依托海珠区政府简化审批手续、缩减审批时间的政策支持,琶洲互联网创新集聚区项目从拍地到建设,最快的只耗时半年,创造了"琶洲速度"(图 6-24)。

到 2019 年上半年,已有 21 家互联网等领域的龙头企业在琶洲互联网创新集聚区建设区域级或更高级别总部。集聚区项目计划总投资 725 亿元,总建筑面积 189.3 万 m²,目前所有项目的进展都很顺利,其中环球贸易中心、宝地广场、广报中心、和睦家、中国移动 5 个项目已建成投入使用,环球市场、唯品会、阿里巴巴、复星等的 10 栋楼宇已封顶,国美、

图 6-23 珠江新城商务楼宇
(图片来源:廖雪明摄)

图 6-24　琶洲各个互联网企业总部大楼如雨后春笋迅速崛起
（图片来源：伍家炯摄）

小米、星河湾等 7 个项目正在进行地上主体建设。在互联网巨头带动效应下，一大批科技创新企业加速向琶洲集聚，今日头条、奥飞动漫、国智恒北斗等一批互联网创新型企业也纷纷落户琶洲，以新一代信息技术、人工智能、工业互联网等数字经济为主导的创新产业集群正在加快形成。在产业集聚发展的同时，创新资源也加速集聚。琶洲地区周边已汇聚了中山大学、中科院南海研究所、广州大学城等数十个科研院所以及国家超级计算广州中心（"天河二号"）等重大科技基础设施，先后获得首批省级人工智能产业园区、广州市总部经济集聚区等创新平台称号。

20 世纪 90 年代以来，琶洲一直是广州改革创新的前哨。从会展博览基地到会展商贸总部，再到如今的互联网创新集聚区，引领广州数字经济浪潮的琶洲经历了新一场"蝶变"，成为广州培育新动能、拓展新空间、推进高质量发展的重要试验区，为广州乃至粤港澳大湾区角逐全球先进生产力中枢培育新驱动力。

国际金融城与琶洲隔江对望，西临珠江新城，其范围北起黄埔大道、中山大道，南至珠江，东至天河区界，西至华南快速干线，总用地面积约 7.5km，内部分为起步区、核心区和扩展区。它弥补了珠江新城在金融功能上的不足，承担了广州未来发展高端金融产业、成为跨国企业区域总部、打造金融强市的使命。因此，自其诞生初始，规划就尽可能完善、起点高，明确彰显谋求长远发展的意图。国际金融城的规划设计吸取了国内多数其他金融城的规划教训，不再一味追求高档写字楼林立的效果，转而注重办公、休闲和居住等功能的平衡，以及对地下立体空间的运用，致力于建成国内领先的金融集聚区、具有岭南特色的中央活力区。

2013年2月和8月，国际金融城前两批共8块土地正式出让，首批土地总出让金130亿元，接近2012年广州全部土地出让金的1/3。经历了2013年的活跃期后，2014年热度骤减，2015年短暂回暖后，直到2017年底，国际金融城又拉开了新一轮供地序幕。2018年，起步区建设开始加快，13个项目主体完工，花城大道、临江大道及岭南风情街等多个重大工程的建设加快推进，以求迅速实现产业集聚，吸引更多的企业、高素质人才进驻。到2019年，国际金融城主体起步区核心功能已初步集聚，有包括"一行三局"（人民银行、银监局、证监局、保监局）在内的金融监管机构，以及众多金融机构总部及城市综合体（图6-25）。

2019年底，国际金融城被纳入广州人工智能与数字经济试验区，迎来了新一轮发展机遇，其建设阶段从小步疾行进入迈步快跑。广州国际金融城立足已有的金融贸易等现代服务业资源优势，正在打造粤港澳大湾区金融合作示范区，重点加快起步区在建项目建设、重大项目布局。国际金融城以"金融+科技"为突破口，打造人工智能与数字经济产业融合发展区，以成为数字金融、数字创意等各种新业态在粤港澳大湾区布局的重要集聚地。

图6-25　广州国际金融城起步区航拍图

（图片来源：广州市城市建设档案馆提供）

6.4.2 南沙新区：大湾区建设的新引擎

6.4.2.1 叠加"双区"优势综合发展

2012年9月6日，国务院正式批复《广州南沙新区发展规划》，规划面积803km²，南沙新区成为第六个国家级新区，其开发建设上升为国家战略，亦成为广州市建设发展的重大历史机遇。2014年12月，广州南沙新区片区60km²被纳入自贸试验区范围；次年4月21日，中国（广东）自由贸易试验区广州南沙新区片区挂牌。至此，南沙拥有了"双区"叠加优势。随着"一带一路"倡议提出，南沙依托港口优势和贸易便利化改革的持续推进，其国际贸易新业态、新模式不断拓展；此外，自2014年以来，南沙经济增速连续6年领跑广州各区，社会固定资产投资屡创新高，蕉门河中心区、明珠湾区等城市核心区建设如火如荼，高起点规划、高标准建设、高效能管理成为发展共识，南沙进入了综合发展阶段。

6.4.2.2 成为粤港澳大湾区战略的主战场

2019年2月发布的《粤港澳大湾区发展规划纲要》，提出南沙新区要有更高的站位和更明确的发展方向，对建设世界级湾区、全面打开改革开放新格局作出了新尝试，进行了新实践。广州南沙区被定位为粤港澳全面合作示范区，要求携手港澳建设高水平对外开放门户、创新发展示范区、金融服务重要平台和优质生活圈。作为粤港澳大湾区建设的主战场，南沙在国家、省、市战略大局中的地位进一步提升。作为广州唯一的城市"副中心"，南沙是代表广州参与湾区竞争的战略关键。拥有优良的地理位置、充裕的用地空间、一流的生态环境、前瞻性的产业布局是南沙的核心优势，与广州主城区形成良好的互补。全面拥抱粤港澳大湾区，积极参与协作，是南沙自身发展的机遇，也是广州未来的使命。

6.4.2.3 全面迈向高质量发展

在深化开放合作方面，南沙新区与深圳前海、珠海横琴优势互补、错位发展。在建设粤港澳大湾区的战略背景下，南沙将充分发挥国家级新区和自贸试验区的优势，加强与港澳的全面合作。通过加快建设大湾区国际航运、金融和科技创新功能承载区，规划建设粤港产业深度合作园，探索建设粤澳合作葡语国家产业园，积极承办国际国内各类赛事、会议，提升国际交往水平，将南沙打造为高水平对外开放门户。

南沙还将从珠三角的地理几何中心升级为门户交通枢纽。南沙国际邮轮母港、南沙客运港的国际水上门户枢纽功能正在提升（图6-26）。大湾区东西岸的交通衔接正在加快推进，不久后，南沙与广州主城区的快速交通联系以及与佛山、中山、东莞等地区的交通衔接将更加便捷。此外，通过建设广深港高铁、广中珠澳城际、深茂铁路、深中通道等轨道网、高快速路网、跨海通道，将建成"半小时交通圈"，可直达大湾区任何主要城市中心区和重大交通枢纽。

南沙临海、临港的优势将得到充分发挥，借由航运带动金融贸易、制造业发展，实现从单一航运港向综合自贸港升级，打造大湾区产业高地。在壮大货物贸易的基础上，集聚发展离岸贸易、跨境电商、邮轮游艇、服务外包、技术贸易等外贸新业态，推动货物贸易向国际服务贸易、跨境投资等领域拓展，建设国际新型贸易中心；建设粤港澳金融合作示范区和"一带一路"金融服务新枢纽，发展航运金融、金融科技、跨境金融、国际金融、离岸金融等特色金融业，打造国际创新金融中心（图6-27）。

图6-26 南沙国际邮轮母港航站楼

（图片来源：广州南沙开发区（自贸区南沙片区）管理委员会提供）

图6-27 广州南沙明珠湾起步区

（图片来源：广州市南沙新区明珠湾开发建设管理局提供）

专栏 6-10：广州南沙自由贸易试验区

南沙自贸区地处珠江三角洲地理几何中心，港口资源丰富，其设立具有重大战略意义，有利于促进粤港澳全面合作，打造带动区域发展的对外开放新高地，为我国全面提高开发型经济水平探索新路径。南沙自贸区重点发展航运物流、国际金融、国际商贸、科技创新、海洋经济和高端制造等产业，建设以生产性服务业为主导的现代产业新高地和具有世界先进水平的综合服务枢纽，以成为粤港澳全面合作示范区（图6-28）。

自成立以来，南沙自贸区围绕现代化产业体系探索差异化改革创新，推动制度创新与民生福祉紧密结合，打造制度创新"南沙模板"，制度创新红利逐渐显现，经济呈高质量发展态势，辐射带动效应后劲十足。2014—2019年，南沙自贸区生产总值年均增长10.4%。其中，固定资产投资年均增长13.3%，税收总额年均增长13.2%，南沙港区集装箱吞吐量年均增长8.4%，进出口总额年均增长10.4%，实际利用外资金额年均增长13.2%，注册企业年均增长71.4%，累计引进由世界500强企业投资的项目172个。

图 6-28　广州南沙自由贸易试验区
（图片来源：广州南沙开发区（自贸区南沙片区）管理委员会提供）

6.4.3 科学城与知识城：科创版图的双明珠

6.4.3.1 广州科学城，科技兴市的典范

20世纪末，广州经济面临科技力量薄弱、产业结构不合理、缺乏龙头产业等重大问题。广州提出了调整产业结构，"发展高技术，实现产业

化"，走"科技兴市、科技兴工"的道路。在这样的背景下，广州科学城应运而生。

广州科学城在设立之初，仅有5500人，主要为当地村民，建设用地仅有220hm²，开发强度不到10%，建成区主要以道路、农村住宅为主，还有少部分工业厂房。

广州科学城是广州高新技术产业开发区的核心园区，于1998年12月正式奠基启动。2004年，广东

图 6-29　广州科学城施工期间实景
（图片来源：广州经济技术开发区管委会提供）

省、广州市的重大科技项目如广东光谷、广东软件园、广州国际企业孵化器以及一批高水平科技项目如光宝科技园、南方高科、金鹏电子、韩国LG等都选址在科学城。2003年初，广州科学城开始二期工程建设（图6-29）。

2005年4月，经国务院批准，在广州开发区的基础上，设立萝岗区，建设新城区，实现了经济功能区和新城的优势叠加，在经济功能区的基础上建设新城区，进一步完善功能配套，优化产业结构，加速城市化进程。

随着萝岗新城区的设定，广州科学城进入了功能完善阶段，具体表现在生产和生活两个方面。在生产性服务配套方面，随着2008年中心区创新大厦、创意大厦等竣工启用，2009年广东软件园以及孵化器集群建设完成，产业结构逐渐升级，新城高新技术产业的比例不断提高，并引导部分企业向总部经济发展。在生活性服务配套方面，科技人员公寓竣工使用，龙光香悦山、万科新里程等楼盘开工，广州国际体育演艺中心、广州国际羽毛球中心、广州国际网球中心等公共服务设施也落地了，广州科学城的服务功能进一步完善。

2011年，在广州推进国家创新城市建设的背景下，科学城进入转型提质的发展阶段，产业发展逐渐成熟，建设重点转向提升和完善城市综合功能。自2011年起，多家大型房地产企业进驻广州科学城，包括万科、绿地、保利等行业领头企业。从2013年下半年开始，广州科学城商业综合体建设也迅猛发展。目前，广州科学城共有楼盘28个，商业综合体11个。此外，还配套了中山大学附属第三医院岭南医院、玉岩中学等公共服务设施，城市功能更加复合和完善。

6.4.3.2 中新广州知识城，开放创新前沿

中新广州知识城位于广州市中心东北约35km处，距广州白云国际机场25km。10年前，中新广州知识城在开发区里奠基，它是继苏州工业园、天津生态城之后，中国与新加坡的又一跨国合作项目，是广东省以及新加坡政府共同倡导打造的广东经济转型样板，对标国际最高、最好、最优的规划设计，与广州国际生物岛、广州科学城、黄埔港并肩，站在中国对外开放的前沿拥抱世界。知识城从起步开始瞄准的就是成为对外开放新平台，向全世界最优最好的创新要素发出邀约。2016年，知识城获批全国首个知识产权运用和保护综合改革试验区；2018年，知识城上升为国家级双边合作项目；2019年，知识城《粤港澳大湾区规划纲要》被定义为大湾区高水平科技创新载体之一，也是粤港澳共建的合作发展平台之一。

中新广州知识城的发展愿景是以知识经济为创新模式，汇聚高端产业与人才，打造一座经济、人文与生态高度和谐且可持续发展的新城市，利用信息和低碳技术，保护绿色生态，彰显"岭南特色"。规划总范围约178km^2，规划设计由新加坡著名规划大师刘太格主导完成。

历经10年建设，知识城起步区基础设施工程已完成，两条地铁线路也已于2019年底正式通车运营，GE生物科技园百济神州生产基地、广州国际高端医疗集聚基地2019年启动试运营，现有54个重大产业项目、113个建设工地全面铺开，已具有未来城市的雏形（图6-30）。

作为知识经济的高地，知识城在知识产权交易和保护上的先行先试，使其成为粤港澳大湾区知识产权的领跑区。而广深港澳科技创新走廊的存在，也将知识城与整个大湾区的科技创新体系连为一体。正是由于在知识产权、科技创新和全面开放方面先行先试，勇当探索"尖兵"，知识城才

图6-30 中新广州知识城鸟瞰
（图片来源：中新广州知识城管理委员会提供）

成为知识产权交易与保护的高地，吸引了海量知识企业集聚，成为新兴产业大放异彩的产业重镇。近年来，知识城先后引进诺诚健华、瑞士龙沙集团、宝能新能源汽车、粤芯12英寸芯片、百济神州生物医药等165个重点项目，在建企业投资项目54个，总投资近770亿元，达产产值超3000亿元。截至2020年第一季度，已形成新一代信息技术、高端装备制造、生物医药等价值创新园区，累计注册企业1691家，注册资本达1402亿元，涵盖信息技术、生物医药、人工智能等领域。知识城以"知识密集型"的服务业为主导，以"高附加值的制造业"为支撑，形成了"知识经济"的创新模式，成为广东省经济转型的样板，更成为开放创新的前沿阵地。

当前，知识城正抓紧推进科教创新城、中试验证和应用推广示范区、大科学装置区等重要项目和价值创新园区的建设，致力于将知识城打造成具有全球影响力的国家知识中心、粤港澳大湾区闪亮的"湾顶明珠"。从广州城市东进发展的桥头堡到国家级双边合作项目，从广深港澳科技创新走廊到粤港澳重点合作发展平台，知识城一步一个脚印，为中国改革开放写下了生动的注脚。

结语：包容，共享，迈向2035

1. 从珠三角到粤港澳大湾区的广州坐标

改革开放40年来，珠三角依托邻近港澳的区位优势，积极参与全球生产分工，经历了快速工业化、城镇化发展变化的过程，迅速成长为具有世界影响力的制造业基地。2016年，广东省政府发布《珠江三角洲全域空间规划（2014—2020）》，紧扣创新、协调、绿色、开放、共享的发展理念，以城市群"全域协同"为主旨，以"转型升级"为主线，以空间"重塑提升"为主题，提出形成"双核驱动、功能互补"的城市群体系。广深两大中心城市的全球地位，决定了珠三角建设世界级城市群的高度，充分发挥广州、深圳的核心引领作用，推动粤港澳深度融合发展，并带动其他城市形成分工有序、层级分明、高效协同的城市体系，对促进珠三角从"一群城市"向"一个城市群"转变，共同构筑世界级的功能体系和提升竞争力有着重要意义。

2019年2月，中共中央、国务院印发了《粤港澳大湾区发展规划纲要》，指出要充分发挥粤港澳综合优势，深化内地与港澳合作，进一步提升粤港澳大湾区在国家经济发展和对外开放中的支撑引领作用，支持香港、澳门融入国家发展大局。2019年7月，广东省委、省政府印发《关于贯彻落实〈粤港澳大湾区发展规划纲要〉的实施意见》，提出"以香港、澳门、广州、深圳四大中心城市作为区域发展的核心引擎引领粤港澳大湾区建设，发挥香港—深圳、广州—佛山、澳门—珠海强强联合的引领带动作用，推动大湾区深度参与国际合作，提升整体实力和全球影响力"；同时要求广州充分发挥国家中心城市和综合性门户城市引领作用，全面强化国际商贸中心、综合交通枢纽功能，培育提升科技教育文化中心功能，着力建设国际大都市。

2. 面向区域协同的竞争与合作

面对新的发展形势，广州致力于优化区域功能和空间布局，促进形成粤港澳大湾区极点带动、轴带支撑的网络化空间格局。首先，加快广佛同城化建设，打造一批具有全球影响力的枢纽型基础设施、世界级产业集群和开放合作的高端平台，形成大湾区的核心极点之一，发挥极点带动作用，推动大湾区深度参与国际合作。其次，依托以广深港高铁、广中珠澳高铁、穗莞深城际、广珠城际、广深铁路等为主体的高快速复合型交通通道，构建区域经济发展轴带，串联重要节点城市、交通枢纽、功能区，加快珠江口东西两岸的融合互动发展，促进大湾区形成城市间高效连接的网络化空间格局。

2019年5月13日，广佛签署了《关于共建广佛高质量发展融合试验区的备忘录》，将广佛同城化推向了新阶段。围绕广佛197km边界线，两市将联合打造"1+4"广佛高质量发展融合试验区。2018年，广州和清远联合发布了《高质量推进广清一体化发展工作方案》，提出将通过交通一体化规划、产业一体化布局、生态一体化保护、城镇一体化建设、社会一体化管理，争取到2020年实现清远南部4个县（市、区）接近珠三角水平或者达到珠三角外围三市水平；努力把广清地区建设为全省区域一体化创新发展试验区，引领全省区域经济协调发展。

3. 人人享有的城市

2016年召开的第三届联合国住房和城市可持续发展大会提出了一份关于城市转型发展的纲领性文件——《新城市议程》，明确提出了"我们的共同愿景是人人共享城市（cities for all）"。为了让广州这座城市充满活力，实现人们追求美好生活的梦想，新的国土空间总体规划提出：推动发展逻辑转型，坚持以人民为中心，满足人民多元化的需求。以人与自然和谐共生为导向，优化人口规模、结构与布局。促进全龄段、全人群、全生命周期共享发展，构建幼有善育、学有优教、劳有厚得、住有宜居、出有畅行、病有良医、老有颐养、弱有众扶的公共服务体系，打造包容共享的幸福家园。

广州2035年的城市画卷正在徐徐展开，"老城市新活力"既是主题又是目标。

2035年的广州传承岭南文化，以"绣花营城"的功夫推动国家级历史文化名城的保护和活化利用，建立从市域到历史城区、历史文化街区、历史文化风貌区、传统村落、名镇名村的保护体系，加强对文物、历史建筑、传统风貌建筑以及大量非物质文化遗产的保护与活化利用，恩宁路、沙面、长堤、人民路、南华西、新河浦、传统中轴线、长洲岛等地区不断推进精细化品质化提升，以历史文化保护为基础，以功能活化为目标，不断推出一个又一个岭南传统文明集中展示地和老城市新活力的典型示范区。

2035年的广州创新发展，依托珠三角（广州）国家自主创新示范区，以"一区三城"为主阵地，串联天河智慧城、生物岛、广州大学城、南沙庆盛片区、南沙明珠科学院等创新功能服务区，打造一批具有全球影响力的创新节点和价值创新园区，北部以产为核心、中部以学为核心，形成"产—学—研"一体化的科技创新轴，瞄准人工智能、数字经济等战略型新兴产业，大力加强研发投入，推动实现"一区三城十三节点"科技创新格局，为全球化的广州打造创新发展的品牌，成为全球创新人才创业的摇篮。

2035年的广州是粤港澳大湾区发展的引擎，从珠三角到粤港澳大湾区，携手区域内各城市，交通一体、产业协调、环境共同缔造和治理，共同打造世界级城市群。不断推动广佛同城化、广清一体化和广佛肇经济圈发展，发挥省会城市的辐射带动作用，形成广佛肇清云韶区域协同新格局。

2035年的广州践行绿色发展理念，生态优先，塑造美丽国土。积极划定生态保护红线、永久基本农田和城镇开发边界三条控制线，明确不超过30%的国土空间开发强度，引导生态、生活、生产三大空间优化发展，绿水青山就是金山银山，让天更蓝、山更绿、水更清、环境更优美，宜居广州的影响力进一步增强。

2035年的广州秉承"千年商都"的美誉，加强国际合作与对外开放，积极承接国际会议、展览和各类重大赛事，依托南沙自由贸易区的建设扩大对外开放，向海发展，让自身与世界的联系更加紧密，全球城市的地位进一步提升，成为具有经典魅力和时代活力的国际大都市，成为具有全球影响力的国际商贸中心。

2035年的广州依然是包容共享的城市、以人民为中心的城市，通过打造社区生活圈、全面改造老旧小区，不断提高人居环境水平，努力创造"干净、整洁、平安、有序"的城市生活图景，努力让群众满意，将政府的成就感与群众的满意感统一，将"市民化社会"的金字招牌越擦越亮。

云山珠水，吉祥花城。广州，这座国家级历史文化名城，城以历久，其命维新！

大事记

1978—2018年

改革开放广州在全国率先起步（1978—1982年）

1978年

11月2日 广东省旅游工程领导小组成立，广州市着手白天鹅宾馆的选址和设计工作。

12月 广州第一家国营河鲜客栈成立，率先放开水产品价格。

1979年

4月4日 从广州火车站开往香港红磡火车站的直通旅客列车恢复运营，是全国首次采用蓝色空调车厢的列车。

6月10日 广州市政府成立了地下铁道筹建处。

11月5日 全国首家中外合作出租车企业——广州市白云小汽车出租公司成立。

12月21日 全国首个引进港资的住宅项目——东湖新村破土动工，项目一期于1981年4月交付使用，并首次引入香港物业管理模式。

1980年

10月 高第街首层的居民开门经营服装、百货等商品，高第街成为全国第一个服装和小商品市场。

12月26日 广州友谊商店打破仅服务外宾和侨胞的限制，向广大市民开放，并于次年4月21日开设国内第一家自选商场。

1981 年

11 月 11 日　广州矿泉别墅获原国家建委颁发的 20 世纪 70 年代全国优秀设计项目奖。

1982 年

2 月 8 日　广州市被国务院定为全国首批 24 个历史文化名城之一。

2 月　国务院批准广东省举办第六届全国运动会。

4 月　广东省政府决定利用原天河机场兴建第六届全国运动会的主场馆。

10 月 6 日　广州市第一个街道小区规划——金花街小区规划实施。随后全面启动中心区的街区规划编制工作，历时 6 年，陆续由市街区规划审批小组批准实施。

"六运"促改革，中国"第三城"崛起（1983—1990 年）

1983 年

1 月 11 日　兰圃芳华园在慕尼黑国际园艺展展出，夺得"德意志联邦共和国大金奖"和"联邦德国园艺建设中央联合会大金质奖章"两枚金牌，为我国首次在国际园艺展夺冠的作品。

2 月 6 日　白天鹅宾馆正式开业。

12 月 3 日　国内首座 4 层双环互通立交桥——区庄立交建成通车。

12 月 23 日　经国务院批准，原韶关地区所辖的清远、佛冈两县划归广州市，至此广州市总面积达 16657.3 km^2，为历次行政区划市域面积之最，该范围持续至 1988 年。

1984 年

1 月 1 日　全国首家按企业化运作的广深铁路公司成立，直接隶属于广州铁路局。

9 月 18 日　国务院发出《关于广州市城市总体规划的批复》。

11月8日　广东省政府批准建立五山科学技术开发区。

12月5日　国务院正式批准广州兴办经济技术开发区，总面积为 9.6km²，首期开发 2.6km²。此前已于 6 月 19 日成立了广州市经济技术开发区管理委员会。

1985 年

5月9日　广州市建委印发《广州市城市土地开发招标、投标试行办法》，广州成为最早以实物地租的形式进行土地有偿使用的城市，天河体育中心地区采用该模式进行土地开发。

5月24日　经国务院批准，天河、芳村从广州市郊区分出，成为广州市辖行政区。

6月29日　广州大桥、中山一路立交桥建成通车；珠江第四桥（海印桥）动工典礼于同日举行，并于 1988 年 12 月 28 日建成通车，该桥为我国第一座单索面斜拉桥。

7月7日　广州市政府发布《关于实施广州经济技术开发区总体规划的通告》。

1986 年

3月29日　重评"羊城八景"，分别为云山锦绣、珠水晴波、红岭旭日、黄花浩气、流花玉宇、越秀层楼、黄埔云樯、龙洞琪林。

8月10日　位于环市中路的小北立交高架桥建成通车，同月 24 日大北立交高架桥建成通车，同年 12 月天河路立交建成通车，实现了从广州火车站到天河体育中心无红灯通行。

12月28日　广州到佛山高速公路动工，与西安到临潼高速并列我国大陆地区第三条动工的高速公路。

1987 年

1月18日　我国城市第一条环城高速公路——广州环城高速公路首期工程动工。整条环城高速公路建设历时 12 年，于 1990 年 12 月 2 日开通首段，1993 年 12 月 18 日开通北环段，1999 年 2 月 21 日实现环线贯通通车。

2月12日　广东国际大厦建设工程公开招标，建成后取代白云宾馆成为广州第一高楼。

2月25日 经国务院批准，广州市行政区划调整，郊区正式更名为广州市白云区。

9月23日 我国城市首条高架路——人民路、六二三路高架路工程竣工通车。

11月20日 第六届全国运动会开幕式在天河体育中心举行。

1988年

1月7日 广州市龙门县划归惠州市管辖，新丰县划归韶关市管辖，清远县和佛冈县划归清远市管辖。

2月8日 广州市人民政府颁发执行《广州市居住小区配套设施建设的暂行规定》。

3月21日 广州经济技术开发区举行全国首次工业用地使用权有偿出让投标会。

8月28日 洛溪大桥建成通车，是当时广州市最长最高的公路桥。

12月26日 广州市首个大型污水处理厂——大坦沙污水处理厂投入运行。

1989年

1月1日 广州市开征城镇土地使用税。

6月28日 天河科技街建成开业；同日。广州市内电话系统全部实现程控化，广州成为全国第一个电话程控化的大城市。

8月8日 广佛高速公路建成通车。

8月16日 广州市政府公布了《广州市住房制度改革实施方案》，广州成为全国第一个全面实施住房制度改革的省会城市。

9月 广州市人民政府批准地下铁道规划基本路网为十字形的路网方案。

1990年

8月 市政府九届79次常务会议决定开发南沙，成立南沙经济区管理委员会。

开拓实干，追赶亚洲"四小龙"（1991—2000年）

1991年

3月6日　经国务院批准，成立于1988年的天河高新技术产业区成为首批国家级高新技术产业开发区。

10月26日　广州机场路立交和扩建后的机场路全线通车。

1992年

2月22日　广州市第九届人民代表大会第五次会议提出要把广州市建设为现代化大都市。

5月20日　番禺撤县设市（县级），广东省政府委托广州市人民政府代管。

1993年

2月19日　市政府常务会议审议了1992年7月启动的珠江新城规划设计国际方案征集成果，确定采用托马斯的方案。同年6月市政府批准《广州新城市中心——珠江新城综合规划方案》。1994年10月，珠江新城基础工程动工。

3月29日　利用原城市历史护城河道空间建设的东濠涌高架路动工，并于同年12月28日建成通车。

6月13日　经国务院批准，花县撤县建市，市名定为花都市（县级）。

10月1日　东风路综合整治改造工程竣工，东风路成为首条设置公交专用道并禁行自行车的城市主干道。

12月8日　广州市首条过江隧道——珠江隧道竣工，这是全国首条以沉管法施工建成的水下隧道。

12月28日　经国务院批准，撤销增城县，设立增城市（县级）。

12月28日　广州地铁1号线正式动工。1997年6月28日西朗至黄沙首段5站开通，1998年12月28日全线竣工，1999年6月28日全线运营。

1994 年

5 月 12 日 从化撤县建市（县级市），正式挂牌从化市。

4 月 26 日《每天快报》报道，中央机构编委会把广州等 16 个城市的行政级别定为副省级。

8 月 6 日《羊城晚报》报道，于中山四路考古发现秦代造船厂遗址和南越国宫署遗址，于德政中路发现古码头遗址。

12 月 22 日 中国第一条准高速铁路——时速 160km 的广深准高速铁路建成通车。

1995 年

7 月 27 日 由世界银行出资，广州市交通规划研究所与英国 MVA 亚洲顾问工程公司合作研究完成的广州市中心区交通改善实施方案最终报告和广州市中心区交通项目各子项可行性报告通过专家评审。

12 月 26 日 广东省人大常委会颁布了《广州市白云山风景名胜区保护条例》，并成立广州市白云山风景名胜区管理局。

1996 年

6 月 1 日 中信广场建成并投入使用。

8 月 18 日 中国大陆最早的超大型购物中心——天河城广场正式开业。

12 月 28 日 为期 1 年的广州建城 2210 周年活动闭幕。

1997 年

7 月 2 日 国务院、中央军委批准确定新白云机场选址。

11 月 28 日 位于二沙岛的广东美术馆落成开馆，是当时国内面积最大的现代化艺术博物馆。

12 月 28 日 江湾大桥正式通车。

1998 年

1 月 26 日 解放大桥建成通车。

4 月 20 日 番禺大桥合龙，37.7m 的宽度是当时全国公路桥宽之最，同时居世界第二。华南快速干线一期工程通车。

5月13日 广州市政府召开了有关"城市形象工程"的新闻发布会，宣布广州市将用3年的时间完成包括园林绿化、环境整治、交通、迎"九运"建设项目等在内的工程109项。

5月28日 广深铁路提速至200km/h工程竣工；8月28日，从瑞典引进的"新时速"摆式列车投入运营。广深铁路在国内率先达到国际公认的高速铁路速度水平。

7月31日 广东省委、省政府在广州召开了"城市建设现场办公会"，提出城市面貌要全面贯彻"一年一小变，三年一中变，2010年一大变"的发展战略。

12月28日 作为广州高新技术产业开发区核心园区的广州科学城正式奠基动工，同日，广州高新区与广州开发区合并，科学城被纳入广州开发区并由其管理。

1999年

8月13日 《广州市海珠区果树生态保护区总体规划》批准实施。

9月24日 广东省委、省政府在广州召开检查验收"一年一小变"工作现场办公会。

12月 广州国际会展中心建筑设计方案国际邀请赛选择了日本佐藤公司的方案。

2000年

1月1日 是日零时起，广州结束福利分房制度，开始启动住房货币分配工作。

1月26日 内环路竣工通车。

5月7日 广东市政府决定在2000年6月组织启动广州城市建设总体战略概念规划咨询。

5月21日 国务院批复同意广东撤销番禺市和花都市，设立广州市番禺区和花都区。

12月13日 广州市政府发出通知，划定沙面等16个片区域为广州市第一批历史文化保护区，人民南等21片个区域为广州市内部控制历史文化保护区。

战略规划引领城市提质增效（2001—2010年）

2001年

1月1日　广州市开始实行市区车辆桥梁、隧道通行费"年票制"。

3月2日　广州市委常委会同意将新造小谷围作为广州大学城选址的意见。

10月26日　广州市委、市政府举行广州"三年一中变"第四批市政工程39个项目暨北二环高速公路的竣工通车仪式，至此，广州市"三年一中变"全部重大市政工程如期完成。同月，广园快速路建成通车。

11月11日　第九届全国运动会在广东省奥林匹克中心开幕。

12月29日　原建设部授予广州市迎"九运"城市基础设施建设及环境综合整治特别奖称号。这是新中国成立以来，国家首次给一个城市的建设系统授予该称号。

2002年

5月21日　广东省政府下发《关于同意建设广东省广州大学城的批复》；同年6月10日，广州大学城正式动工。

8月8日　南沙开发区建设指挥部揭牌并正式运行。

2003年

1月2日　广州国际会展中心首期工程投入使用，成为当时亚洲最大，国际第二的会展中心。同年10月，举办第94届"广交会"，启用3000个展位。

1月22日　广州市人民政府发布实施《珠江新城规划检讨》。

9月　我国首条时速超过300km的高速铁路——武广客运专线启动选址建设，确定在广州市番禺区石壁选址建设广州铁路新客站。

2004年

4月8日　广州2010年亚运会申办委员会在广州市体育局挂牌成立。

6月 广州大学城首期工程完工，10所高校首批学生于同年9月入驻。

8月5日 广州新白云国际机场正式投入使用，旧白云国际机场于4日晚23时25分关闭。

9月28日 广州港南沙港区一期4个5万吨级深水泊位建成投产，同日，连通南沙港快速路和南沙港区的新龙大桥竣工通车。

2005年

3月29日 根据前期邀请13家国内外知名设计机构参加竞赛得出的竞赛评审结果，并参考市民投票结果，市政府选定荷兰IBA和英国奥雅纳联合体方案为广州新电视塔实施方案。

5月23日 国务院同意撤销东山区、芳村区，新设立南沙区和萝岗区。

12月30日 广州港进入世界十大港口行列。

2006年

2月9日 原交通部、广东省政府正式批复《广州港总体规划》。

3月10日 广东省人民政府转发《国务院关于广州市城市总体规划的批复》（国函〔2005〕105号）。

2007年

2月8日 原国家环保总局正式批准广州市为国家环保模范城市。

4月17日 和谐号动车组在广深铁路启用，实现了广深铁路公交化运行。

6月28日 全国首条城际轨道交通线路——广州至佛山段开工建设。

2008年

11月13日 广州港集装箱年吞吐量超过1000万标箱。

12月21日 《珠江三角洲改革发展规划纲要》通过国务院常务会议审议。

2009年

9月27—28日 广州市召开《广州城市总体发展战略规划2010—2020年》专家研讨会。

12月24日 于广佛同城首次新闻发布会上发布了《广佛同城化发展规划（2009—2020）》。

2010 年

1 月 30 日 广州南站正式启用，成为武广客运专线的始发站。

2 月 10 日 广州市中山大道 BRT 试验线正式开通运营。

9 月 24 日 在肯尼亚内罗毕举行的国际城市与区域规划师学会第 46 届国际规划大会上，广州市战略规划获得"国际杰出范例奖"。

10 月 30 日 广州市轨道交通 3 号线北延线开通运营，全市轨道交通总里程突破 200km。

11 月 12 日 第 16 届亚运会开幕式在海心沙广场隆重开幕。

"老城市，新活力"聚焦高质量发展（2011—2018 年）

2011 年

1 月 7 日 广珠城际铁路开通运营。

1 月 25 日 广州 BRT 系统、公共自行车系统和绿道等获得美国交通运输研究委员会（Transportation Research Board，简称 TRB）颁发的"2011 年可持续交通奖"。

9 月 30 日 海珠湖建成开园。

12 月 26 日 广深港高速铁路广深段开通运营。

2012 年

9 月 26 日 珠江新城西塔——广州国际金融中心落成开业。

11 月 26 日 位于荔湾区恩宁路的广州粤剧博物馆奠基动工。

2013 年

9 月 1 日 海珠桥完成大修，恢复通车。

12 月 12 日 白云国际机场年旅客吞吐量超过 5000 万人次。

2014 年

1 月 9 日 广州市"三规合一"工作领导小组完成成果审查。

1 月 25 日 国务院同意撤销广州市黄埔区、萝岗区，设立新的黄埔区，同时撤销增城市、从化市，成立广州市增城区、从化区。

8 月 6 日 广州—纽约航线完成首航，是中国民航距离最长的客运班机线路。

12 月 26 日 贵广高铁、南广高铁通车运营。

12 月 28 日 全国人大授权国务院审批中国（广东）自由贸易试验区范围，其中广州南沙片区面积 60km²。

2015 年

10 月 11 日 市政府印发《建设广州国际航运中心三年行动计划（2015-2017）》并成立领导小组。

12 月 4 日 广州市城市规划委员会会议通过《珠江江心岛整体保护规划》。

12 月 8 日 《都会区生态廊道总体规划与东部生态廊道概念规划》正式经市政府审定。

2016 年

1 月 20 日 位于恩宁路的广州粤剧艺术博物馆正式揭牌。

8 月 19 日 《广州国家自主创新示范区建设实施方案（2016—2020 年）》印发。

12 月 28 日 广州地铁 7 号线一期、6 号线二期、广佛线二期正式开通。至此，广州地铁线网开通里程共计 308.7km，居全国第三位。

2017 年

2 月 24 日 广州市政府召开建设国际综合交通枢纽工作推进会。

6 月 1 日 南沙开发区管委会与国际金融论坛（International Finance Forum, 简称 IFF）签署战略合作协议，宣告南沙国际金融岛启动，IFF 永久会址项目落户南沙。

12 月 28 日 广州港迈进 2000 万标准箱的世界大港阵营。

2018年

2月28日 印发并实施《广州市2018年城市更新年度计划（第一批）》。

3月22日 印发并实施《广州市历史建筑保护利用试点工作方案》。

9月23日 广深港高铁香港段正式通车。

10月24日 习近平总书记视察广州永庆坊，强调"城市规划和建设要高度重视历史文化保护，不急功近利，不大拆大建"。

附：1977年前的广州概况

20世纪50年代

1950年11月13日 广州市人民政府市政建设计划委员会成立，主管广州市城市规划工作。

1951年10月14日 市政工人新村（即今建设新村的一部分）举行落成典礼。

1954年10月1日 华南地区最大的国营百货商店——南方大厦修建工程竣工。

1957年4月25日 第一届中国出口商品交易会在广州中苏友好大厦开幕。

1959年8月 "广交会"的第三处展馆——位于起义路的中国出口陈列馆竣工。

1959年 民航广州飞行队由天河机场迁至广州白云机场，改为军民共用机场。

20世纪60年代

1960年4月11日 花县、从化县划归广州市管辖。

1964年4月10日 国内首座城市道路立体交叉工程——大北立交桥建成通车。

1968年4月15日 广州宾馆建成开业，总楼高27层，为当时全国最高的建筑物。

20世纪70年代

1973年2月28日 国务院批准从郊区划出部分区域再次设立黄埔区。同年，广州港动工新建新港码头。

1974年4月5日 位于流花路的中国出口商品交易会新展馆建成并投入使用。

1974年4月10日 位于流花桥的广州火车站举行开站典礼。

1975年1月1日 国务院批准从佛山地区划出番禺，惠阳地区划出增城、龙门，韶关地区划出新丰，共4个县划归广州市管辖。

1976年6月1日　白云宾馆建成开业，代替广州宾馆成为当时我国大陆最高的高层建筑。

主要参考文献

［1］广州城市规划发展回顾编纂委员会. 广州城市规划发展回顾（1949—2005）［M］. 广州：广东科技出版社，2005.

［2］黄爱，东西. 老广州：屐声帆影［M］. 南京：江苏美术出版社，1999.

［3］石安海. 岭南近现代优秀建筑（1949-1990卷）［M］. 北京：中国建筑工业出版社，2010.

［4］中国对外贸易中心. 百届辉煌［M］. 广州：南方日报出版社，2006.

［5］王品清. 中国出口商品交易会的地位和作用［J］. 国际贸易，1989（3）：4-5.

［6］中共广州市委党史研究室. 广州改革开放实录（第一辑）［M］. 广州：广东经济出版社，2016.

［7］欧阳湘. 广交会客户邀请的国别（地区别）政策与中国经济外交的政策取向：以1972年中美关系正常化前为中心的历史考察［J］. 当代中国史研究，2012，19（3）：49-56，125-126.

［8］李昭醇，倪俊明. 广东百年图录［M］. 广州：广东教育出版社，2002.

［9］莫伯治，张培煊，梁启龙，等. 广州海珠广场规划［J］. 建筑学报，1959（8）：10-11，18.

［10］林克明. 广州中苏友好大厦的设计与施工［J］. 建筑学报，1956（3）：58-67.

［11］广州年鉴编纂委员会. 广州年鉴1985［M］. 广州：广州年鉴编纂委员会，1985.

［12］庄少庞. 莫伯治建筑创作历程及思想研究［D］. 广州：华南理工大学，2011.

［13］中共广州市委党史研究室. 亲历改革开放②：广州改革开放30年口述史［M］. 广州：广州出版社，2008.

[14] 广州年鉴编纂委员会. 广州年鉴1988[M]. 广州：广州文化出版社，1988.

[15] 叶曙明. 振翅起飞：白天鹅宾馆的三十年[J]. 同舟共进，2018(2)：4-9.

[16] 广州年鉴编纂委员会. 广州年鉴1986[M]. 广州：广州年鉴编纂委员会，1986.

[17] 苏南. 华侨对国内外的贡献[J]. 东南亚研究资料，1981(3)：17-46，16.

[18] 道行致远，桥见未来：广东交通四十年发展成就特刊[N]. 南方日报，2018-10-24(BT-02).

[19] 罗彼得，张杰. 中国现代城市住宅（1840-2000）[M]. 北京：清华大学出版社，2003.

[20] 沈石. 发挥广东优势进一步做好利用外资工作[J]. 学术研究，1982(3)：35-41.

[21] 广州市地方志编纂委员会. 广州市志·卷十八·穗港澳关系志[M]. 广州：广州出版社，1996.

[22] 广州市地方志编纂委员会. 广州市志·卷三·房地产志[M]. 广州：广州出版社，1995.

[23] 潘安，郭惠华，许滢，等. 羊城春秋：广州城市历史研究手记[M]. 北京：中国建筑工业出版社，2016.

[24] 董毅. 当代广州中心城区居住建筑发展研究[D]. 广州：华南理工大学，2013.

[25] 苏宝义. 建国35年以来广州城市住宅建设的发展[J]. 住宅科技，1984(8)：4-8.

[26] 曾昭奋. 建筑评论的思考与期待：兼及"京派""广派""海派"[J]. 建筑师，1984(17)：5-18.

[27] 莫伯治，林兆璋. 广州新建筑的地方风格[J]. 建筑学报，1979(4)：24-26，58-4.

[28] 何镜堂，李绮霞. 岭南建筑之光[M]//曾昭奋. 莫伯治集. 广州：华南理工大学出版社，1994：291-294.

[29] 广州市城市规划勘测设计研究院. 历史文化保护名录工程勘察设计项目实录（1957-2015）[M]. 北京：中国建筑工业出版社，2019.

［30］广东改革开放史课题组. 广东改革开放史［M］. 北京：社会科学文献出版社，2018.

［31］王晓玲. 广州改革开放30年［M］. 广州：广东人民出版社，2008.

［32］欧阳湘. 外资酒店兴建对中国改革开放进程的推动：以广州白天鹅宾馆为中心［J］. 广东党史与文献研究，2019（4）：31-40.

［33］杨小鹏，雷锋. 光荣与求索：霍英东之梦与白天鹅之路［M］. 北京：中国旅游出版社，2000.

［34］新快报社，广东省档案馆. 60瞬间·广州往事［M］. 广州：羊城晚报出版社，2009.

［35］黄亦民. 瞬间：黄亦民纪实摄影广州五十年［M］. 北京：中国传媒大学出版社，2018.

［36］李芳. 新中国宪法保障非公有制经济的历史变迁［J］. 经济问题探索，2009（4）：27-32.

［37］周逸影. 广州工业发展与城市形态演变（1840～2000年）［D］. 广州：华南理工大学，2014.

［38］广州市政协学习和文史资料委员会. 参与者谈改革开放［M］. 北京：人民出版社，2018.

［39］许瑞生. 广州近代（1840—1949）市政制度对城市空间的影响研究［D］. 广州：中山大学，2009.

［40］乔霞. 全国运动会的历史演进及改革研究［D］. 北京：北京体育大学，2013.

［41］夏书宇，巫兰英，刘薇. 中国体育通史简编［M］. 郑州：河南人民出版社，2007.

［42］陶红，张尚权. 我国历届全运会效益问题的研究：提高第7届全运会效益的对策与建议［J］. 体育科学，1993（4）：12-14，91.

［43］赵大壮. 国际奥林匹克建设简史［J］. 新建筑，1987（1）：30-40.

［44］刘洋. 洛杉矶奥运会：拯救"奥运危机"［J］. 中国商界（上半月），2008（8）：91-93.

［45］中国八十年代建筑艺术优秀作品评选组织委员会. 中国八十年代建筑艺术［M］. 北京：经济管理出版社，1991.

［46］姚育宾. 中国地产四十年［M］. 北京：经济管理出版社，2018.

［47］十运会将拉动GDP一个百分点［N］. 十运快报，2005-10-12（6）.

［48］广州市天河区地方志编纂委员会. 广州市天河区志［M］. 广州：广东人民出版社，1998.

［49］广州市统计局. 广州 50 年［EB/OL］. http：//210.72.4.58/portal/queryInfo/statisticsYearbook/index.

［50］翟晓清. 城建集团：巨龙起天河［J］. 房地产导刊，2005（16）：58-59.

［51］陈锦棠. 形态类型视角下 20 世纪初以来广州住区特征与演进［D］. 广州：华南理工大学，2014.

［52］广州市地方志编纂委员会. 广州市志（1991-2000）（第二册）［M］. 广州：广州出版社，2009.

［53］张庭伟. 大型公共建筑的规划布局问题：广州参观学习札记［J］. 城市规划，1984（1）：11-16.

［54］谭启泰. 火车上的民意测验：请看外地人对广州的印象［J］. 南风窗，1985（6）：44-45.

［55］何镜堂. 岭南建筑创作思想：60 年回顾与展望［J］. 建筑学报，2009（10）：39-41.

［56］郭明卓. 学习和传承岭南建筑［J］. 建筑学报，2012（6）：108-109.

［57］李青. 广州：岭南园林的 70、80、90：兼谈岭南园林特色［J］. 广东园林，2012，34（6）：14-19.

［58］吴劲章［J］. 广东园林，2017，39（4）：12-16.

［59］潘建非，蔡伟达，程晓山. 西风东渐，推陈出新：以广州市三个西式风情公园为例［J］. 广东园林，2018，40（1）：34-39.

［60］陈敬堂. 广州市旅游事业发展条件的初步评价［J］. 华南师范大学学报（自然科学版），1987（1）：57-63.

［61］徐君亮，梁明珠. 广州飞龙世界游乐城关闭的原因与启示［J］. 热带地理，2001（2）：156-159.

［62］伍福生. 广东流行音乐史［M］. 广州：广东新世纪出版社，2008.

［63］谭林. 南国乐坛的盛大检阅：第二届"羊城音乐花会"评述［J］. 人民音乐，1981（1）：4.

［64］于今. 狂欢季节：流行音乐世纪飓风［M］. 广州：广东人民出版社，1999.

［65］用改革的精神做生意 太平洋影音公司原音带明年订货突破五百万［N］. 羊城晚报，1984-11-22（1）.

［66］邓焕然. 广州音乐茶座的发展趋势［J］. 人民音乐，1985（4）：37.

［67］王思琦. 1978—2003年间中国城市流行音乐发展和社会文化环境互动关系研究［D］. 福州：福建师范大学，2005.

［68］广州市地方志编纂委员会. 广州市志·卷十六·广播电视志［M］. 广州：广州出版社，1999.

［69］朱剑飞，周睿. 社会转型期的南派电视剧发展模式初探：以《情满珠江》《娘》《五星红旗迎风飘扬》为例［J］. 南方电视学刊，2012（5）：41-45.

［70］朱少玲. 把握当代社会脉搏回归现实主义：电视连续剧《商界》、《公关小姐》漫议［J］. 开放时代，1990（1）：60-62.

［71］谭惠全. 百年广州［M］. 北京：线装书局，2001.

［72］潘安. 城市交通之路［M］. 北京：中国建筑工业出版社，2006.

［73］田莉，庄海波. 城市快速轨道交通建设和房地产联合开发的机制研究：以广州市为例的思考［J］. 城市规划汇刊，1998（2）：3-5.

［74］广州年鉴编纂委员会. 广州年鉴1987［M］. 广州：广州文化出版社，1987.

［75］广州市交通规划研究院. 广州交通简史［M］. 北京：中国人民大学出版社，2016.

［76］林树森. 广州城记［M］. 广州：广东人民出版社出版，2013.

［77］广州年鉴编纂委员会. 广州年鉴1995［M］. 广州：广州年鉴社，1995.

［78］冯章龙. 积极支持促进路桥收费改革［J］. 粤港澳价格，2003（3）：1.

［79］郭焱. 广州天河城市中心区演进和开发体制研究［D］. 广州：中山大学，2009.

［80］矫鸿博. 1979—2008年广州住区规划发展研究［D］. 广州：华南理工大学，2010.

［81］郑静. 城市工业用地置换研究［D］. 广州：中山大学，2001.

［82］叶来福，黄雪岭. 星海音乐厅钢筋混凝土双曲抛物面壳体施工［J］.

施工技术，1996（12）：34-37.

[83] 张小星. "车站关联地区"视角下广州三大铁路客站地区空间发展模式的研究［D］. 广州：华南理工大学，2017.

[84] 天河区地方志编纂委员会办公室. 天河区志（1984-1990）［M］. 广州：广东人民出版社，2015.

[85] 叶小玲. 广州天河路商圈的城市空间形态演变研究［D］. 广州：华南理工大学，2015.

[86] 田光峰. 广州天河IT商业集群的形成与发展研究［D］. 广州：暨南大学，2007.

[87] 可人. 天上街市：天贸集团与天河城广场［J］. 广东大经贸，1997（10）：54-61.

[88] 钟帝. 广州市土地批租数量过大难以开发［J］. 城市规划通讯，1994（5）：7.

[89] 叶浩军. 价值观转变下的广州城市规划（1978-2010）实践［D］. 广州：华南理工大学，2014.

[90] 莫伯治. 百花齐放的艺术殿堂：广州艺术博物院笔记［J］. 建筑学报，2001（11）：4-7，1.

[91] 吴良镛. 中国城市史研究的几个问题［J］. 城市发展研究，2006（2）：1-3.

[92] 吴良镛，武廷海. 从战略规划到行动计划：中国城市规划体制初论［J］. 城市规划，2003（12）：13-17.

[93] 陈一新. 中央商务区（CBD）城市规划设计与实践［M］. 北京：中国建筑工业出版社，2006.

[94] 蒋三庚，张杰，等. 中央商务区蓝皮书：中央商务区产业发展报告（2019）以高水平开放推动区域发展［M］. 北京：社会科学文献出版社，2019.

[95] 何镜堂，倪阳，邓孟仁，等. 江畔水晶：广州珠江新城西塔［J］. 建筑创作，2010（12）：56-69.

[96] 王蒙徽. 广州城市发展中失地农民城市化的问题研究［M］. 北京：中国建筑工业出版社，2011.

[97] 广州大学城发展规划编制工作组. 广州大学城规划咨询及发展规划综述［J］. 城市规划，2002（5）：90-93.

[98] 广州亚运会志编纂委员会. 广州亚运会志[M]. 广州：广州出版社，2014.

[99] 王东. 机遇与跨越：亚运会与广州城市规划发展[J]. 建筑创作，2010（11）：39-49.

[100] 刘明欣. 城市超大型绿色空间规划研究[D]. 广州：华南理工大学，2018.

[101] 黄慧诚，黄丹雯. 海珠湿地广州"绿心"[J]. 环境，2017（4）：28-31.

[102] 李建平. 传承与创新：珠三角绿道网规划建设的探索[C]//中国城市规划学会，南京市政府. 转型与重构：2011中国城市规划年会论文集. 中国城市规划学会，南京市政府，中国城市规划学会，2011：2622-2633.

[103] 林树森，戴逢，施红平，等. 规划广州[M]. 北京：中国建筑工业出版社，2006.

[104] 彭高峰，黄鼎曦，陈勇. 维育"山、城、田、海"空间格局提高城市生态环境质量[J]. 城市规划，2004（2）：32-34.

[105] 李青，沈虹. 广州中心城区河涌滨水景观环境综合整治[J]. 中国园林，2011，27（7）：7-12.

[106] 广州亚运会、亚残运会新闻宣传和媒体服务领导小组，亚运新闻宣传部. 广州亚运会、亚残运会采访资料选编[Z]. 2010.

[107] 王美怡. 亚运·广州故事[M]. 广州：广东人民出版社，2011.

[108] 罗雨林. 荔湾风采[M]. 广州：广东人民出版社，1996.

[109] 邹德侬，戴路，张向炜. 中国现代建筑史[M]. 北京：中国建筑工业出版社，2010.

后 记

作为改革开放的前沿阵地，广州市始终坚持敢为人先的改革精神，大胆探索、勇于创新，城市发展、建设与管理取得了伟大的成就，也积累了宝贵的经验。梳理和总结改革开放以来广州城市建设发展的经验，并从中分析城市发展的一般规律和推动城市发展的动力源泉，是一项综合系统工程。本书以时间轴线为线索，以具体事件为对象，并佐以大量图片、采访、专栏等素材，图文并茂，以期为读者还原当年城市建设的真实场景。

本书的编写工作在《致力于改革开放的城市变迁》丛书编委会的领导下开展。广州市高度重视，成立了以市政府领导为首的编委会，同时成立了由市政府领导任组长，市发改委、规划和自然资源局、住房城乡建设局、交通运输局、水务局、林业园林局、城市管理和综合执法局组成的编写小组；住房和城乡建设部城市建设司对丛书及本书的组稿出版进行了协调指导；具体图文编撰工作由广州市规划和自然资源局、中山大学、广州市城市规划协会、广州市城市规划编制研究中心、广州市交通研究院等单位的专家和业务骨干联合完成；数易其稿，历时两年，终于付梓。

感谢石安海、林兆璋、郭明卓、陈绍章、庄海波、罗秋菊等同志通过访谈等形式为本书提供宝贵资料、素材和建议。

感谢李龙、龚萍、梁凤莲、何伟波等宣传、传媒工作者对本书的体例、语言风格等方面提出宝贵的意见和建议。

感谢广州市委党史文献研究室、广东省立中山图书馆、广州市国家档案馆、广州市城市建设档案馆、广州日报报业集团、广州市设计院为本书提供了大量的研究资料和图片。

感谢刘立宏、颜岳军、陈超、丁新民、袁珊、伍家炯、李悦、仝广乾、欧芸贝等同志为本书的资料收集和联络协调付出辛勤劳动。

同时感谢中国建筑工业出版社为本书的出版提供鼎力支持。

本书的出版还离不开社会各界的大力支持，不少热心市民参与了访谈，并为本书提供了图文素材和资料线索。书中收录的部分图片年代已久，限于各种条件，未能及时与作者联系，唯盼作者见书之后，及时与编者联系，我们将适当支付稿酬。

　　广州，是中国改革开放的排头兵，也是践行绿色发展、高质量发展理念的前沿地。愿本书能成为认知广州城市发展与建设伟大成就和经验的经典，并对新时代大城市高质量发展有所裨益。

编者

2022 年 1 月